미드저니 마스터 바이블

조남경 저

웹 UI로 더욱 새로워진 미드저니를 만나다

미드저니 V7으로 업그레이드된 완벽한 마스터 바이블
한국어, 일본어, 중국어 등 다국어 프롬프트 활용법
초보자부터 중·고급 사용자까지 아우르는 다양한 실전 예제 수록
Sref / Cref / 개인화 Profile 완전 정복 가이드
Full Editor와 Retexture 기능을 활용한 이미지 편집 노하우까지!

VIELBooks
비엘북스

Midjourney Master Bible

미드저니 마스터 바이블

2025년 04월 28일 1판 1쇄 인쇄
2025년 05월 15일 1판 1쇄 발행

지은이 조남경
펴낸이 김종원
펴낸곳 비엘북스

주소 경기도 고양시 일산동구 중앙로 1079, 624호 비엘북스
전화 031-817-3606
팩스 02-6455-3606
등록 2009년 5월 14일 제 313-2009-107호
출판사 홈페이지 https://vielbooks.com
저자 문의 bluemisty@gmail.com
도서 문의 vielbooks@vielbooks.com

ISBN 979-11-86573-78-5(13000)
정가 33,000원

이 책을 만든 사람들
기획·진행 비엘플래너스
교정·교열 비엘플래너스
편집디자인 CVDESIGN

Copyright © 2025 by 조남경. All Rights Reserved. First edition Printed 2025. Printed in Korea.

이 책의 어느 부분도 저작권자나 비엘북스 발행인의 승인 문서 없이 일부 또는 전부를 사진 복사나 디스크 복사 및 기타 정보 재생 시스템을 비롯하여 현재 알려지거나 향후 발명될 어떤 전기적, 기계적 또는 다른 수단을 통해 복사, 재생하거나 이용할 수 없음.

[일러두기]
이 책에서 소개된 미드저니로 생성된 그림들은 미드저니의 교육적인 기능 소개의 일환으로 사용한 것입니다. 특정 상품, 작가의 작품 및 저작권을 침해하려는 의도가 없음을 밝혀둡니다.

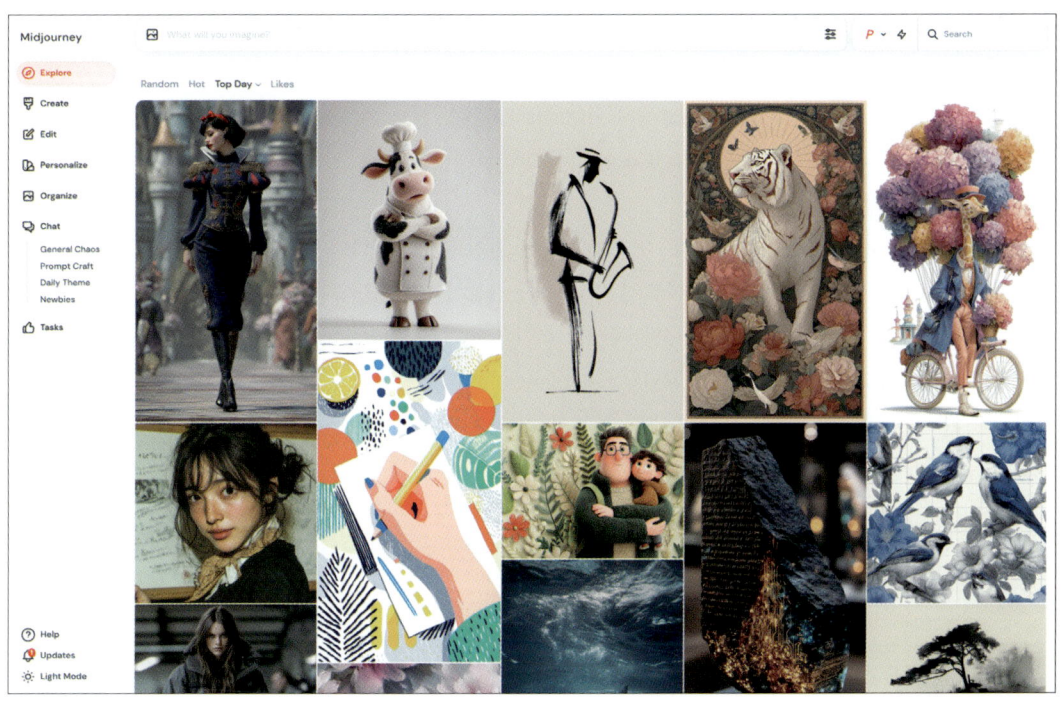

미드저니 마스터 바이블

조남경 저

VIELBooks
비엘북스

저자의 말

컴퓨터가 그림을 그린다고? 설마!

의구심을 품고 미드저니에 처음 접속해 30분 만에 결제했던 날이 엊그제 같은데, 벌써 두 번째 미드저니 책을 쓰게 되었습니다.

처음 세미나를 준비하면서 미드저니를 소개했고, 그 경험을 토대로 첫 책을 펴냈습니다. 그리고 이번 두 번째 책을 마무리한 지금도 같은 생각이 듭니다.
"이거 정말 좋아요! 일단 한번 써보세요!"

달라진 점이 있다면, 그 사이 미드저니의 기능이 훨씬 풍부해졌다는 것입니다. 업데이트를 꾸준히 지켜보고 따라간 기존 사용자들에게는 새로운 가능성을 열어 주었지만, 처음 시작하는 분들에게는 오히려 높아진 진입 장벽처럼 느껴질 수도 있겠다는 생각이 들었습니다.

그래서 이 책에서는 기초부터 차근차근 정리해, 누구나 따라 할 수 있도록 구성했습니다. 초반의 기초 편을 마치고 나면 바로 활용할 수 있는 고급 기법까지 단계별로 담았으니, 약간의 지루함만 참아 내신다면 곧바로 수직 상승하는 짜릿함을 경험하실 수 있을 것입니다.

이전 책을 보신 독자 분이
"기능은 이해가 가는데 그림을 보면 잘 이해되지 않습니다. 방법이 없을까요?"
하고 질문하셨습니다.
"이미지를 몇 장이나 만들어 보셨나요?" 하고 여쭤보니,
약 2~300장 정도 생성해 보셨다고 답하셨습니다.

그때 확실히 말씀드렸습니다.
"5,000장을 넘어가야 그제야 '맥락'이 조금 보입니다."

이 경험을 통해 확신하게 된 것은 미드저니를 이해하는 척도는 바로 '이미지 생성량'이라는 점입니다. 이 책이 다루는 것은 미드저니의 사용법이지만, 그 사용법을 바탕으로 미드저니를 알아가는 과정은 전적으로 사용자에게 달려 있습니다. 많은 이미지를 생성하며 눈으로 익히다 보면, 작성한 프롬프트와 미드저니가 생성하는 이미지 사이의 '맥락'이 서서히 보이기 시작합니다.

이러한 과정을 책에 담기 위해 무던히 노력했지만, 눈으로 익히고 느끼는 것을 글로 설명하는 데에는 한계가 있었습니다. 그 한계를 보완하기 위해, 최대한 간단한 프롬프트로 예제를 구성했습니다.

혹시 '너무 간단한 프롬프트 아닌가?' 생각하실 수 있지만, 그 간단한 프롬프트로 이미지를 생성하며 간단한 프롬프트와 다양한 이미지 사이의 맥락을 먼저 익히시길 권장드립니다.

간단한 프롬프트를 통한 감각이 쌓여야, 복잡한 프롬프트를 다룰 때도 길을 잃지 않고 원하는 결과에 빠르게 도달할 수 있습니다. 이 책이 무한한 미드저니 미학 탐험에 작지만 단단한 지침서가 되기를 진심으로 바랍니다.

끝으로, 여기까지 올 수 있도록 많은 관심과 응원을 보내 주신 독자 여러분께 깊이 감사드립니다. 원고가 인쇄소로 넘어가는 마지막 순간까지 묵묵히 수정 원고를 받아 주시고 응원해 주신 비엘북스 김종원 대표님께도 이 자리를 빌려 큰 감사를 전합니다.

모두 모두 감사합니다.

격동의 2025년 4월 어느 날,
시작 마을의 무기상

조남경 드림

최고의 찬사!

더 강력하고 더 쉬워진 미드저니 웹 버전. 이제 누구나 전문가처럼 창작할 수 있는 시대가 열렸습니다. 수많은 생성형 AI 서비스가 경쟁하는 가운데, 미드저니는 앞선 기술력과 탁월한 사용자 경험으로 단연 돋보이는 기술입니다. 이 책은 미드저니와 생성형 AI의 최신 트렌드를 심도 있게 분석하고, 실전 활용까지 아우르는 최고의 바이블입니다. AI 크리에이티브 세계에서 한 단계 도약하고 싶다면 이 책을 선택하세요.. 후회 없는 결정이 될 것입니다.

[최돈현_ 스테이블 디퓨전 코리아 / 소이랩 대표]

초고차원의 이미지 생성 세계에서 무한한 상상력을 펼칠 수 있는 가장 예술적 감각이 뛰어난 도구가 바로 미드저니입니다. 다양한 생성 AI 중에서도 제가 아티스트로서 꼽는 '원픽'이기도 하죠. 그 놀라운 세계의 입구에서 우리를 맞이하는 믿음직한 '수문장' 조남경 저자는 입문자부터 고급 사용자까지 누구나 쉽게 접근할 수 있도록 이끌어주며, 꼭 알아야 할 프롬프트 테크닉의 깊이까지 꿰뚫어 전수하는 미드저니 최고의 전문가입니다. [미드저니 마스터 바이블]은 이제 막 이 세계에 발을 들인 창작자들은 물론, 기능을 복습하려는 기존 사용자들에게도 탄탄한 기술적 이해를 제공하며 무한한 창작의 세계를 여는 유용한 지침서가 되어줄 것입니다.

[이융_ IUM AI ART / 아티스트 디렉터]

누구나 아이디어를 이미지로 구현할 수 있는 시대가 왔습니다. 기술은 날로 강력해지지만, 그것을 제대로 활용하는 것은 결국 사람의 몫입니다. 미드저니는 이제 단순한 생성 도구를 넘어, 정교한 창작이 가능한 환경으로 진화했습니다. 이제는 단순한 기능 숙지가 아닌, 도구의 본질을 이해하고 창의적으로 활용하는 시대입니다. 조남경 저자는 이 변화의 흐름을 누구보다 빠르게 읽고, 효과적으로 전달하는 데 탁월한 전문가입니다. 이 책은 미드저니를 통해 아이디어를 구현하고자 하는 모든 이들에게 실질적인 가이드가 되어줄 것입니다. 기술과 창작이 만나는 지점에서, 새로운 가능성을 경험하고 싶다면 꼭 읽어야 할 책입니다.

[원종윤_ AI프렌즈학회 학술이사 / 동명대 시각디자인학과 교수]

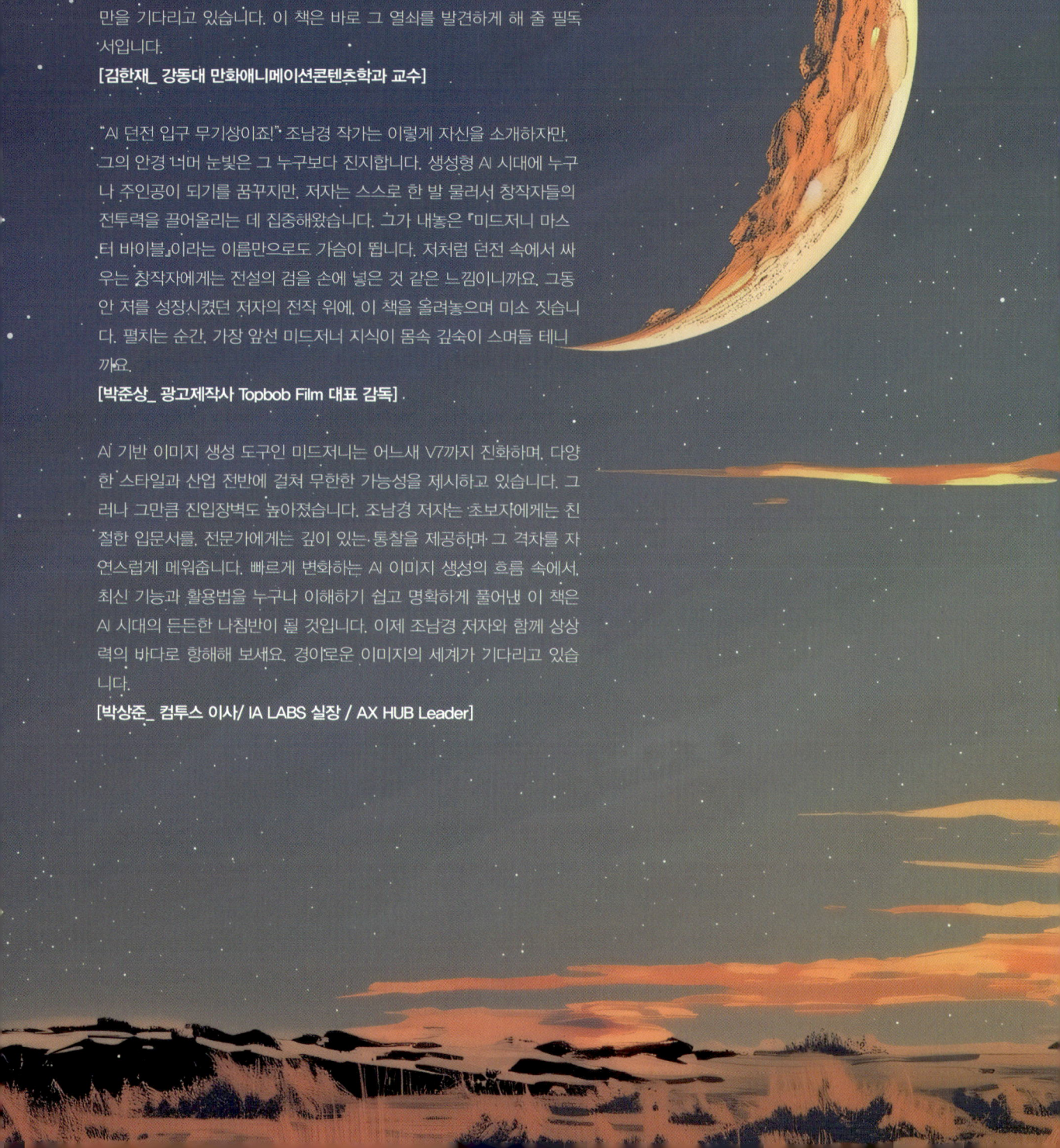

AI를 활용한 웹툰 창작을 연구하는 과정에서, 조남경님의 미드저니 연구는 강력한 나침반이 되어 주었습니다. 스타일과 레퍼런스를 탐색하는 과정에서 창작자에게 실질적이고 직관적인 가이드를 제공하며, 새로운 시각을 열어줍니다. 조남경님은 최신 업데이트를 누구보다 빠르게 포착하고, 적절한 예시를 통해 창작자의 본능을 자극하는 영감을 전달합니다. 미드저니는 이미 모든 것을 준비해두고, 창작자들이 그 열쇠를 찾기만을 기다리고 있습니다. 이 책은 바로 그 열쇠를 발견하게 해 줄 필독서입니다.

[김한재_ 강동대 만화애니메이션콘텐츠학과 교수]

"AI 던전 입구 무기상이죠!" 조남경 작가는 이렇게 자신을 소개하지만, 그의 안경 너머 눈빛은 그 누구보다 진지합니다. 생성형 AI 시대에 누구나 주인공이 되기를 꿈꾸지만, 저자는 스스로 한 발 물러서 창작자들의 전투력을 끌어올리는 데 집중해왔습니다. 그가 내놓은 『미드저니 마스터 바이블』이라는 이름만으로도 가슴이 뜁니다. 저처럼 던전 속에서 싸우는 창작자에게는 전설의 검을 손에 넣은 것 같은 느낌이니까요. 그동안 저를 성장시켰던 저자의 전작 위에, 이 책을 올려놓으며 미소 짓습니다. 펼치는 순간, 가장 앞선 미드저너 지식이 몸속 깊숙이 스며들 테니까요.

[박준상_ 광고제작사 Topbob Film 대표 감독]

AI 기반 이미지 생성 도구인 미드저니는 어느새 V7까지 진화하며, 다양한 스타일과 산업 전반에 걸쳐 무한한 가능성을 제시하고 있습니다. 그러나 그만큼 진입장벽도 높아졌습니다. 조남경 저자는 초보자에게는 친절한 입문서를, 전문가에게는 깊이 있는 통찰을 제공하며 그 격차를 자연스럽게 메워줍니다. 빠르게 변화하는 AI 이미지 생성의 흐름 속에서, 최신 기능과 활용법을 누구나 이해하기 쉽고 명확하게 풀어낸 이 책은 AI 시대의 든든한 나침반이 될 것입니다. 이제 조남경 저자와 함께 상상력의 바다로 항해해 보세요. 경이로운 이미지의 세계가 기다리고 있습니다.

[박상준_ 컴투스 이사/ IA LABS 실장 / AX HUB Leader]

이 책의 특징

미드저니 V7을 포함한 모든 기능을 소개하는 완벽한 가이드

초보자부터 중·고급 사용자까지 아우르는 다양한 실전 예제 수록

Sref / Cref / 개인화 Profile 완전 정복 가이드

Full Editor와 Retexture 기능을 활용한 이미지 편집 노하우까지!

미드저니 도서 베스트셀러 저자, 조남경이 직접 집필

[미드저니 마스터 바이블]
독자 분들을 위한 2가지 특전

특전 #1

예제데이터
다운로드 제공

특전 #2

[자판기 키워드 북] 100p 풀 버전
PDF 파일 무료 제공!

미드저니 V7 전용
Profile Code 300개 제공!

미드저니 핵심 키워드 프롬프트 200개!

저자가 엄선한 강력한 Profile Code 300개!

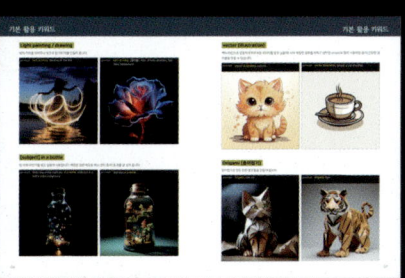

예제데이터에 대하여

이 책에서 소개하는 예제들을 원활하게 진행하려면 예제데이터가 필요합니다.
아래 예제데이터 다운로드 방법을 참고하셔서 예제데이터를 미리 준비해주세요.

이 책을 구입하신 후 반드시 해야 할 2가지!

1. 예제데이터 다운로드 하기

비엘북스 홈페이지에서 예제데이터를 다운로드 합니다.
네이버나 구글에서 비엘북스를 검색하시거나 아래 주소를 입력하시면 됩니다.
· 비엘북스 | https://vielbooks.com

2. 예제데이터 비밀번호 해제하기

예제데이터는 암호화 압축되어 있습니다.
· 비밀번호 [mdjy408]을 입력하면 압축 해제됩니다.

압축해제는 윈도우 OS 환경에서 '알집' 또는 '반디집'을 이용해주세요.

문의사항

예제데이터의 다운로드 및 압축해제 오류 등의 문제는 아래 연락처로 문의해주세요.
· 전 화 | 031-817-3606
· 메 일 | vielbooks@vielbooks.com / xsi2maya@naver.com
· 블로그 | http://blog.naver.com/xsi2maya

목 차

Part 01. 들어가며...	44
01. 생성형 AI란?	18
02. Midjourney(미드저니)	20
03. Prompt(프롬프트)	21
04. 저작권에 대하여	22

Part02. 미드저니, 웹에서 만나다	24
01. 미드저니 시작하기	26
01. 미드저니에 가입하고 로그인하기	26
02. 미드저니 구독하기	28
03. 미드저니 웹 UI (화면구성)	30
04. 이미지 생성해 보기	32
간단한 Prompt로 그림을 생성해 보자 - 1	33
간단한 Prompt로 그림을 생성해 보자 - 2	36
간단한 Prompt로 그림을 생성해 보자 - 3	39
간단한 Prompt로 그림을 생성해 보자 - 4	42
간단한 Prompt로 그림을 생성해 보자 - 5	43
05. 생성환경	44
01. Explore 메뉴	44
02. 프롬프트 입력 창(Imagine Bar)	46
1. Image Upload	46
2. Describe	47
3. Parameters	49
03. Create 메뉴	50
1. 생성 결과물 리스트(Image List)	50
2. 생성 결과물 보기(Image View)	53
04. Edit 메뉴	55
1. Edit	55
2. Retexture	62
3. Edit History	63
4. Upscale(Creative)	63
05. Personalize 메뉴	64
1. 개인화 Profile	65
2. Moodboard	67
3. Multi Profile과 Moodboard	69
06. Organize 메뉴	70
1. 이미지 리스트(Image List)	70
2. 이미지 선택 (Select Images)	72
3. 다운로드 Bar	72
07. Chat 메뉴	73
1. Public Room	73
2. Private Room	74
08. Task 메뉴	75

02 Advanced	76
01. Creative Actions	76
01. Vary(Subtle / Strong)	76
02. Upscale	83
03. Remix (Subtle/Strong)	85
04. Pan	89
05. Zoom	90
06. Editor	91
1. 부분 수정하기	92
2. 부분 수정 + 프롬프트 수정하기	93
3. 캔버스 확장 생성하기	94
4. 캔버스 확장 + 프롬프트 수정하기	95
5. 캔버스 자유 확장 + 프롬프트 변경	96
07. Rerun / Use (Image / Style / Prompt)	97
1. Rerun	97
2. Use	97
02. Prompt	98
01. 기본 Prompt	98
02. 고급 Prompt	99
03. Text Prompt	100
1. 길이	100

목 차

2. 기본 문법 · 100
3. Text Prompt 작성 · 100

04. Keyword Prompting · 103
   1. 기본 Keyword · 103
   2. 해부학적 / 사진의 Frame Keyword · 104
   3. 기법 Keyword · 105
   4. 구성, 컨셉 Keyword · 106
   5. 의상 Keyword (하진주 제공) · 107

05. Multi Prompt (::) · 108
   1. Multi Prompt · 108
   2. 프롬프트 가중치 (Prompt Weight) · 110
   3. Negative Prompt Weights · 111

06. Minor Text Drawing (MTD) · 114
   1. 사용법 · 115

07. 순열 프롬프트(Permutation Prompt) · 116
   1. 기본 사용법 · 116
   2. Parameter 조합 · 117
   3. 다중 및 중첩 조합 · 118
   4. Escape 문자 · 119

03. Image Prompt · 120
   01. 기본 사용법 · 120
   02. Blend (이미지 섞어주기) · 122
   03. 이미지 참조(Image reference) · 126

04. Parameters · 129
   01. 종횡비 --ar (or --aspect) · 129
      1. 메뉴에서 선택 · 129
      2. Prompt 입력 시 Text로 입력 · 130
   02. Stylize --s (or --stylize) · 132
      1. 메뉴에서 선택 · 132
      2. Prompt 입력 시 Text로 입력 · 132
   03. Weird --w (or --weird) · 134
      1. 메뉴에서 선택 · 134
      2. Prompt 입력 시 Text로 입력 · 134
   04. Chaos --c (or --chaos) · 136
      1. 메뉴에서 선택 · 136
      2. Prompt 입력 시 Text로 입력 · 136
   05. Style --style · 138
      1. 메뉴에서 선택 · 138
      2. Prompt 입력 시 Text로 입력 · 138
      3. --v 7 --raw · 139
      4. --niji 6 --style raw · 140
   06. Version --v (or --version), --niji · 142
      1. 메뉴에서 선택 · 142
      2. Prompt 입력 시 Text로 입력 · 142
   07. Draft --draft · 144
      1. 메뉴에서 선택 · 144
      2. Prompt 입력 시 Text로 입력 · 144
      3. Enhance · 144
      4. Standard mode와 Draft mode · 145
   08. Personalization profile --p (or --profile) · 148
      1. Personalize Profile code 사용 · 148
      2. 적용 강도 조절 · 153
   09. 생성 속도 --relax / --fast / --turbo · 154
      1. 메뉴에서 선택 · 154
      2. Prompt 입력 시 Text로 입력 · 154
   10. Stealth Mode · 154
   11. Style reference --sref · 155
      1. Image로 참조하기 · 155
      2. Random Style Reference (Sref Seed) · 158
      3. Style reference Weight (--sw) · 160
   12. Character Reference --cref · 162
      1. Cref 참조 이미지 첨부 · 162
      2. Image URL을 텍스트로 직접 입력 · 163
      3. 다중 이미지 참조 · 164
      4. Character Reference Weight (--cw) · 164
   13. Quality --q (or --quality) · 166
   14. No --no · 167
   15. Seed --seed · 167
   16. 사방 연쇄 무늬 --tile · 169
   17. 반복 실행 --r (or --repeat) · 169

03. 미드저니 V7의 주요 기능 170
01. 다국어 Prompt 지원 172
- 01. 다국어 지원 172
- 02. 영어와 혼용하기 173
- 03. 언어의 뉘앙스 174
- 04. Hex Color Code 175

02. 대화형 mode – Conversational mode 176
- 01. Mode 활성화하기 176
- 02. Prompt 작성 스타일 지시 179

03. Sref Seed 호환성 180
- 01. Artwork 180
- 02. Comics 181

04. Profile Code 호환성 182
- 01. V6.1 Profile Code 182

Part 03. 미드저니의 고급 활용 1 184
01. Well made Profile code LIST 186
- 01. 미드저니 버전 V 6.x / V 7 186
  - 01. 실사 186
  - 02. 범용 188
- 02. Niji 6 189

02 Sref Seed List 190
- 01. 실사 이미지 190
- 02. Artwork 194
- 03. Comics 198
- 04. Sci-fi 202

03. Blend(블렌드)의 고급 활용 206
- 01. Sref seed를 이용한 Blend 206
  - 01. 기본 사용법 206
    1. Sref Seed Blend 206
    2. Sref Seed , Image Blend 207
  - 02. 캐릭터 Aging with Sref Seed Blend 208
- 02. Profile Code를 이용한 Blend 210
  - 01. 기본 사용법 210
  - 02. Style Change – Remix(Subtle) with Profile code 211

04. Profile code + Sref seed Blend Sheet 214
- 01. Comics – Niji Profile code + Comics Sref Seed 216
- 02. Fantasy 220
- 03. 일관된 캐릭터 만들기 224
  - 01. Profile code와 Sref seed 선정 224
  - 02. Cref 참조 이미지 생성 225
  - 03. 연속성 유지한 이미지 생성 225

05. Describe의 고급 활용 228
- 01. with self image 228
  - 01. Image Prompt 228
  - 02. Sref Image 230
  - 03. Cref 231
- 02. 인물 묘사 Keyword 233
  - 01. 얼굴 233
  - 02. 헤어 스타일 235
    1. 길이 235
    2. 헤어 스타일 Keyword 236

Part 04. 미드저니의 고급 활용 2 238
01. Prompt(프롬프트)의 활용 240
- 01. 앞뒤 세트를 만드는 Prompt(프롬프트) 240
  - 01. Keyword 240
  - 02. Prompt 맥락 241

02. With Parameters 242
- 01. 외부 이미지 활용하기 242

목 차

02. 연속된 인물 생성하기 246
  01. Cref base Image 생성하기 246
  02. 연속된 인물 생성하기 247

03. Sref with Color 248
  01. 생성에 직접 참조 248

04. Cref with Outfits 251

05. Remix + Cref 252

03. Niji-journey(니지저니)의 활용   254
01. Nijijourney.com 255
02. 파라미터 기본값 255
03. 다국어 메뉴 및 Prompt 지원 256

04. Editor(에디터)   257
01. Cref로 원하는 인물을 추가하는 방법 257
02. Cref로 의상을 교체하기 260
03. Crop 및 확장하기 262

05. Full Editor 활용하기   264
01. 기본 활용 264
  01. 초상화 만들기 264
  02. 인테리어 구성하기 268
  03. Rear view(뒷모습 생성하기) 272
  04. 네일 아트 만들기 274

02. 투명한 배경 이미지를 활용하기 275
  01. 상품의 배경을 생성하기 275
  02. 모델과 배경 합성하기(Layer 활용) 278
  03. 의상에 모델 생성 281
  04. 소파 제품 배경 생성 281
  05. 건물 배경 이미지 만들기 284
    1. 거리 배경 만들기 284
    2. Blocker 사용하기 288
    3. 가로 배경 추가 생성하기 291

03. Comics - Niji Journey 294
  01. 배경 추가하기 294
    1. 단순 배경 추가하기 294
    2. 인물 배경 생성 296
  02. 스케치 활용하기 298
    1. 스케치 실루엣의 활용 298
    2. Niji Retexture 300
    3. Niji Retexture + Cref 303
    4. Edit + Retexture + Cref 306
    5. 아웃라인 스케치 활용 - 1 309
    6. 아웃라인 스케치 활용 - 2 312
  03. 배경 생성하기 317
    1. 피사체와 함께 배경 생성 317
    2. 3D 파일을 이용한 배경 생성 319
    3. Depth Map 파일을 이용한 배경 생성 with Sref Seed 322

06. Retexture(리텍스처)   328
01. Style Change (스타일 바꾸기) 330
  01. 사진을 애니메 스타일로 바꾸기 330
    1. Prompt + Sref Seed 330
    2. Prompt + Profile Code 333
    3. 인물 연속성을 유지하는 방법 with Cref 335
  02. 인형 만들기 336
  03. Lighting 변경 337
  04. 자연스러운 합성 339

02. 3D Mesh 활용하기 341
  01. 스타일 341
    1. 변경하기 341
    2. 구조 연속성 유지 342
  02. 합성 344
  03. 재질 변경 346
  04. 구글 어스 활용 347
  05. 3D 모델 - Style Variation 348
    1. 컬러 348
    2. 다양한 스타일의 인종 바꾸기 350

    3. Lighting 조명 효과 추가하기　　　351
    4. 스타일 변경하기　　　352
    5. 도색　　　353

03. 건축　　　356
    01. 디자인 Variation　　　356
    02. 재질 변경　　　356
    03. Lighting　　　358
    04. 스케치업 활용　　　359

04. 패션　　　364
    01. 스케치 to 실사　　　364
    02. 제품 컬러 베리에이션　　　365
    03. 제품 + 모델 컬러 베리에이션　　　366
    04. CLO 3D -> 실사화　　　368
    05. CLO 3D -> 실사화 - Detail 유지　　　369
    06. CLO 3D + Mesh　　　371
    07. CLO 3D + Mesh - Detail 유지　　　372

05. 헤어 스타일　　　374
    01. 스케치 베리에이션　　　374
    02. 컬러 베리에이션　　　375

06. 애니메이션　　　377
    01. 사진으로 애니메이션 배경 만들기　　　377
    02. 배경 인물 합성하기　　　379
    03. Cref를 활용하여 인물, 의상 반영하기　　　381
    04. Cref를 이용하여 포즈 만들기　　　383

07. 게임 아이템　　　384
    01. 물약 만들기　　　384
    02. 검 만들기　　　385
    03. 캐릭터　　　386

07. Patchwork(패치워크)　　　390
  01. Basic　　　390
  02. Toolbox　　　392
    01. Imagine　　　392
    1. 구성요소(Entity)　　　392
  02. Tools　　　401
    1. note　　　401
    2. image　　　401
    3. import　　　402
    4. portal　　　402
    5. profile　　　404
  03. World　　　405
    1. save　　　405
    2. load　　　405
    3. share　　　405
  04. World 이름표(Nameplate)　　　406
    1. 생성 규칙　　　406
    2. 파라미터 기본값 설정　　　407

[부록] 유용한 사이트　　　408

01
들어가며...

01. 생성형 AI란?

02. Midjourney(미드저니)

03. Prompt(프롬프트)

04. 저작권에 대하여

01. 생성형 AI란?

생성형 AI는 Text, Image 등의 다양한 형태로 입력하면 결과물을 생성하는 인공지능 분야의 총칭입니다.

생성형 AI의 대표적인 종류는 다음과 같으며,

> 1. Text를 입력해서 Text를 생성하는 Text to Text : ChatGPT, Claude 등
> 2. Text를 입력해서 Image를 생성하는 Text to Image : **Midjourney(미드저니)**, Stable Diffusion 등
> 3. Image를 입력해서 Video를 생성하는 Image to Video : Runway, Kling 등

우리가 배워야 할 Midjourney는 이 Text to Image 서비스의 한 종류입니다.

정리하면 **Midjourney는 생성형 AI의 한 분야인 Text to Image의 하나의 서비스** 입니다.
Midjourney를 공부하고 활용하기 위해서는 딱 이 한 줄만 알고 있으면 충분합니다.

02
Midjourney(미드저니)

Midjourney는 Text to Image 서비스를 제공하는 회사의 이름이자 서비스의 이름입니다.

비슷한 서비스과 비교 했을 때 Midjourney의 절대적 장점은 다음과 같습니다.

1. 쉽고 간단한 인터페이스
2. 생성 결과물의 압도적 품질
3. 비교 불가한 폭 넓은 미학 모델
4. 탁월한 서비스 안정성
5. Cloud 기반 서비스로 고성능 하드웨어 불필요(모바일, 태블릿도 사용 가능)
6. 빠른 업데이트

물론 다음과 같은 단점으로 꼽히는 부분도 있습니다.

1. 100% 유료 서비스
2. 독립 서버 서비스 (Stand alone Service) 지원 불가

Midjourney가 Image 생성 서비스 중에서 가장 탁월한 이유를 정리하면 "유료 결제를 하면 쉽고 간단한 인터페이스를 통해서 압도적인 품질의 결과물을 만들어 낼 수 있다"입니다. 유료 결제 가격도 다른 유료 서비스에 비해서 합리적이어서 "확실한 돈 값을 한다"는 이야기도 있습니다.

03
Prompt(프롬프트)

Midjourney는 Text를 입력하면 Image를 생성하는 생성형 AI 분야의 한 종류라고 설명을 했습니다. 여기서 입력되는 Text를 Prompt(프롬프트)라고 하며,
Midjourney를 공부한다는 것은 **Prompt의 작성법을 공부한다**와 같은 의미입니다.

Midjourney에서 Prompt의 입력 형식은 컴퓨터 프로그래밍 언어와 같은 특별한 문법이 아닌, 영어를 기반으로 한 자연어(V7부터 한글을 포함한 다국어 지원)로 입력하면 됩니다.
아래 그림처럼 Cute cat, Smiling boy, Boy and girl are meeting in the park 같은 간단한 영어 문장을 Prompt로 입력하면 멋진 이미지를 생성해 줍니다.

cute cat

Smiling boy

Boy and girl are meeting in the park

04
저작권에 대하여

Midjourney 뿐만 아니라 생성형 AI 전반에 저작권 문제는 광범위하게 논의되고 있는 문제입니다. 우선 Midjourney의 이용약관 상의 저작권에 관련된 내용을 알아보겠습니다.

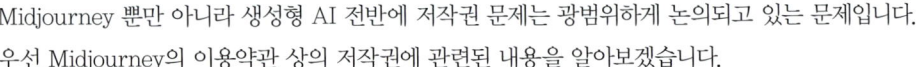

4. 콘텐츠 권리

[귀하의 권리 및 의무]

귀하는 해당 법률에 따라 가능한 최대한으로 서비스를 통해 생성한 모든 자산을 소유합니다. 몇 가지 예외가 있습니다.

- 귀하의 소유권은 본 계약에 의해 부과된 모든 의무와 제3자의 권리에 따릅니다.
- 연간 수익이 1,000,000달러를 넘는 회사 또는 회사 직원인 경우 자산을 소유하려면 "Pro" 또는 "Mega" 플랜에 가입해야 합니다.
- 다른 사람의 이미지를 확대하더라도 해당 이미지는 원래 제작자의 소유로 유지됩니다.

귀하의 관할권에서 현재 지적 재산권 법률의 상태에 대한 자세한 정보가 필요하면 귀하의 변호사와 상의하십시오. 귀하가 만든 자산에 대한 귀하의 소유권은 후속 달에 귀하가 귀하의 멤버십을 다운-그레이드하거나 취소하더라도 지속됩니다.

(중략)

10. 책임의 한계 및 보상

우리는 서비스를 있는 그대로 제공하며, 이에 대해 어떠한 약속이나 보장도 하지 않습니다.

귀하는 당사가 귀하 또는 제3자에게 이익, 사용, 영업권 또는 데이터의 손실이나 우발적, 간접적, 특별, 결과적 또는 모범적 손해에 대해 책임을 지지 않는다는 점을 이해하고 동의합니다. 이러한 손해가 어떻게 발생하든 말입니다. 본 계약에 따른 당사의 총 책임은 청구가 발생하기 전 12개월 동안 청구를 발생시킨 서비스에 대해 귀하가 지불한 금액을 초과하지 않습니다.

좀 더 자세한 내용은 Midjourney 이용약관 전문(https://docs.midjourney.com/docs/terms-of-service)을 참고해 주세요.

Midjourney의 이용약관의 저작권, 소유권 부분을 정리하면 **"Midjourney는 정당한 유료 결제를 한 회원에게 회원이 생성한 결과물의 모든 권리를 부여합니다. 단 이 결과물로 발생한 문제는 책임지지 않는다"** 입니다. 바꾸어 말하면 생성한 결과물을 상업적 사용을 포함한 모든 사용에 대해서 Midjourney 어떠한 제한도 책임도 두지 않는다는 말입니다.

Midjourney로 생성한 결과물의 사용 권한과 책임은 모두 사용자에게 있습니다.

책임을 피하는 모습처럼 보일 수 있겠지만, 이 문제는 Midjourney 만의 문제가 아닌 생성형 AI 전반의 문제로 현재 사회 전반에서 논쟁적으로 다루어지고 있는 문제입니다. 이는 법의 발전보다 기술의 발전이 빠르기 때문에 나타나는 속도 차이에서 오는 문제입니다.

이런 논쟁을 피하려고 일부 무료 서비스의 경우는 상업적 사용을 금지하는 방법으로 우회하는 경우가 대부분입니다. 그것에 비하면 Midjourney의 정책은 제작사의 입장에서 제공해 줄 수 있는 최대치를 제공해주는 것으로 볼 수 있습니다.

저작권 문제를 크게 두 가지로 볼 수 있는데, 하나는 생성된 결과물이 기존 저작권이 있는 Image의 저작권 침해 문제와 또 하나는 생성된 결과물의 저작권 인정 문제입니다.

두 문제 모두 정확히 해답이 나오지 않았지만. 기존 저작권자들 과의 합의와 법적 기준이 만들어 지고 있고 생성된 결과물에 대해서는 우회적으로 저작권이 인정되는 사례가 종종 나타나고 있습니다. 기술의 발전 속도 만큼은 아니지만 사회적 합의도 빠르게 진행 되고 있으니 어느 정도의 사회적 합의가 만들어 지기 전까지는 이미지의 상업적인 사용 시 개인의 주의가 필요합니다.

> 이후 Midjourney는 한글 '미드저니'로 통일해서 표기하겠습니다.

02

미드저니,
웹에서 만나다

01. 미드저니 시작하기

02. Advanced

03. 미드저니 V7의 주요기능

01
미드저니 시작하기

01. 미드저니에 가입하고 로그인하기

미드저니 웹사이트(https://www.midjourney.com)에 접속하면,  버튼이 보입니다.

https://www.midjourney.com/home

회원가입을 하려면 Sign Up 을 클릭하고,
이미 가입한 회원이라면 Log In 을 클릭해서 로그인을 하면 됩니다.

회원 가입 전에 Explore 을 클릭해서 사이트를 먼저 둘러볼 수도 있습니다.

회원가입부터 해볼까요?

회원가입은 간단합니다.

화면 하단의 Sign Up 을 클릭하면 아래와 같은 Google / Discord 계정으로 접속 할 수 있습니다.

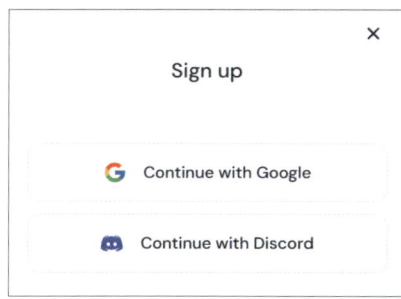 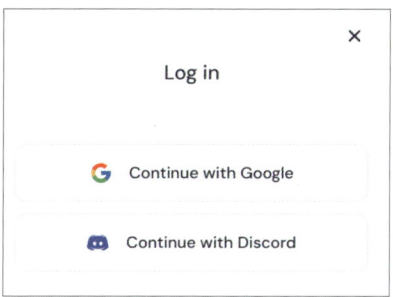

회원가입(Sign up) / 로그인(Log in) 방법 선택

미드저니는 회원가입 및 로그인에 별도의 회원정보 입력 및 ID / Password 입력을 받아서 사용하는 것이 아니라, Discord / Google 계정으로 회원가입과 로그인을 할 수 있습니다. 따라서, 미드저니를 사용하려면 Discord 계정이나 Google 계정이 필요합니다.

두 가지 방법 중 한 가지로 회원 가입(Sign up) 하면 아래와 같은 미드저니 화면이 나타납니다.

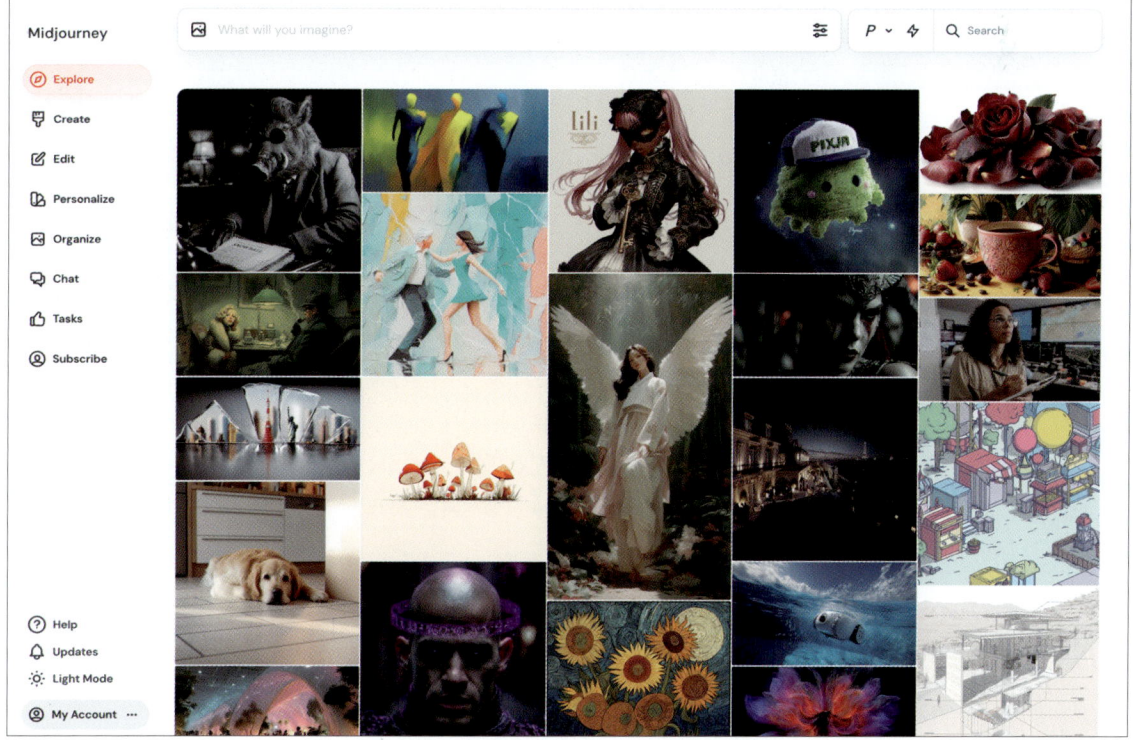

회원 가입이 완료된 후 미드저니 사이트에 접속한 모습

여기까지 진행을 하셨다면 미드저니에 가입 후 로그인이 완료된 상태입니다.

02. 미드저니 구독하기

가입을 완료하고 접속한 화면의 좌측 메뉴 중 Subscribe 을 클릭하면 요금제를 선택하는 페이지로 이동합니다.

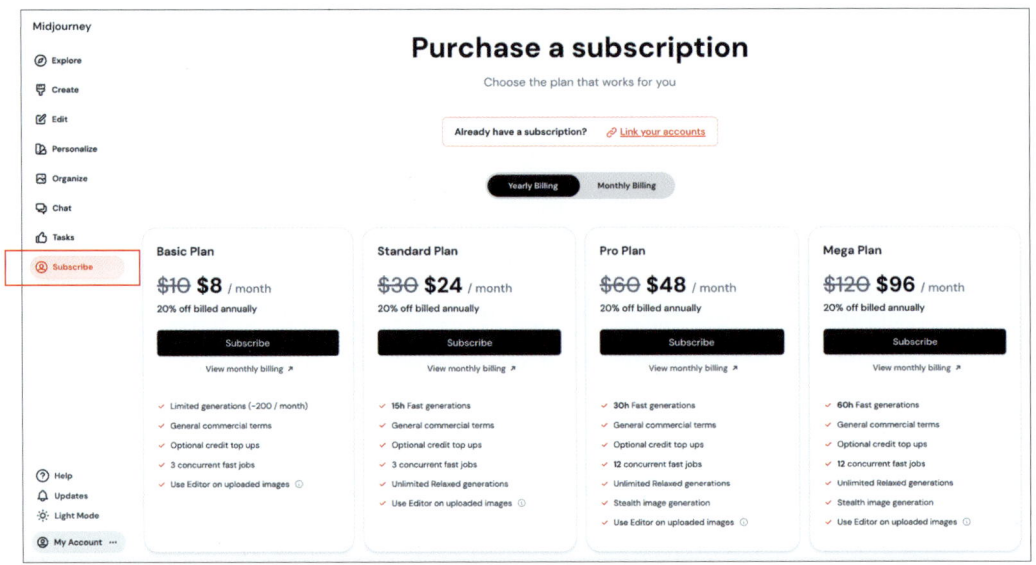

구독을 위한 요금제 선택 화면

기본 연 단위(Yealy) 결제 페이지가 보이며, Monthly Billing 을 클릭하면 월 단위(Monthly) 결제 페이지로 이동합니다.

미드저니의 과금 단위는 Fast Hour 입니다. Fast Hour란 이미지 생성 명령을 내리고 해당 작업이 실행되는 시간(기본 이미지 생성시 약 30초)을 의미합니다.

Basic Plan은 이 Fast Hour를 200분/월 제공합니다.
Standard / Pro / Mega Plan은 15 / 30 / 60시간/월을 제공하는데, Standard Plan 이상의 요금제는 Relax Mode(Fast Hour 차감 없이 약간 느리게 생성되는 모드)를 지원하여 Fast Hour를 모두 소진한 후에도 무제한 이미지 생성이 가능합니다.

Pro Plan 이상의 요금제에서는 Stealth Mode를 선택할 수 있는데 이 Mode는 내가 생성한 이미지가 외부에서 검색이 되지 않고 나만이 확인할 수 있는 Mode 입니다.

각 Plan 별로 위와 같은 제한 사항들이 달라짐으로 각자에 맞는 요금제를 선택해서 Subscribe 클릭하면 카드 결제 페이지로 이동합니다. (미드저니는 카드결제만을 지원)

결제가 완료되면 아래와 같은 이용약관 동의 절차와 튜토리얼 안내 메시지가 나옵니다.

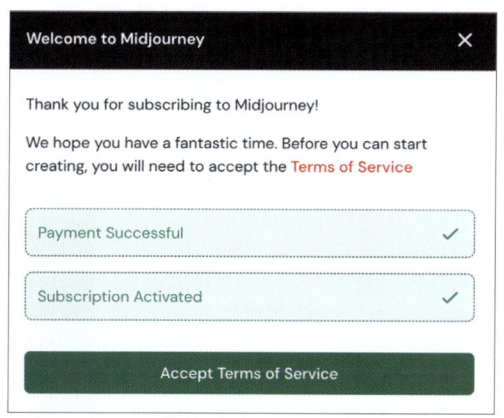

이용약관(Terms of Service) 동의 화면

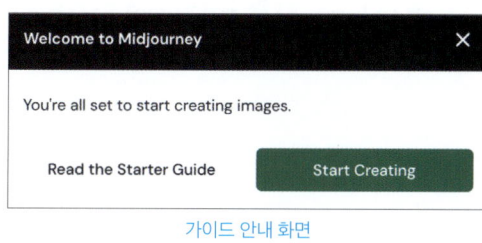

가이드 안내 화면

모든 과정을 끝내고 아래의 화면이 보인다면 가입 / 구독 절차가 모드 완료된 상태입니다.

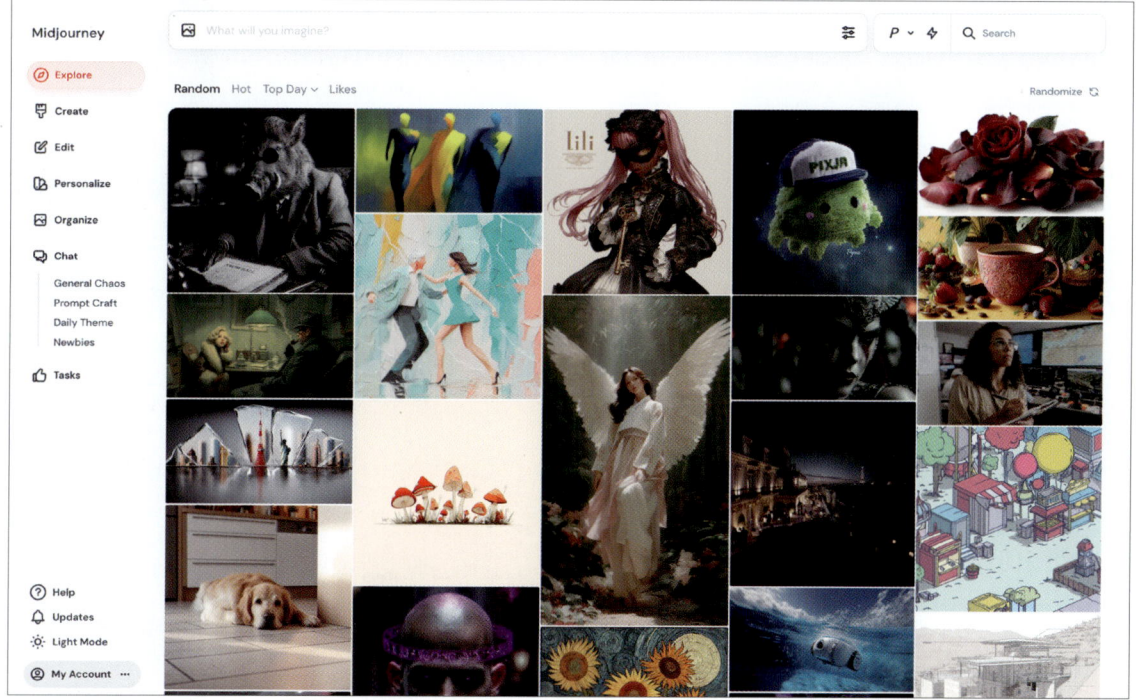

구독 후 초기화면

03. 미드저니의 웹 UI (화면 구성)

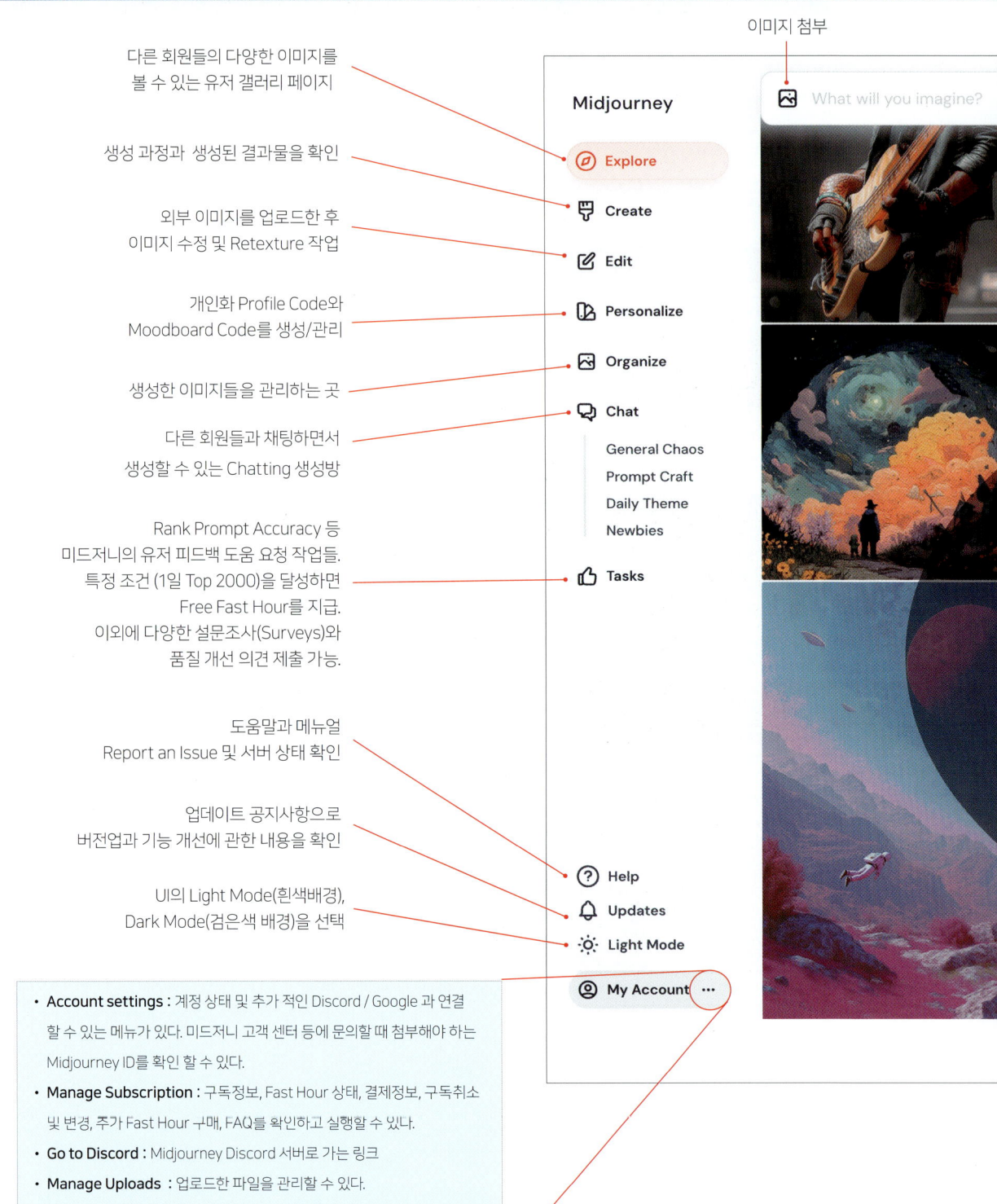

- 다른 회원들의 다양한 이미지를 볼 수 있는 유저 갤러리 페이지 → Explore
- 생성 과정과 생성된 결과물을 확인 → Create
- 외부 이미지를 업로드한 후 이미지 수정 및 Retexture 작업 → Edit
- 개인화 Profile Code와 Moodboard Code를 생성/관리 → Personalize
- 생성한 이미지들을 관리하는 곳 → Organize
- 다른 회원들과 채팅하면서 생성할 수 있는 Chatting 생성방 → Chat
- Rank Prompt Accuracy 등 미드저니의 유저 피드백 도움 요청 작업들. 특정 조건 (1일 Top 2000)을 달성하면 Free Fast Hour를 지급. 이외에 다양한 설문조사(Surveys)와 품질 개선 의견 제출 가능. → Tasks
- 도움말과 메뉴얼 Report an Issue 및 서버 상태 확인 → Help
- 업데이트 공지사항으로 버전업과 기능 개선에 관한 내용을 확인 → Updates
- UI의 Light Mode(흰색배경), Dark Mode(검은색 배경)을 선택 → Light Mode
- 이미지 첨부 → What will you imagine?

- **Account settings** : 계정 상태 및 추가 적인 Discord / Google 과 연결 할 수 있는 메뉴가 있다. 미드저니 고객 센터 등에 문의할 때 첨부해야 하는 Midjourney ID를 확인 할 수 있다.
- **Manage Subscription** : 구독정보, Fast Hour 상태, 결제정보, 구독취소 및 변경, 추가 Fast Hour 구매, FAQ를 확인하고 실행할 수 있다.
- **Go to Discord** : Midjourney Discord 서버로 가는 링크
- **Manage Uploads** : 업로드한 파일을 관리할 수 있다.
- **Midjourney Magazine** : Midjourney Magazine 구입 링크
- **Log Out** : 미드저니 사이트에서 로그아웃.

01. 미드저니 시작하기

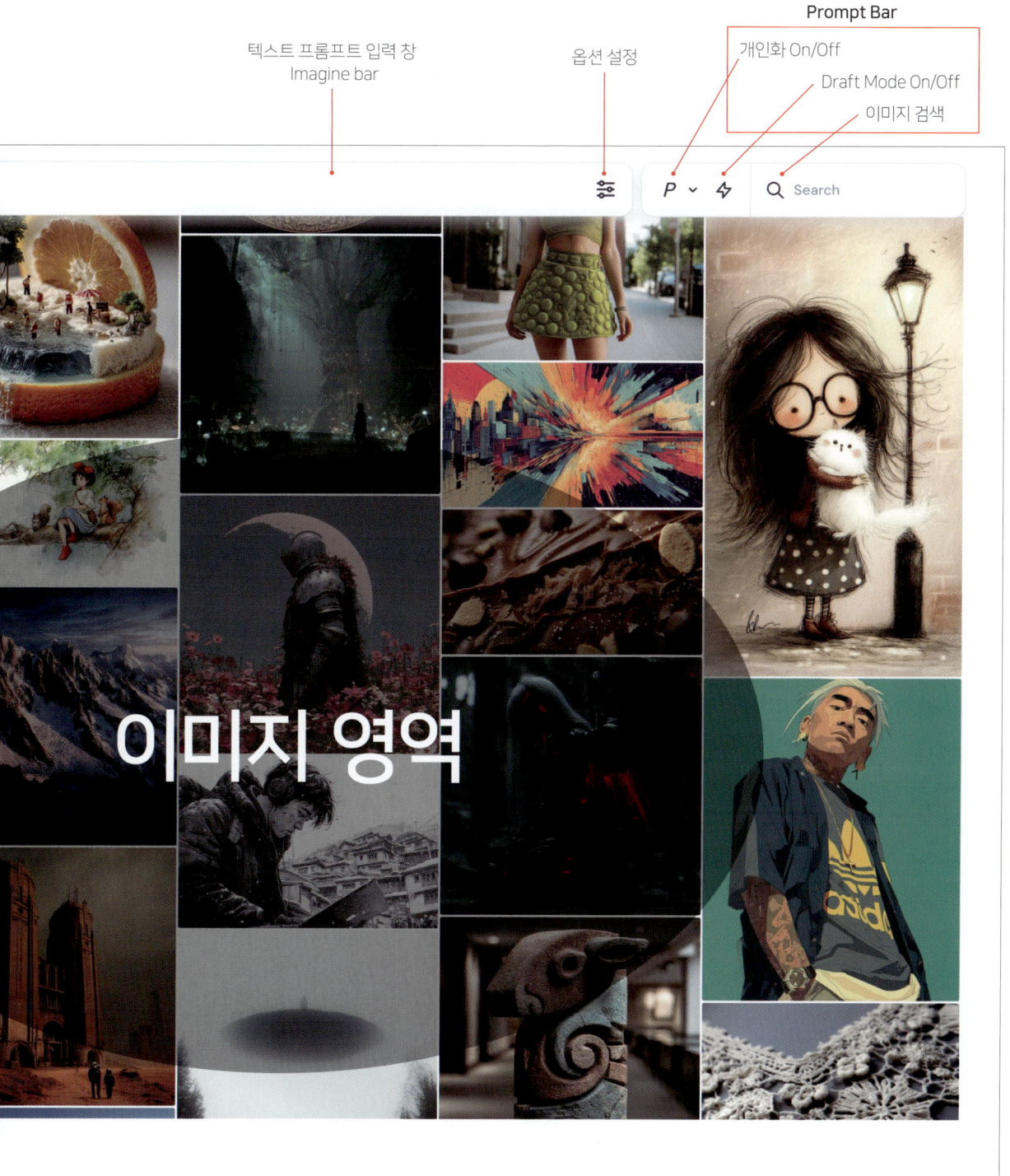

- 텍스트 프롬프트 입력 창 / Imagine bar
- 옵션 설정
- Prompt Bar
  - 개인화 On/Off
  - Draft Mode On/Off
  - 이미지 검색
- 이미지 영역

04. 이미지 생성해 보기

가입과 구독을 끝내고 접속하면 아래와 같은 기본 미드저니 사이트를 볼 수 있습니다.

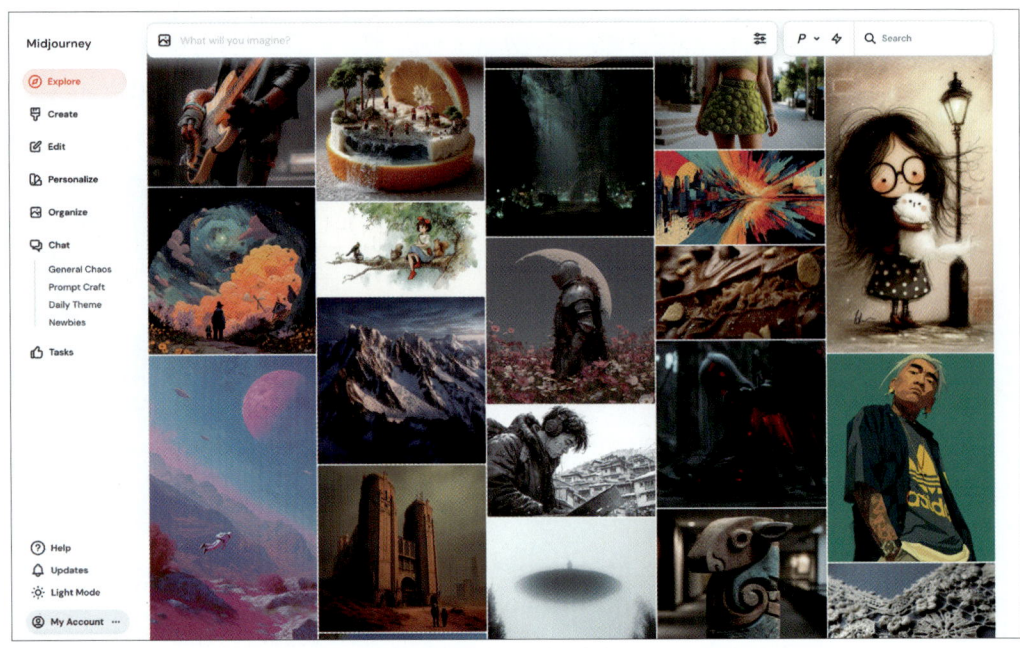

미드저니 초기 접속 화면

미드저니로 이미지를 만들려면 상단 입력창에 Text Prompt를 입력하면 됩니다.

이 Prompt를 입력하는 입력창을 Prompt(프롬프트) 입력 창 혹은 Imagine Bar라고 부릅니다.

Prompt(프롬프트) 입력 창 (Imagine Bar)

입력 창 우측의 설정 옵션 아이콘 을 클릭하면 다양한 Parameters를 선택할 수 있는 창이 뜹니다. 해당 Parameter의 자세한 사용법은 이후 Parameters 장에서 확인할 수 있습니다.

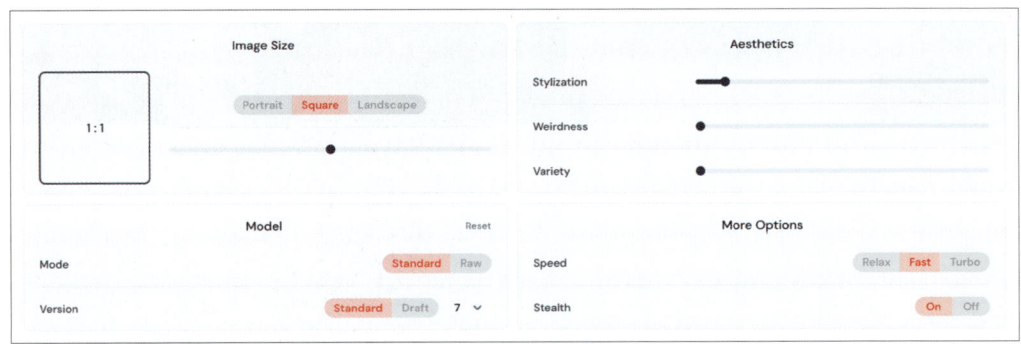

Parameters 선택 창

한 번 따라해 볼까요?

일단 간단한 그림을 한번 생성해 보겠습니다.

처음 생성해 볼 그림은 단순한 선으로 그려진 고양이 그림으로 정했습니다.

좌측 상단의 Create 메뉴로 이동한 후 상단의 프롬프트 입력 창(Imagine Bar)에 아래와 같이 cute cat, simple line 이라고 입력하고 Enter로 실행시킵니다.

그러면 상단에 아래와 같이 실행되고 있는 진행률이 표시되다가 잠시 후 결과물이 나타납니다.

생성 진행 중

생성 완료 - 생성 결과물 리스트(Image List)

이렇게 생성 결과물 4장이 한 줄로 표시되는 이 화면을 생성 결과물 리스트(Image List) 화면이라고 부릅니다.

그런데 결과가 마음에 들지 않습니다.
생성 결과물 리스트(Image List) 오른쪽의 Prompt가 표시된
영역에 마우스를 올리면 하단에 롤오버 버튼들이 나오는데,
여기서 Rerun 을 클릭해봅니다.

롤 오버 시 나타나는 버튼들

그러면 동일한 Prompt로 다시 생성이 실행됩니다.

생성 완료 - 생성 결과물 리스트(Image List)

이 생성 결과물 리스트(Image List)에서 원하는 이미지를 클릭하면 그림처럼 선택한 이미지가 크게 확대되면서 생성 결과물 보기(Image View) 화면으로 이동합니다.

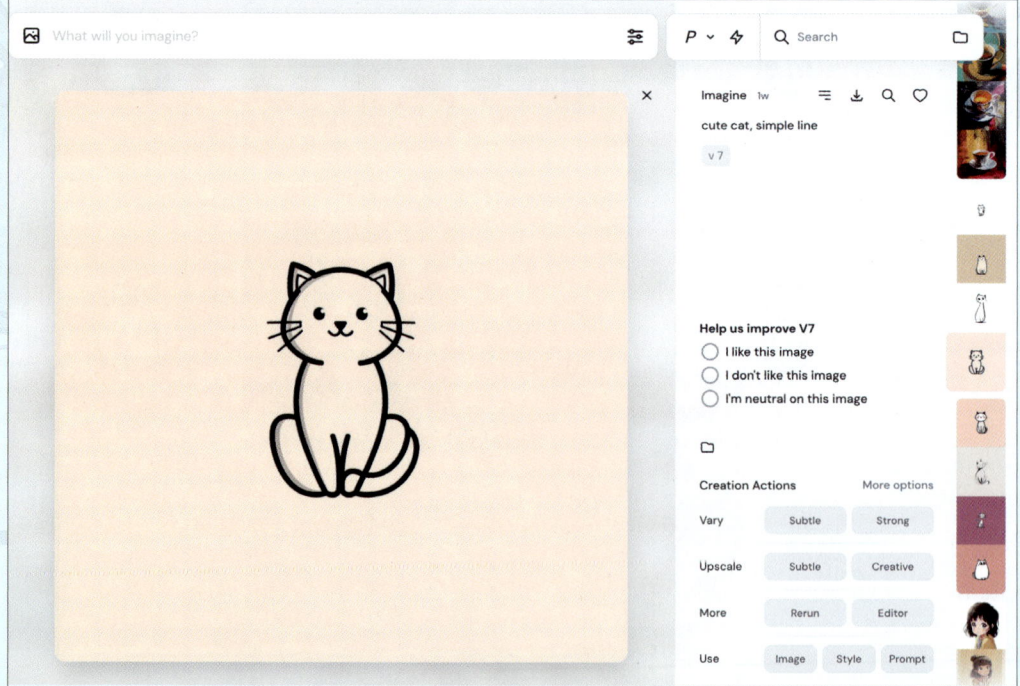

생성 결과물 보기(Image View)

해당 이미지에서 마우스 오른쪽 버튼을 눌러 나오는 메뉴에서 Save Image 버튼을 누르거나 우측 상단에 다운로드 아이콘을 클릭하면 생성된 이미지를 다운 받을 수 있습니다.

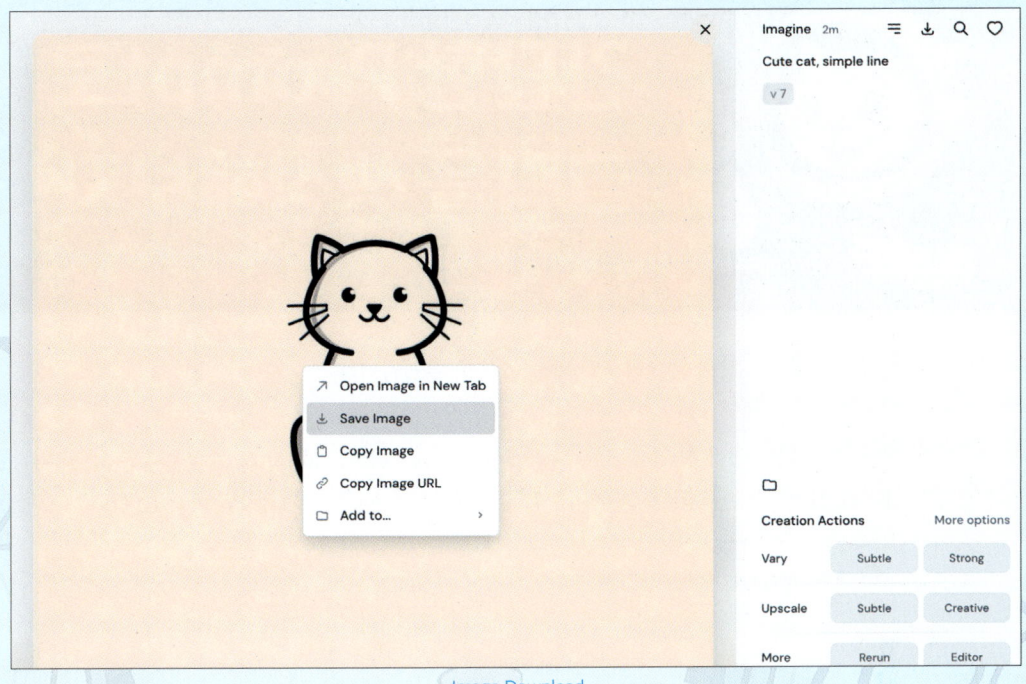

Image Download

이렇게 하면 1024px×1024px (1 : 1 기준) 크기의 이미지가 다운로드 됩니다.

한 번 따라해 볼까요?

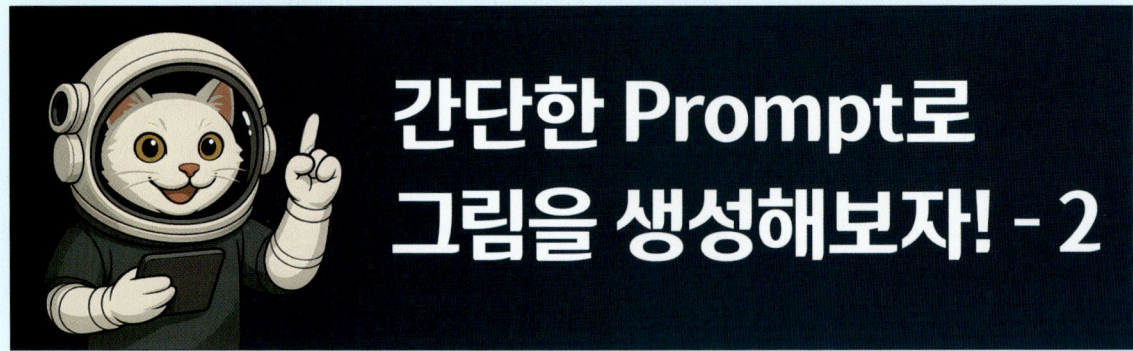

간단한 Prompt로 그림을 생성해보자! - 2

이번에는 명화 느낌의 세로형 이미지를 만들어 보겠습니다.

일단, 프롬프트 입력 창(Imagine bar)에 a cup of coffee, abstract, oil painting을 입력합니다. 그리고 입력창 오른쪽의 옵션 아이콘을 클릭해서 Image Size에서 Portrait를 클릭합니다.

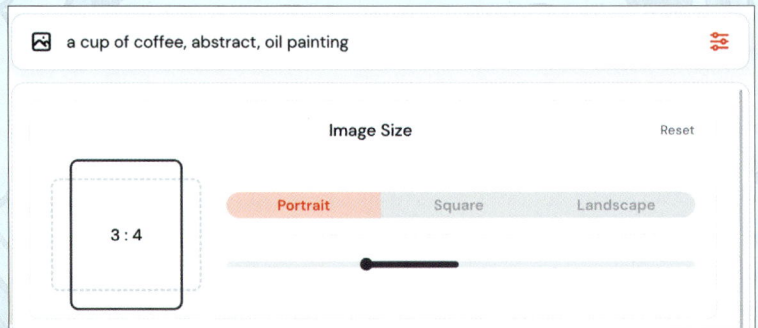

세로 이미지(Portrait) 선택

Image Size의 비율 표시에 이미지가 1 : 1에서 3 : 4로 변경됩니다. 입력한 Prompt를 3 : 4 비율로 이미지를 만들 수 있도록 설정된 것입니다. 이렇게 설정된 상태에서 Enter를 입력해 실행합니다.

생성 결과물 리스트(Image List)

전에 생성된 1 : 1 이미지보다 세로로 긴 이미지를 생성 결과물 리스트(Image List)에서 확인 할 수 있습니다. 이중 마음에 드는 이미지를 클릭해서 생성 결과물 보기(Image View) 페이지로 이동합니다.

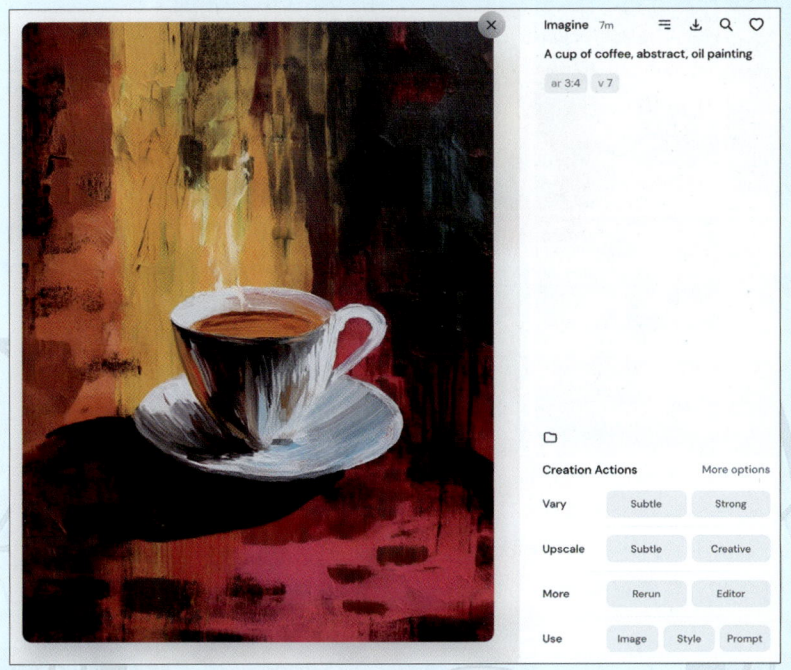

생성 결과물 보기(Image View)

이번에는 우측 하단 Creation Actions 메뉴 중에서 첫 줄의 Vary 줄에 Strong 을 클릭합니다.
Vary(Strong)을 실행시키면 화면이 이동되는 변화는 없고 왼쪽 Create Tab이 아래와 같이 변합니다.

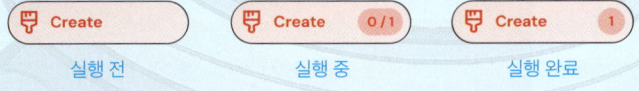

실행 전　　　　　　　실행 중　　　　　　　실행 완료

미드저니는 생성 결과물 보기(Image View) 페이지에서 Creation Actions을 실행시키면 해당 생성 페이지(Create 생성 결과물 리스트)로 이동하는 것이 아니라 해당 메뉴에서 작업이 진행되고 있음을 해당 메뉴에 아이콘으로 표시해줍니다.

지금 보고 있는 생성 결과물 보기(Image View)에서 다시 생성 결과물 리스트(Image List)로 돌아가는 방법은 왼쪽 메뉴에서 Create를 클릭하는 방법도 있지만, 지금 보고 있는 이미지의 우측 상단에 있는 ⓧ 아이콘을 클릭해도 됩니다.

미드저니의 생성 결과물 보기(Image View) 페이지는 팝업 페이지 같은 구조라고 생각하면 좀 더 이해가 쉽습니다. 리스트에서 원하는 이미지를 클릭하면 해당 페이지가 팝업으로 보여지고 팝업 페이지에서 창닫기를 눌러 다시 보던 리스트로 돌아가듯이 ⓧ 아이콘을 클릭하면 리스트로 돌아갑니다.

다시 리스트로 돌아와서 보면 아까 Vary(Strong)을 실행시킨 결과물이 이전 결과물과 함께 보입니다.

생성 결과물 리스트(Image List)

Vary(Strong)에 관해서는 이후 Variation에서 자세히 다루고 있습니다.
지금은 "결과물에 변화를 주어 새로운 결과물을 만들 수 있다" 정도만 이해하시면 됩니다.

이렇게 만들어진 이미지에서 마음에 드는 이미지를 클릭해서 다운로드하면 이와 같은 이미지를 얻을 수 있습니다.

이미지는 3 : 4 비율의 이미지로 실제 사이즈는 928px×1232px 입니다.

3:4 비율의 생성 결과물 이미지

한번 따라해 볼까요?

이번에는 가로형 이미지를 만들어 보는데 가로형 이미지에 어울리는 풍경 이미지를 만들어 보겠습니다.

Prompt 입력창에 A sailboat at sea를 입력하고 옵션 아이콘을 클릭해서 Image Size에서 슬라이드 바를 이동시켜 16 : 9를 선택합니다.

Image Size의 비율 표시에 이미지가 16 : 9로 표시됩니다. 이 상태에서 Enter를 눌러 실행합니다.

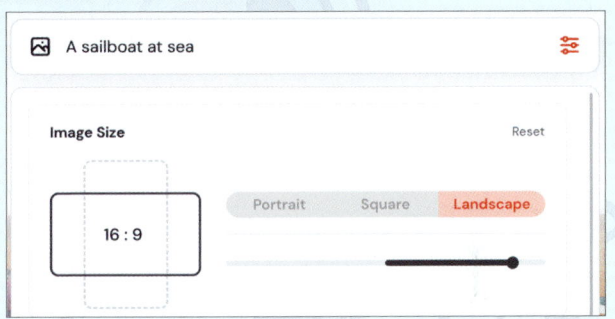

결과를 보면 기존에 생성된 이미지들과 다르게 두 줄로 표시되며, 가로 이미지는 2×2 형태로 배치됩니다. 다양한 비율의 이미지가 섞여 있을 때는 하나의 묶음 범위가 헷갈릴 수 있지만 조금만 익숙해지면 쉽게 구분할 수 있습니다.

생성 결과물 리스트(Image List)

마음에 드는 이미지를 클릭해서 이미지 생성 결과물 보기(Image View)로 이동합니다.

생성 결과물 보기(Image View)

이번에는 Creative Actions 의 두 번째 줄에 있는 Upscale의 Subtle 을 클릭해 보겠습니다.
화면에 왼쪽 Create 메뉴에 진행 표시가 나타나고 클릭한 Subtle 버튼에는 해당 기능의 실행 횟수가 표시 됩니다. 이는 이후 이 페이지를 다시 확인할 때도 그대로 표시됩니다.

실행 후 생성 결과물 리스트(Image List)를 확인해 보면 아래와 같은 리스트를 확인할 수 있습니다.

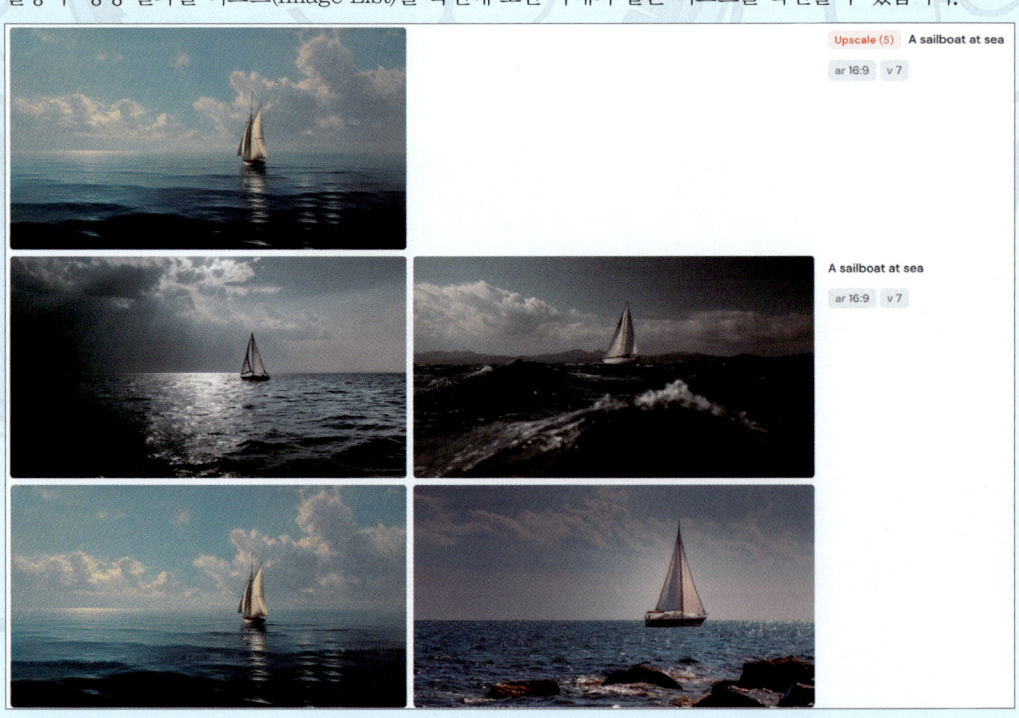

Upscale(Subtle) 실행 후 생성 결과물 리스트(List)

기존과는 다르게 4장이 아닌 1장의 이미지만 결과물에 표시되는 것을 볼 수 있습니다. Upscale은 생성이나 Vary와 다르게 1장의 결과물만을 생성합니다.

해당 이미지를 다운로드 한 후 확인하면 아래와 같은 큰 해상도의 이미지를 얻을 수 있습니다.

16:9 비율의 2912px×1632px 이미지

Upscale 이전의 이미지를 다운로드해서 확인하면 이미지 사이즈가 1456px×816px 임을 확인할 수 있습니다.

Upscale에 관련된 자세한 내용은 02. Advanced > 01. Creative Actions > 02. Upscale 편에서 다루고 있습니다. 지금은 "2배로 커진 이미지를 만든다"라고 이해하고 넘어가시면 됩니다.

한 번 따라해 볼까요?

간단한 Prompt로 그림을 생성해보자! - 4

미드저니가 V7로 업데이트 되면서 Prompt에 다국어를 직접 입력할 수 있게 되었습니다.
여기서는 한글을 Prompt에 입력하여 그림을 생성해 보겠습니다.
한글 프롬프트를 '제대로' 활용하려면 미드저니의 모델을 V7로 설정해야 합니다.
Prompt 창의 옵션 아이콘을 클릭해서 그림과 같이 Version을 7로 선택해줍니다.

Prompt 창에 아래와 같이 당당히 한글을 입력하고 실행시킵니다.

생성된 이미지를 보면 한복과 배경 광화문이 표현된 것을 확인할 수 있습니다. 한글로 '소녀'라고 입력해서 나온 인물도 동양인 소녀로 생성되었습니다. 주의해야 할 점은 광화문과 한복의 디테일이 정확하게 일치하지 않는다는 것입니다. '광화문스러운 배경, '한복과 비슷한 의상'의 결과물이 생성된다고 이해하시기 바랍니다.
V6.1 이후부터 한국에 관한 디테일이 많이 좋아졌지만 아직도 많은 오류가 있으니, 생성할 이미지에 정확한 정보 전달이 포함되어야 한다면 반드시 주의가 필요합니다.

한 번 따라해 볼까요?

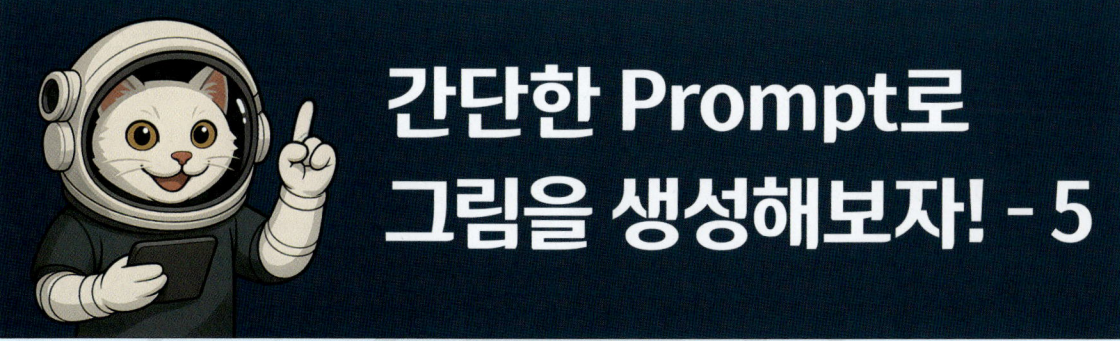

이번에는 한글과 영어를 함께 사용해서 인물 사진을 만들어 보겠습니다.

옵션 아이콘을 클릭해서 인물사진에 어울리도록 Image Size는 Portrait으로 선택하여 세로형으로 만들고, Stylization의 수치도 250으로 올려줍니다. (해당 Parameter의 설명은 Parameters 장에 자세히 다루고 있습니다.)

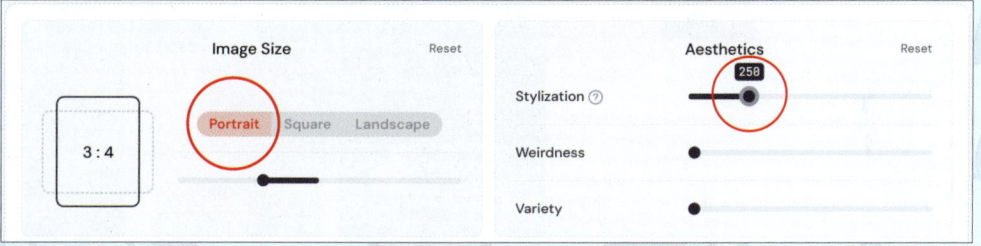

그리고 다음과 같이 'A professional photo of 아름다운 여배우' 라고 Prompt를 넣어줍니다.

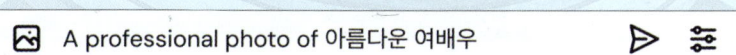

이렇게 Prompt의 A professional photo of 부분이 스튜디오에서 촬영한 분위기의 깔끔한 사진 이미지를 만들어 주고, 아름다운 여배우 부분이 인물을 만들어 줍니다.

다국어 Prompt에 관한 내용은 V7 Update 〉 다국어 Prompt 장에서 자세히 다루고 있으니 참고하시기 바랍니다.

05. 생성 환경

미드저니의 생성 환경 메뉴를 하나씩 알아보겠습니다.

01. Explore 메뉴

다른 유저들의 공개된 작품들을 감상할 수 있습니다.

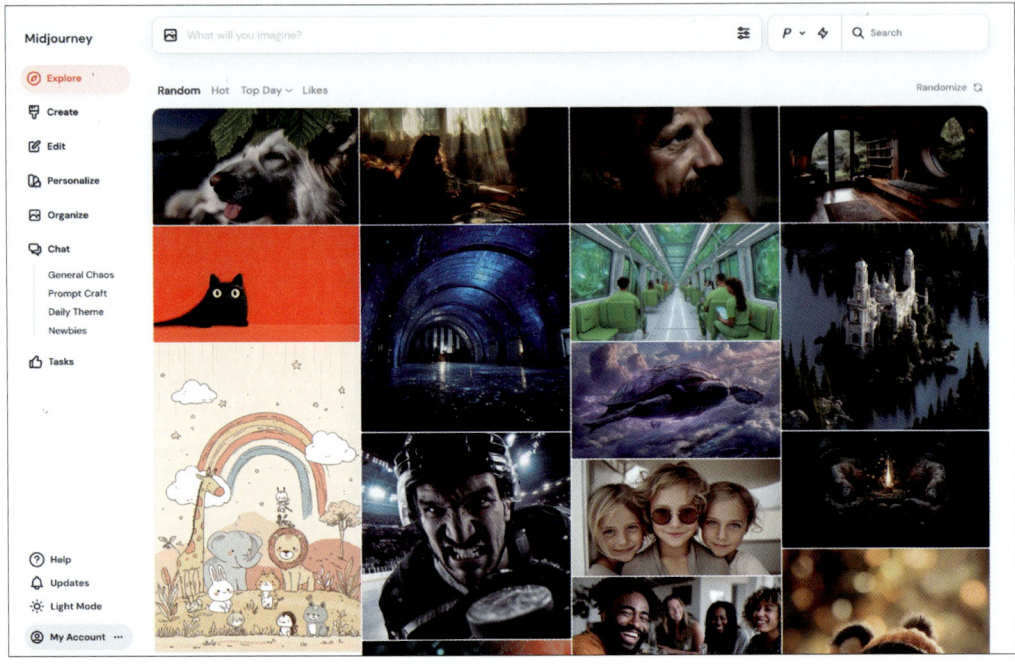

Random	무작위로 작품들을 보여줍니다. 오른쪽의 Randomize 버튼을 누르면 무작위 목록이 다시 생성됩니다.
Hot	실시간 인기 리스트를 보여줍니다.
Top Day ⌄	Daily Top 리스트를 보여줍니다. Top Day Top Week Top Month 화살표를 눌러 목록을 열면 Day / Week / Month 로 변경이 가능합니다.
Likes	다른 사용자들의 이미지 중에 내가 ♥ 를 누른 이미지들의 리스트를 보여줍니다.

이미지를 클릭해서 이미지 보기(Image View) 페이지로 들어가면 아래와 같은 화면이 나옵니다.

이미지 보기(Image View)

다른 유저가 해당 이미지를 생성하는데 사용한 Prompt와 Parameters를 모두 볼 수 있습니다. Prompt를 공부하기 좋은 참고 자료입니다.

User Name을 클릭하면 해당 사용자의 다른 공개된 이미지를 볼 수 있습니다.

User Name을 클릭하면 나오는 이미지 리스트(Image List)

이 리스트에서 빠져나가는 방법은 User Name에 마우스를 롤오버 시키면, ❌ winfirst48_23929 와 같이 리스트를 닫는 버튼이 나타납니다. 이를 클릭하면 원래 보고 있던 리스트로 돌아갑니다.

Prompt 상단의 메뉴 버튼을 클릭하면 추가 메뉴가 나타납니다.

02. 프롬프트 입력 창 (Imagine Bar)

이미지를 만들기 위해서 Prompt를 입력하는 창을 프롬프트 입력 창(Imagine Bar)이라고 부르고 그 옆에 옵션들(개인화 On/Off, Draft mode On/Of, Conversational (LLM) mode On/Off, 검색, 폴더)을 선택할 수 있는 버튼들의 모음을 Prompt Bar라고 부릅니다.

프롬프트 입력 창(Imagine Bar)   Prompt Bar

1. Image Upload

생성 입력창 창(Imagine Bar) 좌측 이미지 아이콘 을 클릭하면 Image를 업로드 하거나 업로드 된 이미지를 선택할 수 있는 메뉴가 나타납니다.(아래)

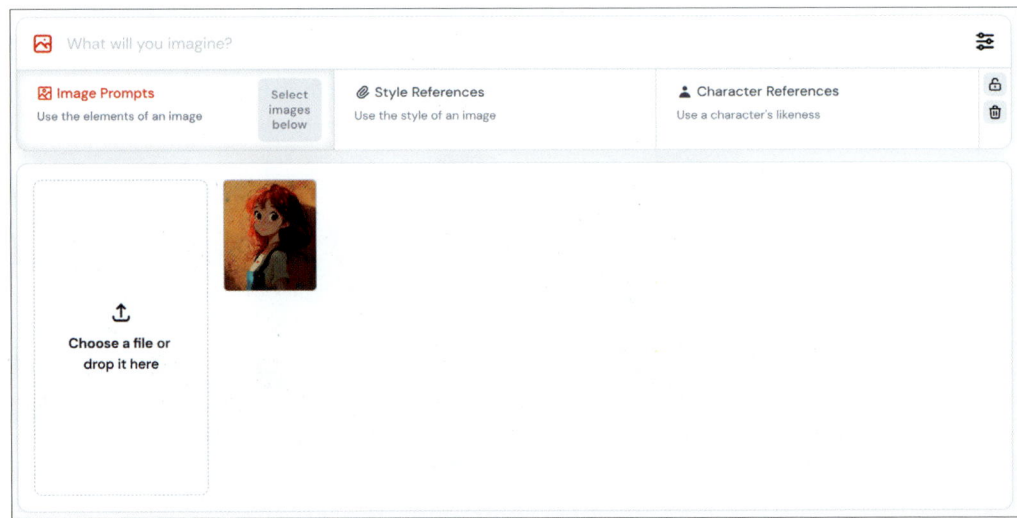

Image Upload와 Upload Image List

여기에 이미지를 업로드해서 Upload Image List에 등록해 두면,
이 이미지를 Image Prompt로 첨부와 Cref / Sref의 참조 이미지로 사용할 수 있습니다.
(첨부한 후의 사용법은 이후 해당 기능의 설명 편에서 자세히 다루고 있습니다.)
이미지를 첨부하고 첨부한 이미지에 마우스를 올리면 버튼이 3개 나타납니다.

마우스 롤 오버 메뉴

Image Edit의 경우 Edit(Full Editor) 메뉴로 해당 이미지를 입력하는 버튼입니다. 자세한 내용은 Edit 메뉴 편에서 다루고 있습니다.

2. Describe

Image Describe 버튼을 클릭하면 아래와 같은 메뉴가 나오는데, 이 기능은 해당 이미지를 분석해서 프롬프트를 만들어 주는 Discord Midjourney의 /describe 명령의 웹 버전입니다.

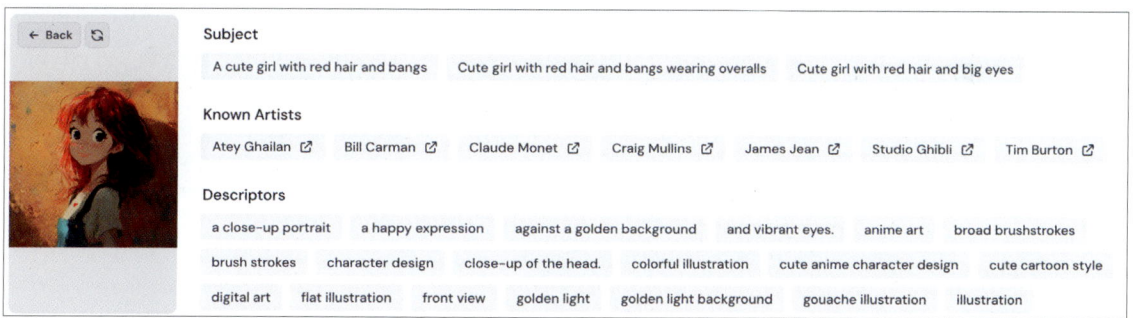

Image Describe

← Back	Image Upload List로 돌아갑니다.
↻	Image를 다시 분석해서 새로운 프롬프트를 생성합니다.
[문장들]	클릭하면 프롬프트 입력 창(Imagine Bar)에 추가/삭제가 토글됩니다.

또 다른 Describe를 사용방법은,
이미지 리스트(Image List)에서 마우스 오른쪽
버튼을 눌러서 Describe 을 클릭하거나,

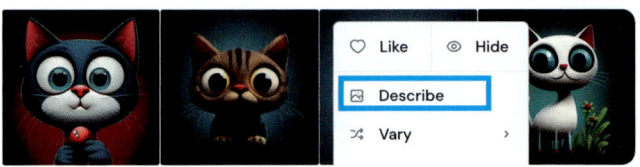

이미지 리스트에서 마우스 오른쪽 버튼 클릭

Imagine Bar에 이미지 파일을 드래그하여
Drop image to describe 영역에 드랍하면
Create 메뉴에 Describe된 결과가 나타납니다.

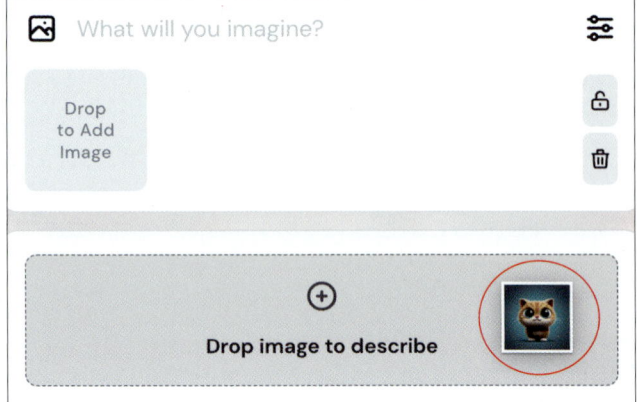

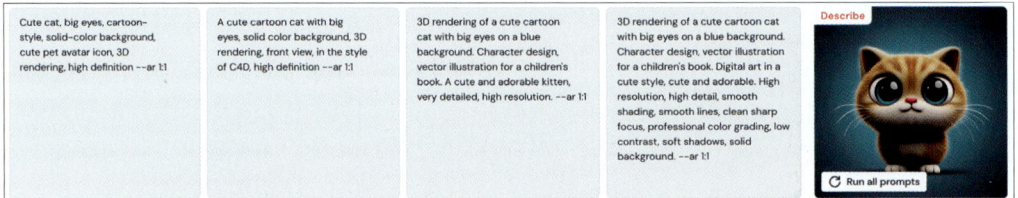

Run all prompts : 결과물이 나온 Prompt를 모두 실행해서 이미지를 생성합니다.
[Prompt] : 선택된 Prompt를 Imagine Bar에 붙여 넣습니다.

선택, 업로드한 이미지를 분석해서 Prompt를 생성해줍니다.
주의할 점은, 이렇게 생성된 Create 메뉴의 Describe 내용은 화면을 새로 고침하거나 재접속하면 사라집니다. 생성된 Prompt가 필요한 경우는 한 번 실행을 시키거나 따로 메모해 두어야 합니다.

이렇게 생성된 하나의 프롬프트를 실행시켜 생성하면 아래와 같은 결과물이 생성됩니다.

Describe로 생성된 Prompt로 생성한 결과물

Describe와 Image Prompt, Cref, Sref를 함께 활용하는 보다 자세한 방법은 03. 미드저니의 고급 활용 1 〉 05.Describe 편에서 다루어져 있습니다.

01. 미드저니 시작하기

3. Parameters

입력 창 우측의 옵션 아이콘 을 클릭하면 다양한 Parameters를 입력할 수 있는 창이 뜹니다. 해당 Parameter의 기능 설명과 자세한 사용법은 이후 Parameter 장을 참고하세요.

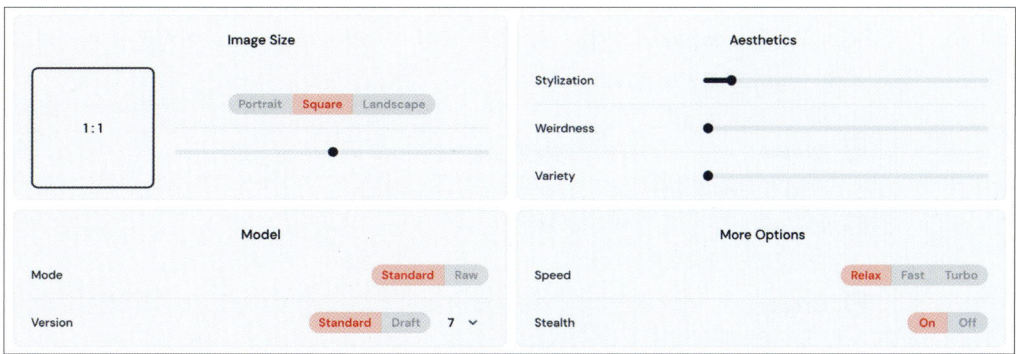

Parameters 선택창

Image Size

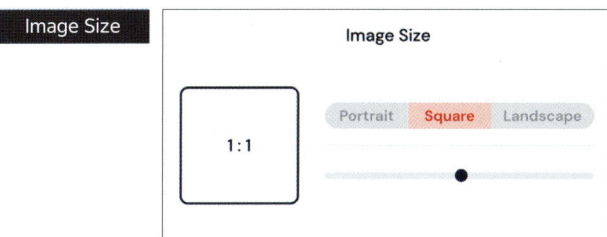

타이틀은 Image Size 이지만, 가로세로 비율을 조절합니다.
Portrait 3 : 4 세로형 이미지
Square 1 : 1 정사각형 이미지 (기본값)
Landscape 4 : 3 가로형 이미지
슬라이드 Bar 1 : 2 ~ 2 : 1까지 11가지 Pre-set 비율을 선택할 수 있습니다.

Aesthetics

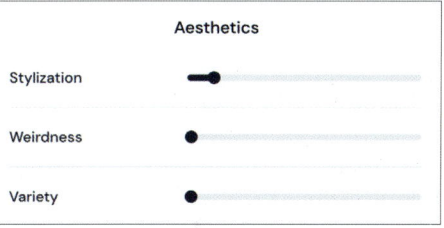

미학 Parameter 를 조절하는 슬라이드 Bar
Stylization : stylize parameter 값 조절 (기본값 : 100)
Weirdness : weird parameter 값 조절 (기본값 : 0)
Variety : chaos parameter 값 조절 (기본값 : 0)

Model

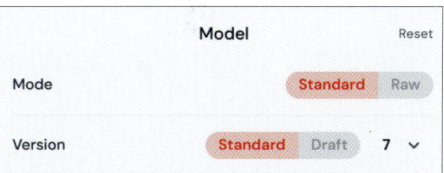

생성 모델에 관련된 사항을 선택 설정합니다.
Mode : style parameter의 값을 선택합니다.
Version : 생성 모델 버전 선택 (V / Niji 포함),
　　　　　 Standard / Draft Mode 선택(V7 only)

More Options

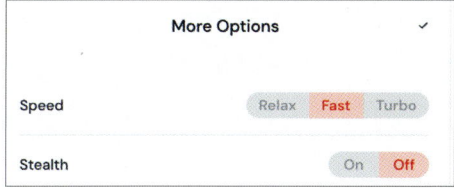

Speed : Relax / Fast / Turbo 모드 선택
Stealth : Stealth / Public Mode 선택 (On – Stealth mode),
　　　　　Pro Plan이상 구독자에게만 표시

49

03. Create 메뉴

프롬프트 입력 창(Imagine Bar)은 Explore / Create / Organize 메뉴의 상단에 늘 나타납니다.
어느 메뉴에서도 생성을 시작할 수 있고 이렇게 Prompt를 입력해 실행하면 생성이 진행되는 Create 메뉴로 이동해서 생성되는 과정을 보여주는 것이 아니라 Create 메뉴 아이콘이 아래와 같이 변경되면서 진행 상태만을 표시해 줍니다.

생성이 완료되고 해당 Create 메뉴로 이동하면 아래와 같은 생성 결과물을 확인할 수 있습니다.

생성 완료 후 Create 탭

가로세로 비율에 따라서 1~2줄에 걸쳐서 결과물이 나타납니다.

1. 생성 결과물 리스트(Image List)

여기에 나타나는 리스트를 생성 결과물 리스트(Image List) 라고 부릅니다.
이 리스트는 생성 이미지들와 생성에 사용된 Prompt, Parameters가 같이 표시됩니다.

생성 이미지 , 생성 Prompt , Parameters

생성 결과물 리스트에서 개별 이미지에 마우스를 오버하면 롤 오버 메뉴가 뜹니다.

V Subtle Vary(Subtle) / 약간의 변화를 준 4장의 이미지 생성

V Strong Vary(Strong) / 보다 많은 변화를 준 4장의 이미지 생성

Vary(Subtle / Strong)는 생성된 이미지와 변화의 정도를 달리한 유사한 이미지를 생성해 줍니다. 자세한 내용은 이후 Variation 항목에서 다루고 있습니다.

Prompt에 마우스 오버를 하면 'use text' 라는 롤 오버 메뉴가 나옵니다

해당 기능은 Parameters를 제외하고 Prompt 만 프롬프트 입력 창(Imagine Bar)에 입력해 줍니다.

프롬프트 입력 창에 이미 Prompt와 Parameters가 입력된 상태라면 Prompt만 변경됩니다.

생성 Prompt 영역에 마우스 오버를 하면 롤 오버 메뉴가 나타납니다

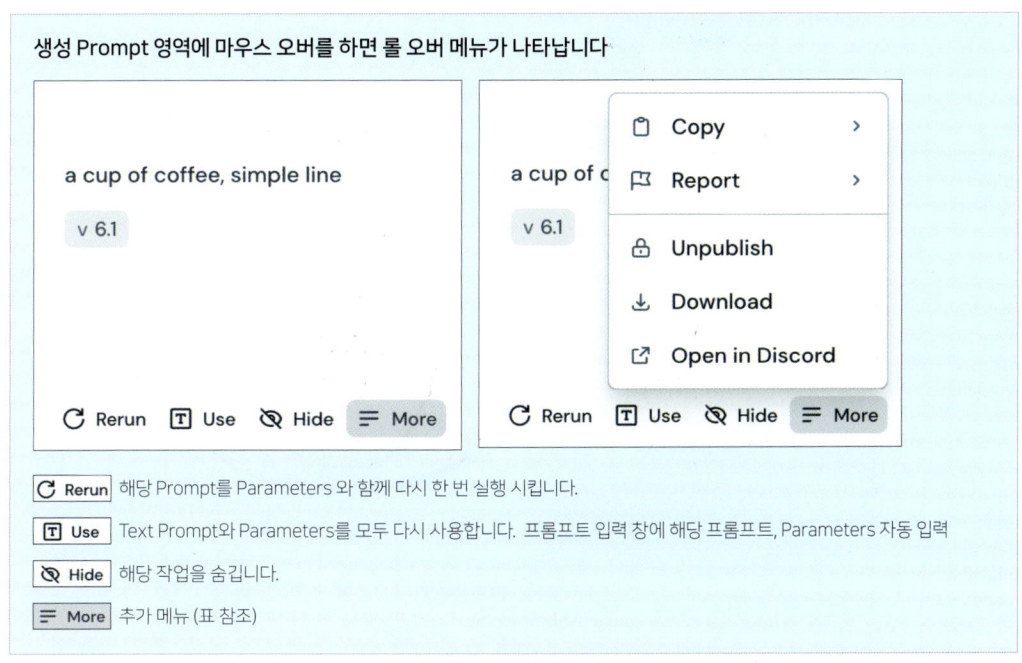

Rerun 해당 Prompt를 Parameters 와 함께 다시 한 번 실행 시킵니다.

Use Text Prompt와 Parameters를 모두 다시 사용합니다. 프롬프트 입력 창에 해당 프롬프트, Parameters 자동 입력

Hide 해당 작업을 숨깁니다.

More 추가 메뉴 (표 참조)

Copy		Prompt	Prompt를 Parameters 까지 포함해서 복사합니다.
		Job ID	Job ID 를 복사합니다.
		Seed	생성 Seed 번호를 복사합니다.
		Image	이미지(2 X 2)를 클립보드로 복사합니다.
		Image URL	이미지(2 X 2)의 링크를 클립 보드로 복사합니다.
Report		Confirm report	이미지에 문제가 있을 경우 해당 이미지를 신고합니다.
Publish			이미지를 공개한다.(Stealth Mode 로 생성된 이미지의 경우 표시됨)
Unpublish			이미지를 비공개 합니다. (Stealth Mode 사용이 가능한 Plan 구독자만 사용 가능)
Download			이미지(2x2)를 다운로드 합니다.
Open in Discord			Discord 의 해당 이미지 생성 서버 링크 (Discord 에서 생성된 이미지에만 작동합니다.) 웹사이트에서 생성된 이미지의 경우 Discord URL not available 라는 에러메시지가 출력됩니다.

2X2 이미지는 예시와 같은 4장의 이미지가 한장으로 묶여서 나오는 이미지를 의미합니다.

2. 생성 결과물 보기(Image View)

생성 결과물 리스트(Image List)에서 이미지를 클릭하면 해당 이미지의 생성 결과물 보기(Image View) 페이지가 열립니다.

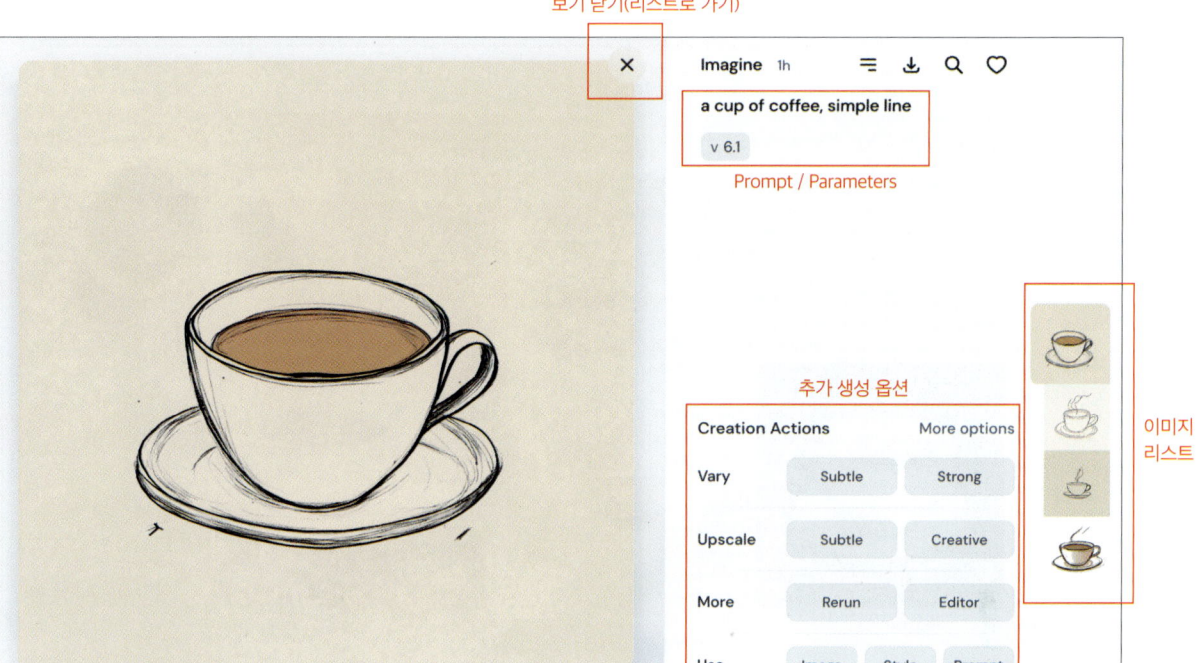

생성 결과물 보기(Image View)

 Option

생성 결과물 리스트(Image List)에 있는 메뉴와 같은 옵션입니다.

단, 생성 결과물 리스트(Image List)에서는 4장의 이미지에 관한 내용이고,

이곳의 메뉴에서는 선택된 1장의 이미지에 대한 정보를 확인하고 컨트롤을 할 수 있습니다.

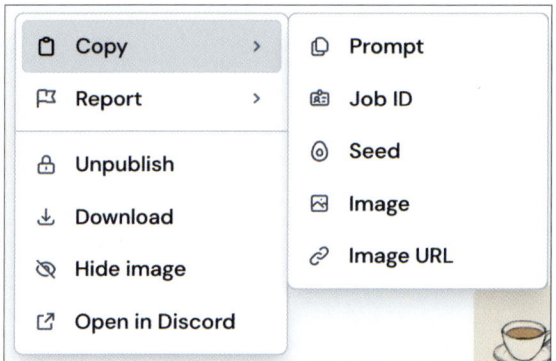

 Search Image

현재 선택된 이미지와 비슷한 이미지를 검색해 줍니다.

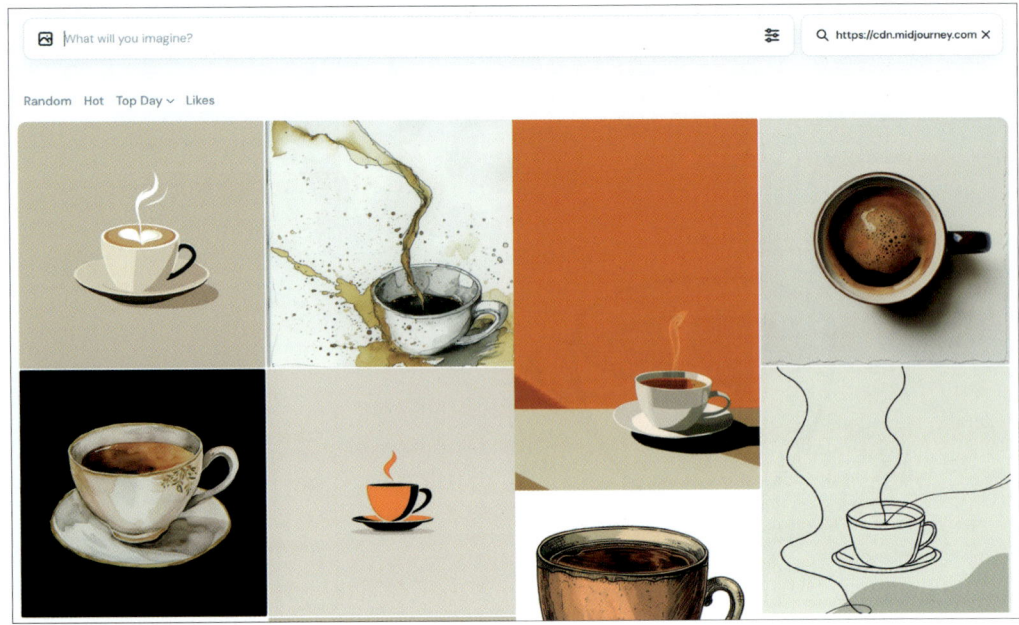

추가 생성 옵션

Creation Actions 메뉴에서 More Options을 클릭하면 메뉴를 추가하거나 가려둘 수 있는 선택 메뉴가 나옵니다. 자주 사용하는 메뉴만 골라서 설정할 수 있습니다.

기본   모든 기능 On

추가 생성 옵션의 자세한 설명은 이후 해당 기능의 설명 부분에서 자세히 다루고 있습니다.

04. Edit 메뉴

Edit는 미드저니에서 생성한 이미지를 수정하거나 외부 이미지를 업로드해서 미드저니의 생성 기능을 활용하는 이미지 편집기(Full Editor) 입니다.

미드저니에서 생성한 이미지 수정은 이미지 보기(Image View) 메뉴에서 Editor 버튼을 클릭해서 실행시켜야 내부 이미지로 수정할 수 있습니다. 내부/외부 이미지의 차이점은 02.Advanced 〉 01.Creative Actions 〉 06. Editor 편에 설명되어 있습니다.

Edit 메뉴에는 2가지 기능이 있습니다.

이미지를 수정하는 Edit(Full Editor)와 이미지의 텍스처 질감을 수정하는 Retexture 입니다.

두 가지 모두 미드저니를 대표하는 강력한 기능이므로 반드시 알아두어야 합니다. 자세한 활용 방법은 이후 **04.미드저니의 고급 활용 2 〉 05.Full Editor / 06.Retexture** 편에서 자세하게 다루고 있으니, 여기서는 간략하게 기능 중심으로 살펴보겠습니다.

1. Edit

Edit 메뉴에 들어가면 Edit 메뉴에서 작업한 외부 이미지의 리스트와 최근 작업리스트(Recent), Organize 메뉴들이 보입니다.

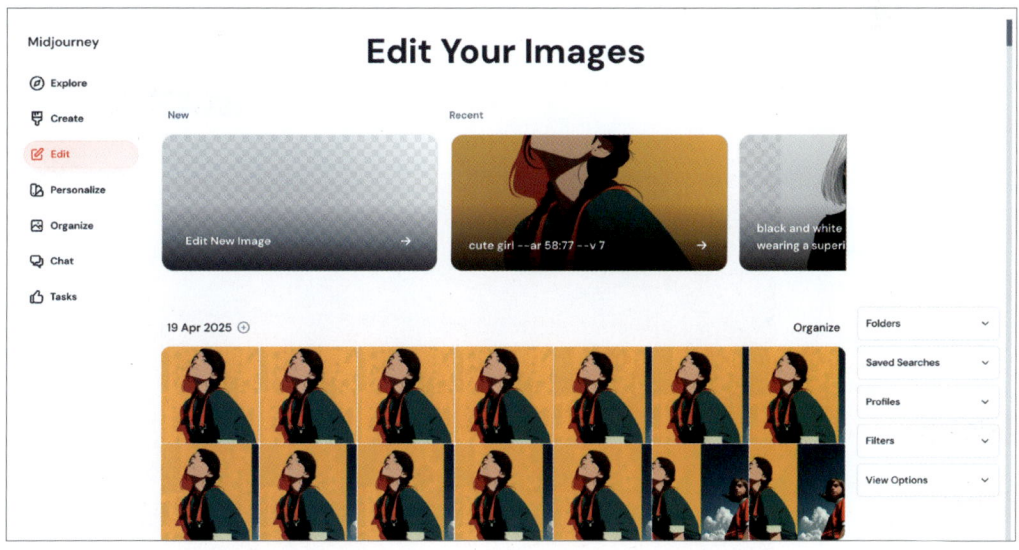

기본

이 리스트를 Edit Image List 라고 부르고 여기에 보이는 이미지들은 비공개 되어 다른 사용자가 볼 수 없습니다. Edit Image List에서 이미지를 클릭을 하면 이미지 보기(Image View)페이지가 아닌 해당 이미지를 수정할 수 있는 Edit 모드로 바로 연결됩니다.

상단의 Edit New Image 를 클릭하면 새로운 이미지를 업로드해서 편집을 시작할 수 있습니다.

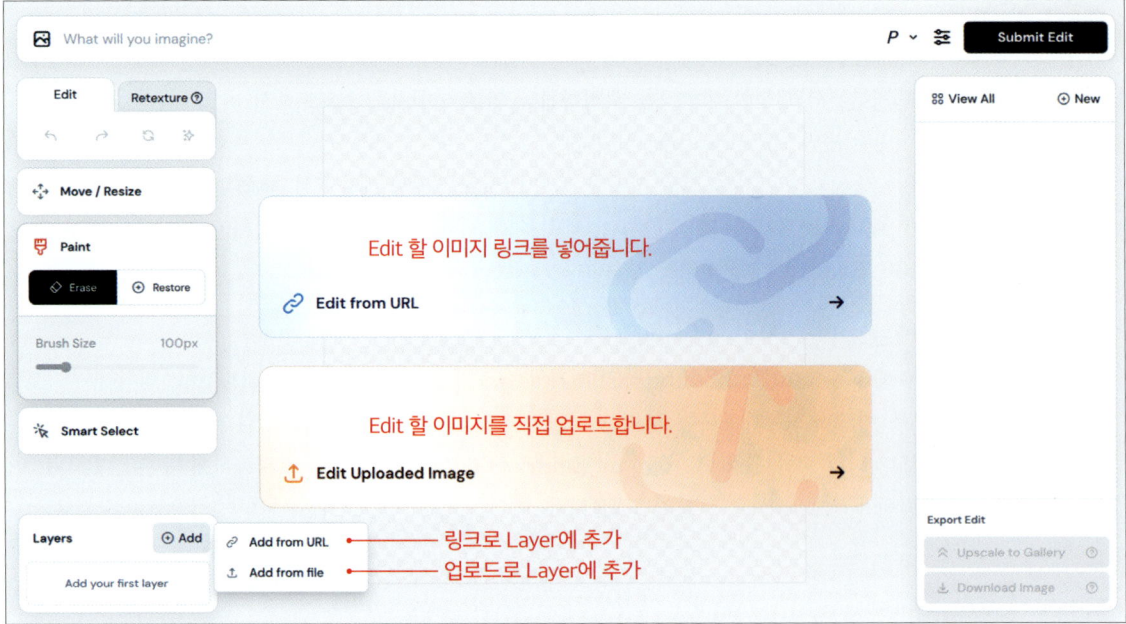

Edit New Image

수정할 이미지는 이미지 링크와 직접 업로드 방식으로 추가하는 방법이 있습니다. 또한 Layer에 링크와 업로드로 추가하는 방법도 있습니다. 이상의 과정으로 추가된 이미지는 이후 외부 이미지로 분류됩니다.

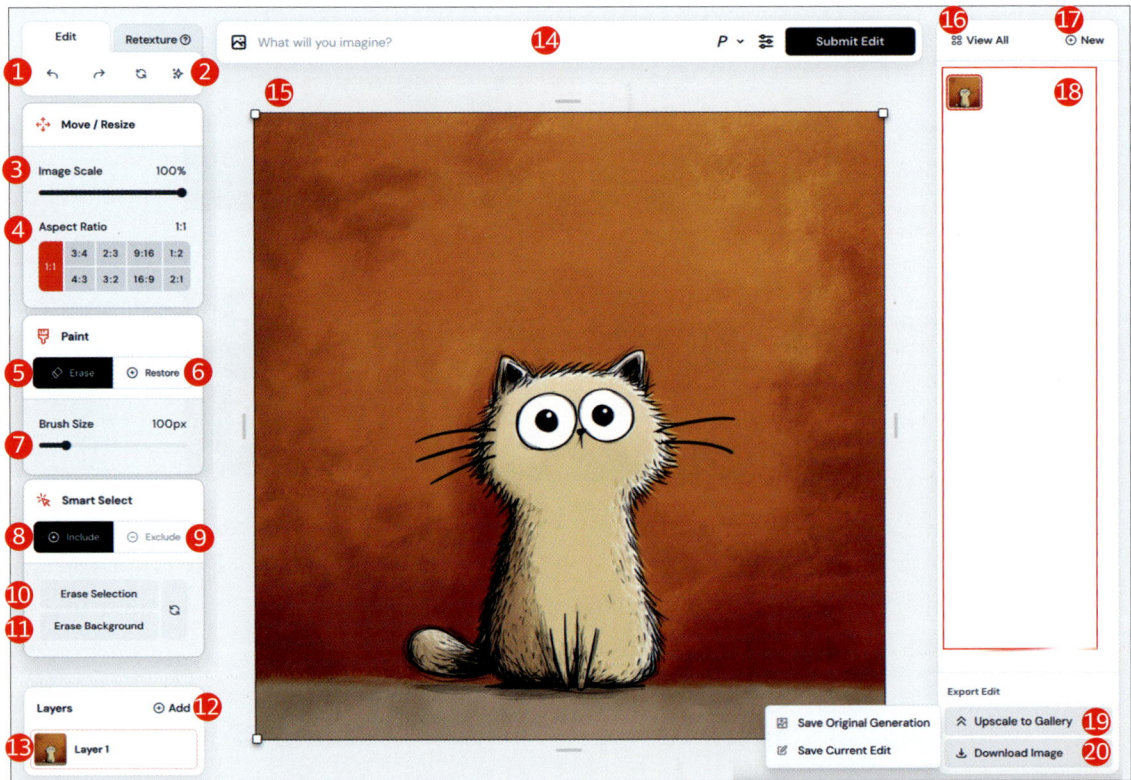

1. ↶ Undo / ↷ Redo / ↻ Reset
편집기에서 마지막으로 변경한 내용을 실행 취소하거나, 실행 취소한 마지막 변경 사항을 다시 실행하거나, 편집기를 처음 열었을 때의 이미지로 초기화합니다.

2. ✦ Suggest Prompt
Describe 기능을 사용하여 이미지를 분석해 Prompt를 생성합니다.

3. Image Scale
이미지의 사이즈를 조절합니다.
단축키
- Ctrl + +/- : 이미지 사이즈를 줄이고 늘입니다.
- Ctrl + 0 : 이미지 사이즈를 100%로 만듭니다.

4. Aspect Ratio
가로세로 비율을 선택합니다. 이미지의 새로운 비율에 대한 윤곽이 표시되며, 실행되면 미드저니가 해당 공간에 맞게 원본을 확장합니다.

5. Erase
이미지의 일부분을 지워서 다시 생성할 영역을 선택합니다.
[Tip] 최상의 결과를 얻으려면 변경하려는 세부 사항 주위에 여분의 공간을 선택하여 미드저니가 작업할 공간을 충분히 확보해 주세요.

6. Restore
Erase로 지워진 영역을 복구합니다.
단축키 : Shift 키를 누르면 Erase와 Restore가 토글됩니다.

7. Brush Size
Erase/Restore의 브러시의 사이즈를 조절합니다.
단축키
- + / -
- 마우스 휠 상/하
- 마우스 오른쪽 버튼 클릭 + 좌/우

8. Include
Smart Select로 선택할 영역을 표시
단축키 : Shift 키를 누르면 Include 와 Exclude가 토글됩니다.

9. Exclude
Smart Select로 선택에서 제외할 영역을 표시
단축키 : 마우스 오른쪽 버튼

10. Erase Selection
Smart Select로 선택된 영역을 삭제합니다.

11. Erase Background
Smart Select로 선택된 영역을 제외하고 삭제합니다.

12. Layer Add
레이어로 새 이미지를 추가합니다.(Link / Upload)
단축키 : 여러 개의 이미지를 Layer박스에 드래그 앤 드롭하면 이미지가 각각의 레이어로 일괄 추가

13. 작업 레이어 선택

14. Edit 프롬프트 입력 창
선택 부분에 새로 생성할 내용의 프롬프트를 작성해서 입력합니다. 기존 프롬프트 입력 창(Imagine bar)와 같이 Image Prompt와 Parameters, Personalize On/Off, Profile Code를 선택할 수 있습니다. (단, Image Size 는 작동하지 않습니다. 이미지의 비율을 바꾸려면 Aspect Ratio 메뉴를 사용하세요)

15. 작업 캔버스
이미지의 영역 선택, 이미지 사이즈, 캔버스 사이즈 등을 조절하고 다시 생성된 이미지를 보여줍니다.

16. View All
Edit Image List로 이동합니다.

17. New
새로운 작업 시작

18. Edit History
Edit 작업으로 생성된 이미지들을 보여줍니다.

19. Upscale to Gallery
생성된 이미지를 2배로 업스케일 해서 Organize 및 Create 메뉴의 이미지 갤러리에 추가합니다.

20. Download Image
- Save Original Generation : 현재 편집된 내용(삭제, 레이어 등)이 반영이 안 된 생성된 이미지를 다운로드 합니다.
- Save Current Edit : 현재 화면에 보이는 편집이 반영된 이미지를 다운로드 합니다.

Edit 기능 선택 단축키

- [M] or [V] → Move / Resize
- [E] → Paint > Erase
- [R] → Paint > Restore
- [S] → Smart Select

a. Paint

브러시를 이용해서 작업 영역을 지우고 Edit Prompt에 cute cat with red cap을 입력한 후 실행시키면 다음과 같은 결과를 얻을 수 있습니다.

작업 영역 지우기

Edit Prompt : cute cat with red cap

Edit Prompt는 완성된 이미지를 묘사해야 합니다. 이 경우 작업 영역에 생성해야 할 대상이 red cap 이지만, Edit Prompt는 이것이 반영된 전체 이미지에 대한 cute cat with red cap으로 묘사해 Prompt를 작성합니다.

b. Move / Resize

캔버스의 가로 세로 비율(Aspect Ratio)을 3:4로 변경하고 Image Scale을 줄여서 캔버스 아래쪽으로 이동 시키고 이미지의 상단 부분을 좀 더 지워줍니다.

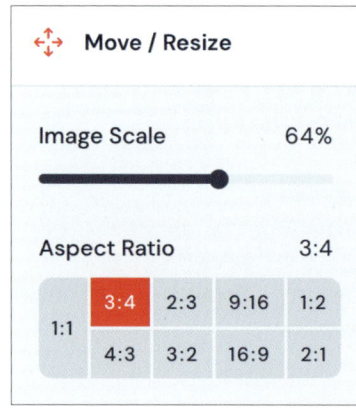

가로 세로 비율 / 크기 / 위치 변경

고양이 머리 위에는 빨간 모자를 추가하고 기존 이미지 위로는 파란 하늘을 생성시켜 보겠습니다.
Edit Prompt에 cute cat with red cap, blue sky를 입력합니다.

Edit Prompt : cute cat with red cap, blue sky

생성 결과물 비교

이전 이미지와 비교해 보면 선택된 영역에 프롬프트로 지시한 내용이 기존의 이미지의 맥락과 어울리게 생성된 것을 확인 할 수 있습니다.

c. Smart Select

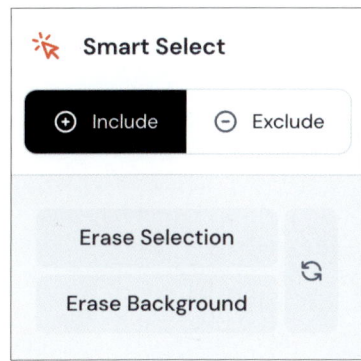

Smart Select

Include를 선택하고 이미지에 ⊕를 클릭하면 해당 되는 영역이 선택됩니다. 포토샵의 비슷한 컬러 부분을 선택하는 매직 선택 툴과 비슷해 보이지만 그보다 발전한 객체 세그먼테이션(Object Segmentation) 기능입니다.

현재 이미지를 고양이, 바닥, 벽으로 3개의 객체로 인색해서 벽 부분에 ⊕마크를 추가하니 벽 부분 전체가 선택된 것을 확인 할 수 있습니다. 단, 경계 부분이 분명한 그림이나 사진이라면 깔끔하게 선택이 되지만 예시와 같이 경계 부분이 불분명한 경우에는 선택에 한계는 있습니다. 선택할 부분을 클릭해서 ⊕마크를 추가하고, 제외하고 싶은 부분을 마우스 오른쪽 버튼을 클릭해서 ⊖마크를 추가하면 됩니다. 표시된 ⊕⊖ 마크를 삭제하려면 삭제할 마크를 클릭하면 삭제됩니다.

Erase Selection 은 선택된 영역을 지우고, **Erase Background** 은 선택된 영역 이외의 영역을 지웁니다. 이렇게 지워진 영역은 Erase / Restore로 추가적으로 지우거나 지워진 영역을 복구할 수 있습니다.

Erase Selection 클릭   Erase Background 클릭

위와 같이 선택된 상태에서 Edit Prompt를 실행시키면 아래의 결과물을 얻을 수 있습니다. 배경을 지운 경우에는 고양이 이미지 주변의 미세하게 남은 주황색 부분과 연결을 하려고 주황색 부분이 생성되는 것을 확인 할 수 있습니다. 경계에 미세하게 남은 부분들이 이후 생성에 계속 영향을 주는 점을 주의하세요.

Edit Prompt : cute cat in blue background   Edit Prompt : cute cat

d. Layers

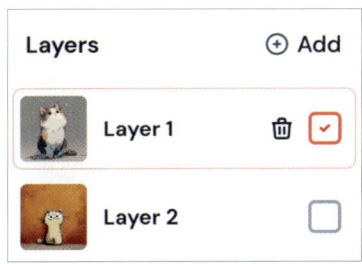

Layer 추가

Layers에서 ⊕ **Add** 를 이용하거나 Layers 박스에 이미지를 드랍하면 Layer가 추가됩니다. 포토샵 등에서 지원하는 다양한 Layer 기능보다는 이미지가 겹쳐서 표시되는 기본에 충실한 기능입니다.

✓로 선택하면 작업 (Erase / Restore / Move / Resize)하는 Layer가 선택되고, 레이어에 마우스 오버하면 나오는 🗑 버튼을 클릭하면 해당 Layer가 삭제됩니다.

Layer를 드래그&드롭하면 Layer 위치를 바꿀 수 있습니다.

Layer에 추가 가능한 이미지 숫자의 제한은 없습니다.
하지만, 첨부는 되지만 스트레스 테스트 결과, 10개 이상의 레이어로 실행 시키면 성능 저하가 되는 경우가 있습니다. 아무리 많은 레이어를 만들어도 첫 번째 실행 시 모두 하나의 레이어로 합쳐지기 때문에 많은 레이어가 필요한 작업할 때는 10장 내외로 나누어서 실행하는 것을 권합니다.

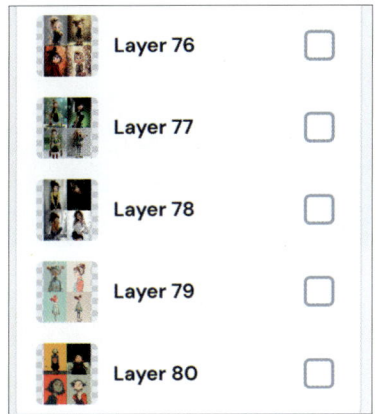

그리고 레이어의 이름은 단순한 순서입니다. Layer 1이 가장 위에 보여지는 이미지를 의미하고 Layer를 드래그&드롭 하면 Layer 순서를 바꾸면 이름이 바뀌는 것이 아니고 이미지만 순서가 바뀝니다.

Layer의 다양한 활용 방법은 **미드저니의 고급 활용 2 > Full Editor** 편에 자세히 다루고 있습니다.

2. Retexture

Retexture는 장면의 모양을 추정하고 조명, 재질 및 표면과 같은 기본 디테일을 변경합니다.
좌측 상단의 Retexture 탭을 클릭하면, 상단의 프롬프트 입력 창이 `Submit Retexture`로 변경됩니다.

Retexture 프롬프트 입력 창

최상의 결과를 얻으려면 수정할 이미지의 구조와 충돌하는 프롬프트는 피하는 것이 좋으며, 변경할 프롬프트를 입력하고 `Submit Retexture`를 클릭하면 새로운 이미지가 생성됩니다.

Retexture Prompt에 **cute cat with red cap, oil painting**을 입력하면, 아래와 같이 Retexture되어 생성됩니다.

원본 이미지   Retexture 결과물

기존 만화 스타일의 원본 이미지가 유화(oil painting) 스타일로 바뀐 것을 확인 할 수 있습니다.
Retexture 프롬프트도 Edit 프롬프트와 같이 **결과물의 전체를 묘사**해야 합니다. 단순하게 Oil painting과 같이 스타일만 프롬프트에 사용할 경우 결과물이 유화가 나오기는 하지만 빨간 모자를 쓴 고양이 (**cute cat with red cap**) 부분이 반영이 안 되는 결과물이 나옵니다.

내부 이미지도 Retexture를 실행하여 생성된 이미지들은 외부 이미지가 됩니다.
내부 이미지와 외부 이미지에 관한 내용은 02.Advanced 〉 01. Creative Actions 〉 06. Editor 편에 다루고 있고, Retexture의 다양한 활용법은 **미드저니의 고급 활용 2 〉 Retexture(리텍스처)** 편에 자세히 다루고 있으니 참고하시기 바랍니다.

3. Edit History

생성을 계속 하다면 작업 History가 오른쪽에 생성됩니다.
왼쪽이 작업 원본, 오른쪽이 생성된 리스트입니다. Retexture 경우는 이미지 우측 하단에 ®아이콘으로 따로 표시됩니다.

작업의 종류별로 그룹이 지어져 같은 작업을 반복 시 이미지를 한눈에 확인 할 수 있습니다.

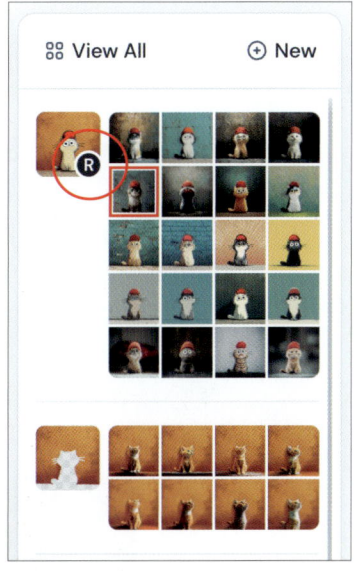

Edit History

4. Upscale(Creative)

Export Edit > Upscale to Gallery를 실행시키면 Upscale(Subtle)이 실행됩니다.

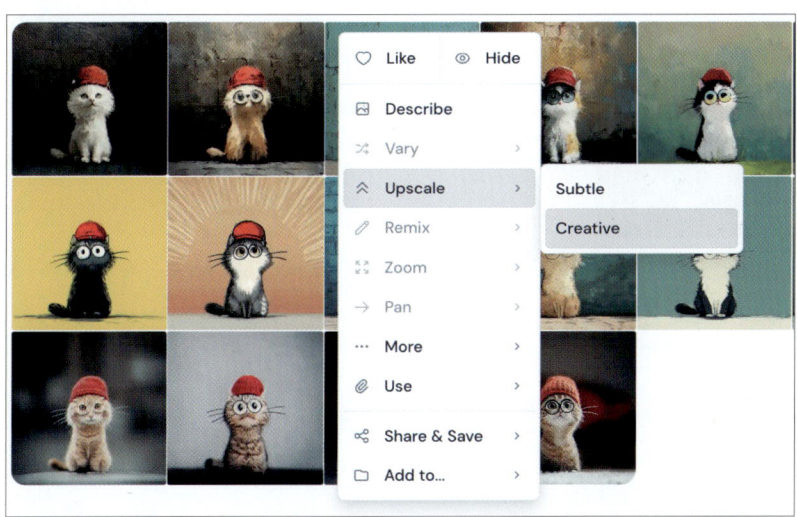

Upscale(Creative)를 실행시키려면 Edit Image List에서 해당 이미지에서 마우스 오른쪽 버튼을 누르면 나오는 메뉴에서 Upscale > Creative를 선택해서 실행할 수 있습니다.

Upscale (Subtle / Creative)의 차이는 02.Advanced > 01. Creative Actions 편을 참고하세요.

05. Personalize 메뉴

미드저니 모델에게 사용자의 취향을 가르쳐서(Teach) 보다 빠르게 원하는 이미지를 생성할 수 있게 해주는 기능입니다.

> **Midjourney에게 당신이 아름답다고 생각하는 것에 대해 가르쳐 주세요!**
>
> 모든 프롬프트 안에는 '무언의' 세부 사항이 있습니다. 귀여운 동물이나 겁 없는 환상의 생물을 좋아하시나요? 오래되고 투박한 건물을 선호하시나요, 아니면 세련되고 현대적인 건물을 선호하시나요? 파스텔이나 흑백을 좋아하시나요? 드라마틱한 조명은 어떤 가요? 아니면 예상치 못한 장소에서 고양이를 보는 것을 좋아하시나요?
>
> Profile을 통해 Midjourney는 회원님을 '알아가고(get to know you)', 회원님이 좋아하는 이미지를 생성할 수 있습니다. 개인화 Profile을 만들어 Midjourney에 내가 좋아하는 것을 가르쳐주세요. Moodboard에 이미지를 추가하여 Midjourney에 시각적 영감을 제공해주세요.

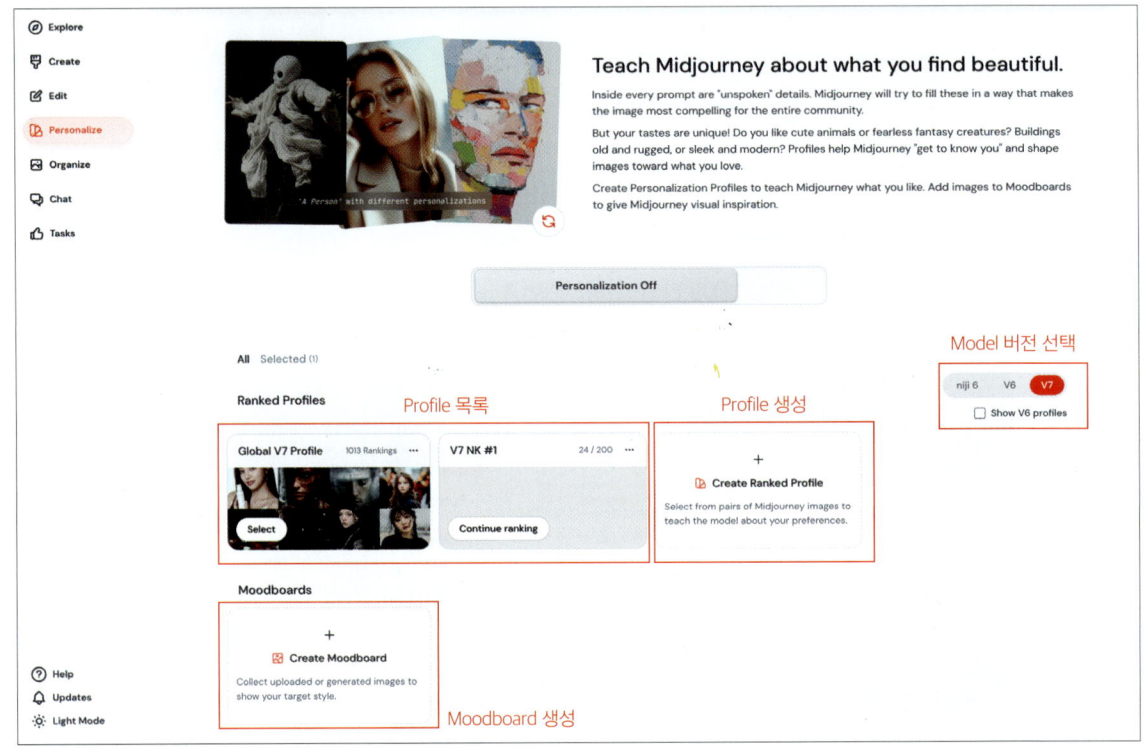

프롬프트 입력창에서 개인화를 On/Off 하고 목록에서 Profile / Moodboard Code를 선택할 수 있습니다.

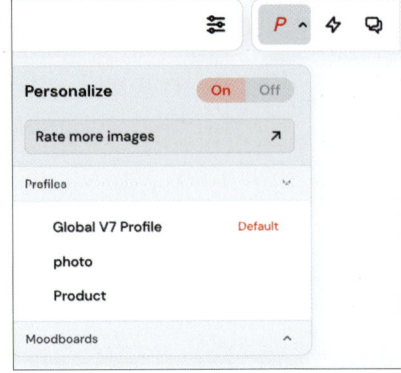

미드저니에게 사용자가 원하는 취향을 가르치는 방법은, 개인화 Profile와 Moodboard가 있습니다.

1. 개인화 Profile

개인화 Profile은 버전별로 생성할 수 있습니다.
해당 모델(niji 6 / V6 / V7)을 선택하고 Create Ranked Profile을 클릭하면 해당 모델의 Profile을 생성하는 페이지로 이동합니다.

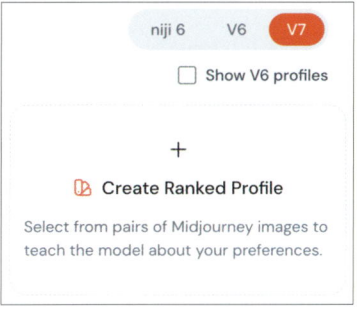

모델별 개인화 Profile 생성

개인화 Profile 생성을 시작하면, 이미지 미학에 순위를 매길 수 있는 페이지로 이동합니다.
순위를 매기는 방법은 간단합니다. 해당 페이지에 들어가서 보이는 2장의 이미지 중 선호하는 스타일을 클릭하면 됩니다. 단, 무조건 선택해야 하는 것이 아니라 둘 다 취향이 아니면 SKIP으로 넘어가세요.

단축키 [1]이 왼쪽 이미지, [2]가 오른쪽 이미지, [3]이 Skip 입니다.
이렇게 선택을 하면 상단에 0 of 200 to unlock profile의 숫자가 올라갑니다.

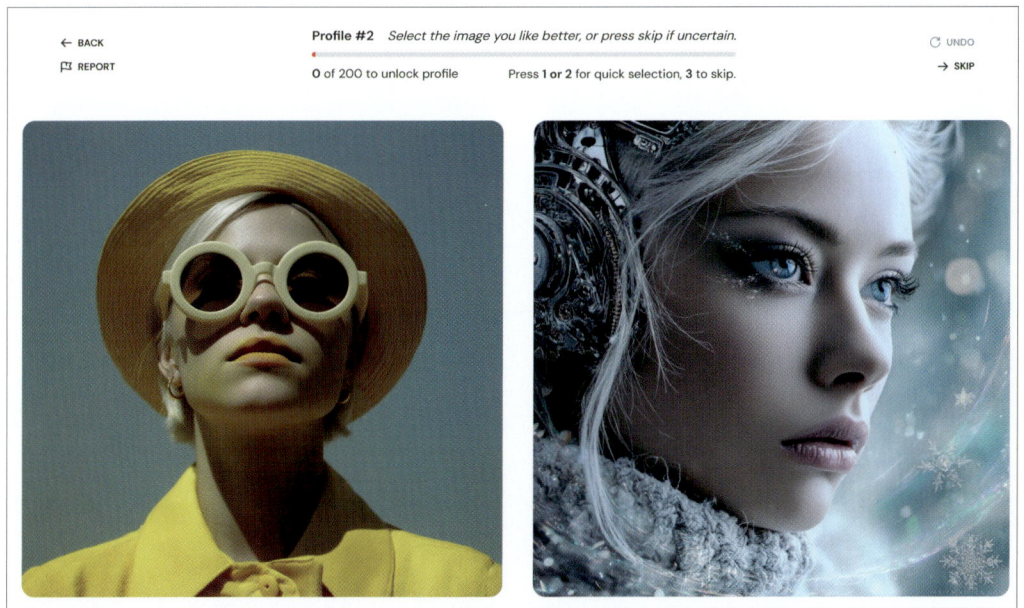

순위 매기기(Image Rank)

해당 기능이 처음 나왔을 때 사용자들이 두 장중 한 장을 꼭 선택하는 것으로 착각을 해서 취향이 아닌 이미지도 선택을 해서 생성된 개인화 Profile code의 품질이 떨어지는 경우가 많았습니다.

최소 선택 개수인 200장을 선택하고 나면, 아래와 같은 Profile unlocked 메시지가 나옵니다.
(V6.x – 최소 40장 / V7 – 최소 200장)

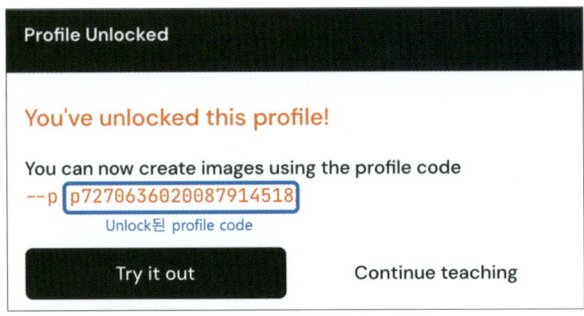

Profile Unlocked 메시지

여기서 선택을 멈추고 Try it out 로 Profile code를 사용할 수 있지만, 추가 선택 Continue teaching 을 하여 좀더 안정적인 성능의 Profile code를 얻을 수 있습니다. (500장 이상 권장) 선택의 최대 장수는 제한은 없지만 2,000장 이상은 실제 여러가지 이유로 큰 성능 향상을 기대하기 힘듭니다.

여러 테스트 결과 최소 200장의 선택의 경우 80%의 완성도를, 500장 정도가 대략 90%~95% 정도의 완성도를 가진 Profile이 생성됩니다.

개인화 Profile을 완성하면 아래와 같이 Profile 목록에서 확인할 수 있고 다양한 추가 작업을 할 수 있습니다.

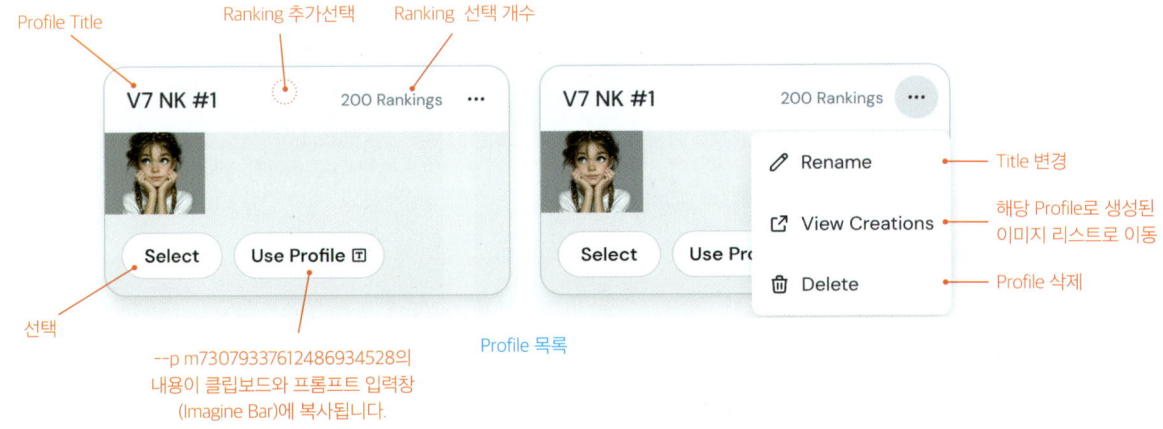

Profile 목록

모델별 Profile 호환성

niji 6와 V6 / 7의 Profile은 호환되지 않습니다.
V6.x에서 생성된 Profile은 V7에서 작동 하지만, V7에서 생성된 Profile은 하위 모델인 V6.x에서는 작동하지 않습니다.

2. Moodboard

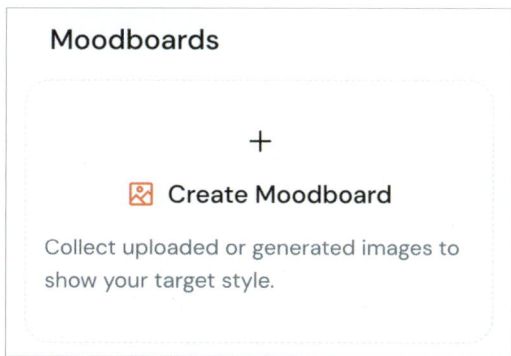

Moodboard 생성

"Moodboard는 사용자가 추가하는 이미지에서 영감을 받습니다." 라고 소개된 기능입니다.
사용 방법은 여러 장의 이미지를 다양한 방법(Upload, Link, 생성 이미지 선택)으로 추가해서 하나의 Moodboard code를 만들어서 사용하는 것입니다.

미드저니는 이 업로드 된 다양한 이미지들을 복잡한 방식으로 리믹스하여 하나의 스타일을 만들고 이 스타일을 Moodboard code로 사용할 수 있습니다.

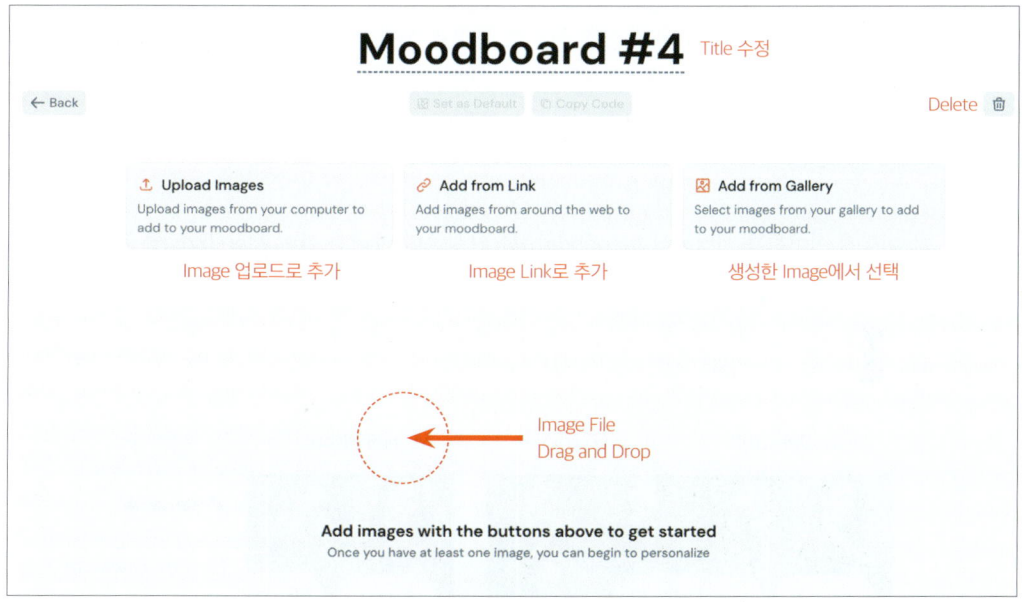

Moodboard 생성

위와 같은 다양한 방법으로 이미지를 추가하면 Moodboard가 생성됩니다.

업로드와 Drag and Drop, 생성한 Image에서 한번에 여러 장의 이미지를 업로드, 선택할 수 있습니다.

Add from Gallery를 이용해서 생성한 Image에서 선택을 할 때 Organize 메뉴와 유사한 리스트에서 이미지를 선택할 수 있습니다. 이 메뉴에서 클릭을 하면 이미지가 선택되고 다시 한번 더 클릭을 하면 이미지 선택이 해제됩니다. 또한 다양한 Filter를 활용해서 생성한 이미지를 선별해서 볼 수도 있고 생성 날짜 표시 부분의 전체 선택 Yesterday ⊕ Select all 을 활용하면 한꺼번에 여러 장의 이미지를 선택할 수 있습니다.

이렇게 이미지를 선택해서 Moodboard를 완성하면 아래와 같이 Moodboard 목록에서 확인할 수 있고 다양한 추가 작업을 할 수 있습니다.

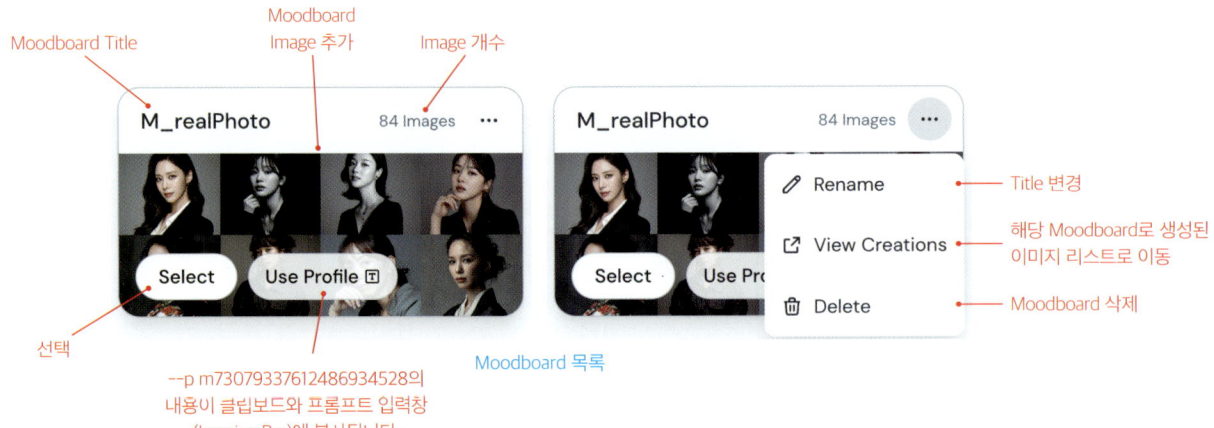

Profile과 Moodboard를 마우스 오버해서 나타나는 Use Profile 버튼을 클릭하면, Profile는 p1234567890 형식의 code, Moodboard는 m1234567890 형식의 code가 복사됩니다.

3. Multi Profile과 Moodboard

Profile과 Moodboard의 개수는 제한이 없이 만들 수 있습니다.

이때 개인화 Profile의 최초 Profile을 Global V6 / Niji 6 / 7 /Niji 7 Profile이라고 하고 기본 Global Profile의 경우는 특별한 선택이 없으면 기본값으로 작동합니다. Profile #1 ~ #N , Moodboard #1 ~ #N의 경우는 삭제가 가능하지만 Global Profile은 삭제할 수 없습니다.

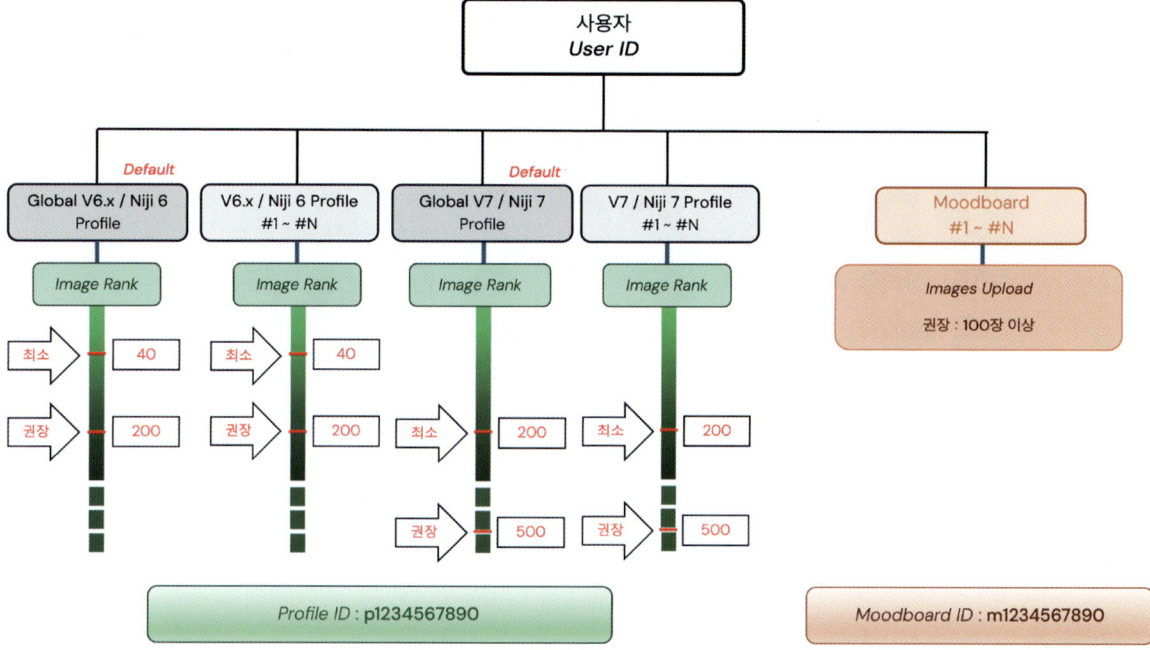

Multi Profile code와 Multi Moodboard code

표에 정리되어 있듯이 Profile의 최소 선택 개수는 200개고 Moodboard의 경우는 이미지 1장만으로도 생성이 가능합니다. 하지만 보다 성능이 좋은 Profile / Moodboard를 얻고 싶으시면 Profile의 경우는 500장 이상의 선택과 Moodboard는 100장 이상을 사용하는 것을 권장합니다. 단, Moodboard의 경우는 1000장이 넘어가면 스타일이 과하게 반영되는 문제가 나오는 경향이 있습니다. 이런 이유로 100장 이상 500장 이하를 권장합니다.

위와 같이 여러 개의 Profile/Moodboard code를 사용할 때 개인화 Profile 선택 항목에서 종류 구분이 없이 함께 보이기 때문에 Moodboard 의 경우 Title 에 "M_"를 붙여서 생성하는 네이밍 규칙을 권장합니다.

위에서 만들어진 Profile/Moodboard code를 Snapshot code로 만들고 여러 개의 Profile code와 Moodboard code를 함께 사용하는 방법은 Advanced 〉 04. Parameters 〉 07. Personalization profile 장에서 자세히 다루고 있습니다.

06. Organize 메뉴

Organize는 이전 생성된 이미지들을 한꺼번에 볼 수 있는 메뉴로 정리와 보기 필터, 이미지 다운로드 등 다양한 관리를 할 수 있는 메뉴입니다.

1. 이미지 리스트(Image List)

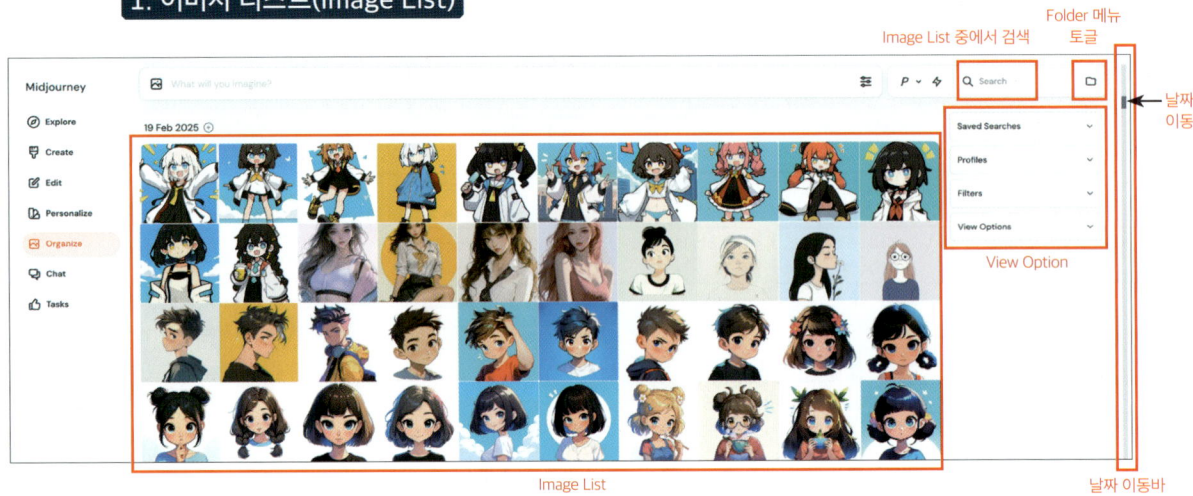

이미지 리스트(Image List) : 생성 날짜의 역순으로 날짜별로 그룹져서 보여집니다.

Search : 생성한 Image List 이미지의 생성 프롬프트 중에서 Text Search를 실행시킵니다. 프롬프트의 일부만 기억한다면 여기 검색을 이용하면 원하는 이미지를 찾을 수 있습니다.

날짜 이동 바 : 위치를 마우스 롤오버하면 날짜가 나오고 클릭하면 해당 날짜의 데이터로 바로 이동합니다.

Saved Searchers : 검색어를 저장하고 저장된 검색어로 검색된 결과물을 보여줍니다.

Profiles : Image List에 보여지는 이미지들을 Proflie Code별로 Filter해서 보여줍니다.

Filters : Image List에 보여지는 이미지들을 Filter를 적용합니다.

View Options : Image List의 배치와 사이즈를 선택압니다.

Folder 토글 버튼을 누르면 Folder 메뉴가 나타납니다.

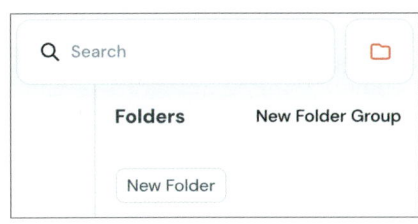

New Folder Group : Folder Group을 생성합니다.
New Folder : Folder를 생성합니다.

Folder Group 내부의 [New Folder]를 클릭하면 해당 Folder Group안에 폴더가 생성됩니다.

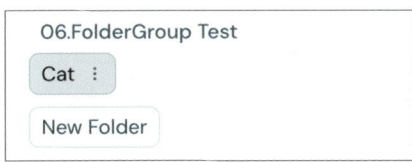

Folder와 Folder Group의 경우는 알파벳 순으로 정렬됩니다. 보여지는 순서를 조절하고 싶으면 예시의 Folder Group처럼 앞쪽에 일련번호를 사용하면 보여지는 순서를 조절할 수 있습니다.

Folder Group의 경우는 이름을 변경하거나 삭제하는 기능이 따로 있지 않고 Folder Group에 포함된 Folder를 모두 이동하고 빈 Folder Group으로 만들고 새로고침하면 삭제됩니다.

Folder Group간의 이동은 Folder 메뉴의 Move to를 이용하셔도 되고 Folder를 Drag 해서 원하는 Folder Group으로 Drop하면 이동이 가능합니다.

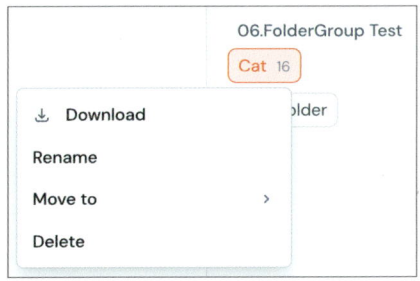
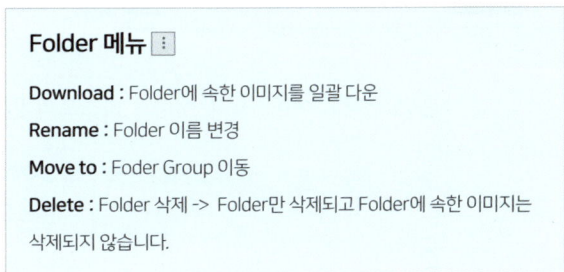

Folder가 선택 상태에서 이미지를 생성하면 생성된 이미지가 해당 Folder에서 생성됩니다.

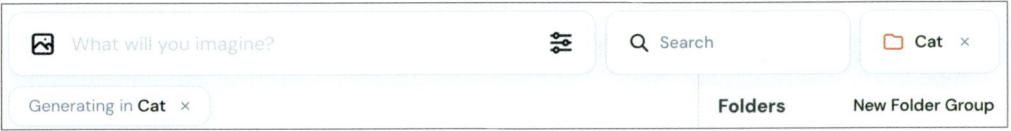

2. 이미지 선택 (Select Images)

이미지 리스트에서 여러 장의 이미지를 한꺼번에 선택이 가능합니다.

> **Select All** : 날짜표시 옆의 아이콘 ⊕ 을 마우스 롤 오버 하면 ⊕ Select all 버튼이 나옵니다. 이 버튼을 클릭하면 해당 날짜에 생성된 모든 이미지가 선택됩니다. ⊕ Select all 버튼을 클릭해서 모든 이미지가 선택이 되면 해당 버튼은 ⊖ Deselect all 선택 해제 버튼으로 변합니다. 이 버튼을 눌러서 전체 선택을 해제할 수 있습니다.
>
> **Drag** : 이미지 리스트(Image List) 상하좌우에 빈 공간에서 마우스를 클릭한 상태로 드래그 하면 사각 선택 툴이 나옵니다. 이 선택 툴로 원하는 이미지들을 선택할 수 있습니다.

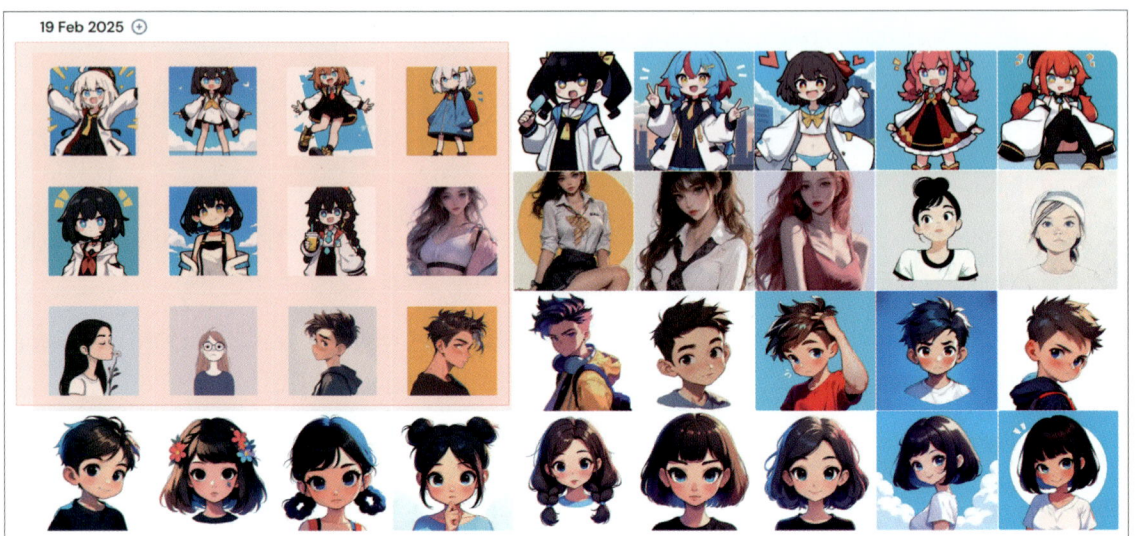

드래그로 이미지 선택

이렇게 선택된 이미지들은 이미지 리스트의 빈 공간을 클릭하면 선택이 해제됩니다.

> **Shift + Click** : Shift 키를 누른 상태에서 이미지를 클릭하면 선택이 토글 됩니다. Drag나 Select All 로 선택한 이미지들 에서 추가하고 싶거나 빼고 싶은 이미지가 있다면 이 방법을 사용하면 됩니다.

3. 다운로드 Bar

위의 방법으로 이미지들을 선택하면 하단에 아래와 같은 다운로드 Bar가 나타납니다.

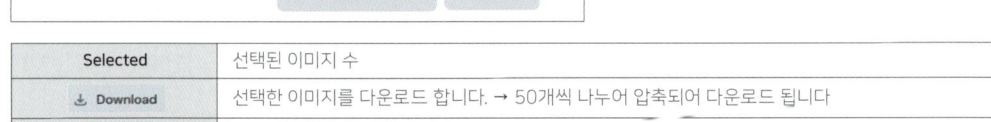

Selected	선택된 이미지 수
Download	선택한 이미지를 다운로드 합니다. → 50개씩 나누어 압축되어 다운로드 됩니다
More	선택된 이미지를 좋아요 표시, 숨김/보이기, 공개/비공개, 폴더로 이동을 실행 시킵니다.
X	이미지 선택 해제

이미지 리스트(Image List)에서 이미지를 클릭하면 Create 메뉴에서 설명한 생성 이미지 보기(Image View)페이지로 이동해서 추가적이 생성을 더 이어갈 수 있습니다.

07. Chat 메뉴

다른 유저들과 함께 이미지를 생성하고 대화를 할 수 있는 생성 대화방(Room)입니다. Voice Chat도 지원이 돼서 음성으로 대화를 하며 이미지 생성을 할 수 있습니다.

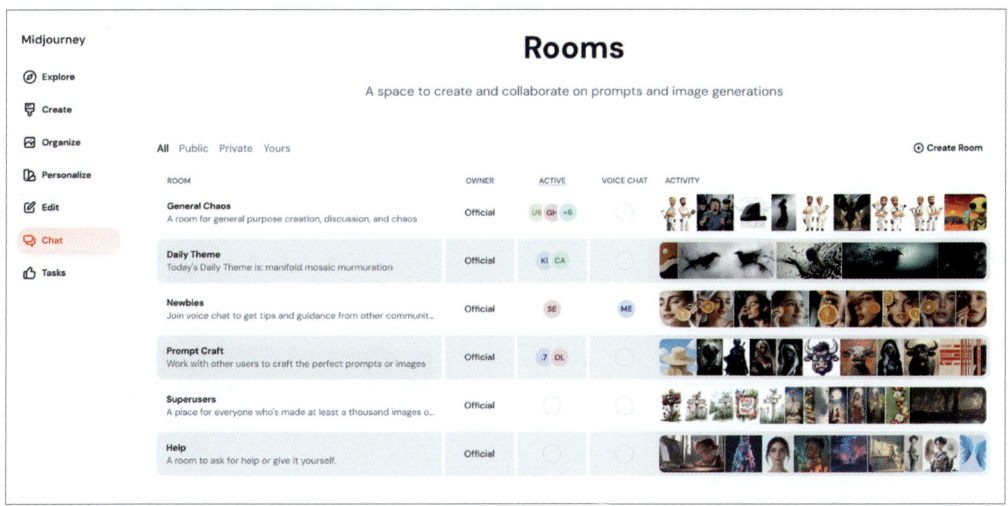

Chat - Lobby

대화방(Room)의 종류에는 Public 과 Private이 있습니다.

1. Public Room

Prompt Craft	유저들끼리 정한 주제로 좀 더 정확한 Prompt나 이미지를 연구하는 대화방
General Chaos	다목적 창작 대화방
Daily Theme	하루에 한가지 테마를 목표로 집중해서 생성하는 대화방
Newbies	초보 회원 전용 대화방
Superusers	이미지 1,000장 이상 생성한 사용자 전용 대화방
Help	도움을 요청하거나 직접 도움을 줄 수 있는 대화방

미드저니를 공부할 때 다른 사용자들의 프롬프트를 활용하는 방법과 결과물을 함께 보는 것은 큰 도움이 됩니다.

이런 대화방에 참가한 사용자들의 경우 함께 공부한다는 생각을 기본적으로 가지고 있어서 질문이나 요청에 긍정적인 편이고 어느정도 질문에는 대답을 해줍니다. 그렇다고 해도 그 사용자들도 미드저니 직원이 아닌 여러분과 똑같은 유료 사용자들입니다. 대답할 의무가 있는 것은 아니니 질문이나 요청을 할 때 기본적이 예의는 지키셔야 보다 호의적인 대답을 얻을 수 있습니다.

2. Private Room

우측 상단의 ⊕ Create Room 을 클릭하면 개인 대화방 (Private Room)을 만들 수 있습니다.

Room Name / Description / Password를 입력하면 대화방이 생성됩니다.

해당 방의 주소와 Password를 다른 미드저니 사용자에게 공유하면 다른 사용자들이 참가할 수 있습니다. 팀 작업이나 협업을 할 때 유용하게 활용할 수 있습니다.

대화방에서 생성한 이미지는 대화방에서도 확인 가능하지만 내가 생성한 이미지라면 내 Create / Organize 메뉴에서도 확인할 수 있습니다.

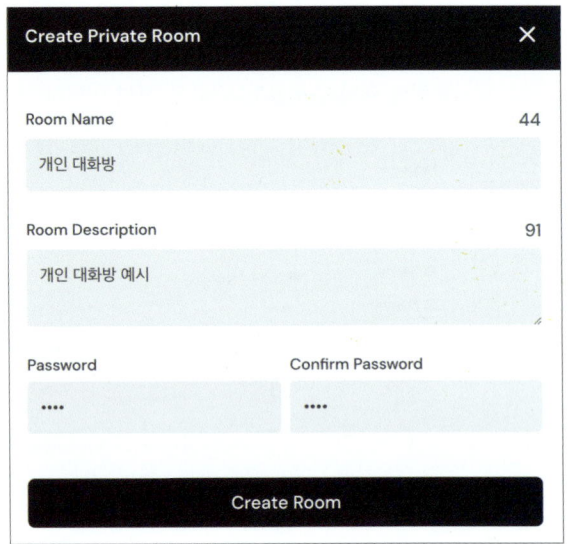

개인 대화방 생성

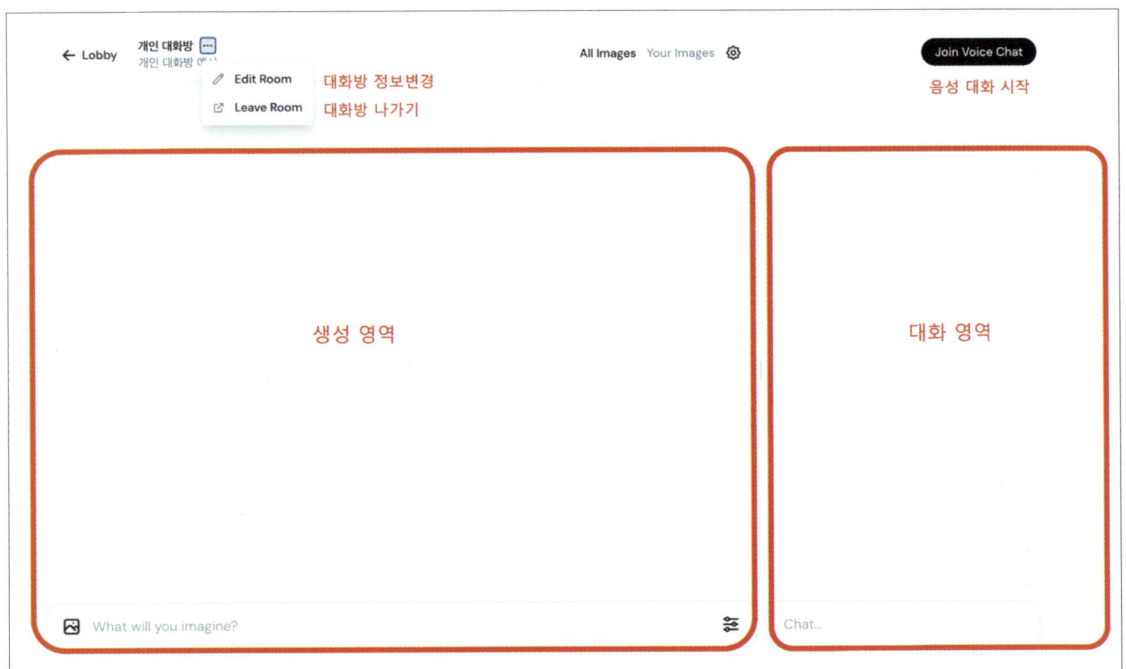

개인 대화방(Private Room)

01. 미드저니 시작하기

08. Tasks 메뉴

미드저니가 모델 튜닝과 다양한 고객 반응들을 모으기 위한 일(Tasks)들을 모아놓은 메뉴입니다. 이렇게 고객들의 노력을 미드저니에서는 Free Fast Hour로 보상을 합니다.

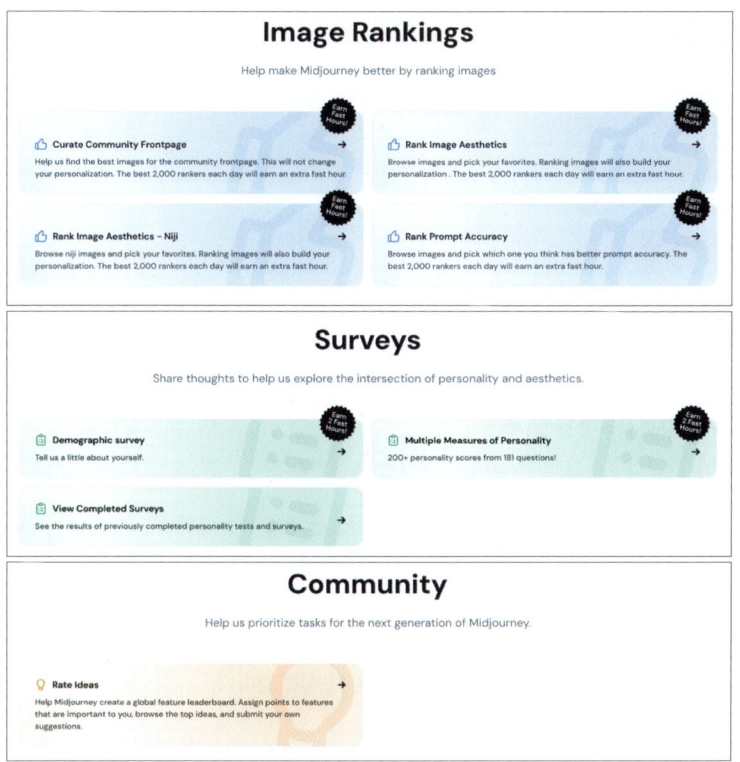

Image Rankings	매일 Top 2000명의 사용자에게 1시간의 Free Fast hour를 지급합니다.
Curate Community Frontpage	첫 화면에 표시되는 이미지를 투표합니다.
Rank Image Aesthetics	개인화 코드(Personalize Code) 생성을 위한 순위 매기기(Rank Image)
Rank Image Aesthetics - Niji	Niji 개인화 코드(Personalize Code) 생성을 위한 순위 매기기(Rank Image)
Rank Prompt Accuracy	Prompt가 더 잘 반영된 이미지 고르기
Surveys	미드저니에서 진행하고 있는 인구통계적 미학 연구를 위한 설문조사
Community	시스템 개선을 위한 아이디어 제출과 제출된 아이디어의 순위 선정에 참가할 수 있습니다.

주의 : Rank Image Aesthetics 과 Rank Image Aesthetics-Niji 의 경우는 Global Profile Code 생성에 영향을 줍니다. Rank Prompt Accuracy 의 경우는 프롬프트와 출력된 이미지를 보면서 프롬프트 공부하기 좋은 메뉴입니다. 이 메뉴는 Global Profile Code에도 영향을 주지 않습니다.

02
Advanced

01. Creative Actions

01. Vary(Subtle / Strong)

1. Variations

미드저니가 다른 이미지 생성 AI와 차별되는 강력한 장점 중 하나인 기능입니다. 단순해 보이는 기능이지만 미드저니 **중급 사용자로 올라가는 첫 계단**이 Variations의 활용 능력입니다. 단순함 뒤에 엄청난 미드저니의 성능이 숨어 있습니다. 생성 횟수 만큼의 Variations 활용을 강력하게 권장합니다.

Variations을 실행시키는 방법은,

1. Create 생성 이미지 리스트(image List)에서.

선택 이미지에 마우스를 오버하면 롤오버 메뉴가 뜹니다.

`V Subtle` → Vary(Subtle), `V Strong` → Vary(Strong)이 실행됩니다.

2. Create / Organize 생성 이미지 리스트(image List)에서.

선택 이미지에서 마우스 오른쪽 버튼을 누르면 Vary > Subtle / Strong 메뉴가 나옵니다.

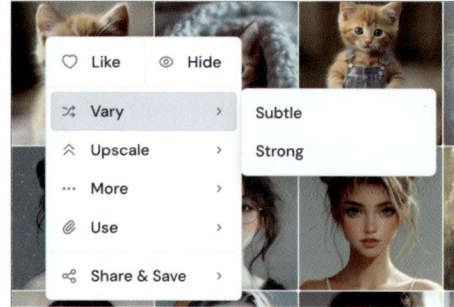

3. Create / Organize의 생성 이미지 보기(Image View)에서.

우측의 Creation Action 〉 Vary 메뉴에서 Subtle과 Strong을 선택하여 Variations 실행 시킬 수 있습니다.

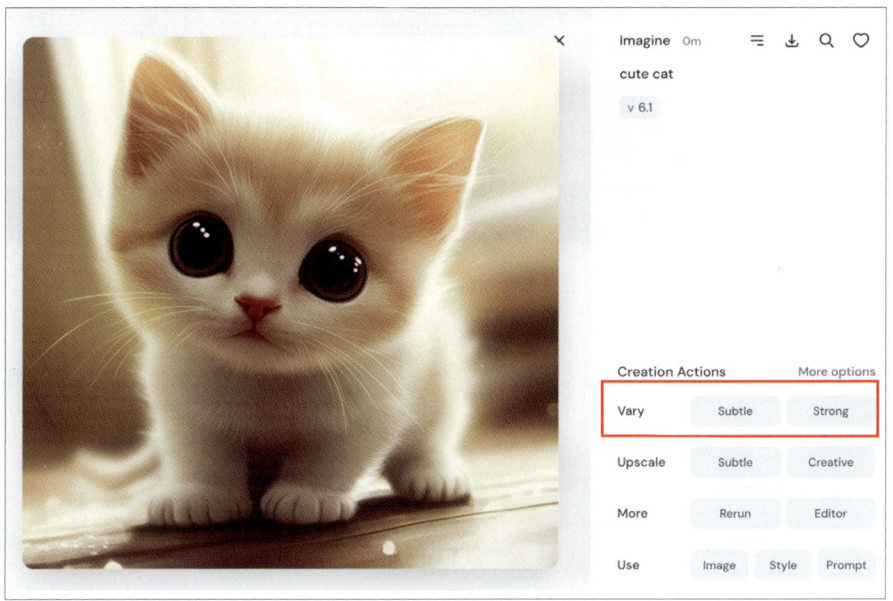

• 동물

Vary(Subtle)

외곽선이 유지된 상태에서 털/눈동자의 디테일이 변경되어 생성됩니다.

Vary(Strong)

고양이의 색과 구도는 일치하고 고개의 방향 표정 발의 위치 등이 변경되어 생성됩니다.

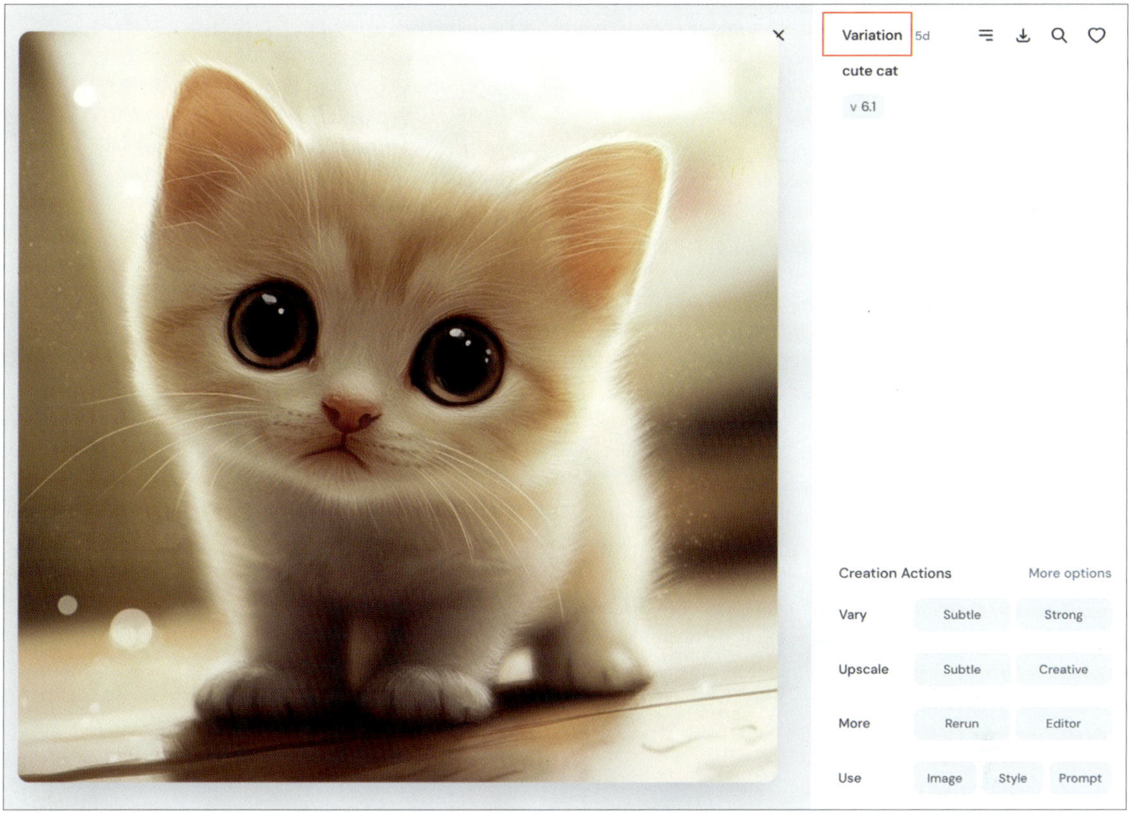

Variation 결과물 이미지 보기(Image View)

Variation 이 실행된 결과물의 이미지 보기 페이지에 프롬프트가 표시된 부분의 상단을 보면 이것이 Variation 의 결과물이라는 표시로 Variation 이라고 표시가 변경 되어 있습니다. (Prompt로 생성된 이미지는 Imagine 이라고 표시됨)

이 부분에 마우스를 롤 오버 시키면 원본으로 연결되는 링크 메뉴가 나옵니다.
이 원본으로 가기 링크의 경우는 Variation 뿐만 아니라 다양한 Creation actions 의 결과물에 공통적으로 표시됩니다.
수정되기 전 원본의 바로가기 링크로 하나의 원본에서 여러가지 작업을 연속적으로 진행할 때 원본을 찾아가는 유용한 링크입니다.

원본 바로가기 롤 오버 메뉴

- 그림

Prompt : abstract, a cup of coffee , white background [추상화, 커피한잔, 흰 배경]

Vary(Subtle)

Vary(Strong)

외곽선이 유지된 상태에서 내부의 컬러 배색의 변화를 주어 다시 생성되었다.

커피컵과 연기, 선명한 컬러들의 구성은 일치하는 상태에서 모양까지 변화된 이미지가 다시 생성됩니다.

02. Advanced

• 인물

Prompt : A Korean girl in the street [길거리에 있는 한국 소녀]

Vary(Subtle)

Vary(Strong)

헤어스타일, 포즈는 유지되고 얼굴/배경의 디테일이 변경되어 생성됩니다.

전체적인 헤어 스타일, 의상 컬러는 유지하고 앵글, 포즈가 변경되어 생성됩니다.

• 사물

Prompt : a red apple on dish [접시위의 빨간 사과]

Vary(Subtle)

Vary(Strong)

그림자의 방향, 꼭지의 방향 등 전체적으로 유지하고 다시 생성 됩니다.

그림자의 방향, 꼭지의 방향 등이 변경하고 전체적 구도만 유지해서 다시 생성됩니다.

02. Upscale

미드저니가 이미지를 생성하면 1024px×1024px (1：1기준)로 생성됩니다.
이렇게 생성된 이미지를 2배의 크기(2048px×2048px)로 키워주는 기능입니다.

Upscale(Subtle)	이미지의 디테일을 최대한 유지한 상태로 업스케일을 실행.
Upscale(Creative)	약간의 디테일을 추가해서 업스케일을 실행.

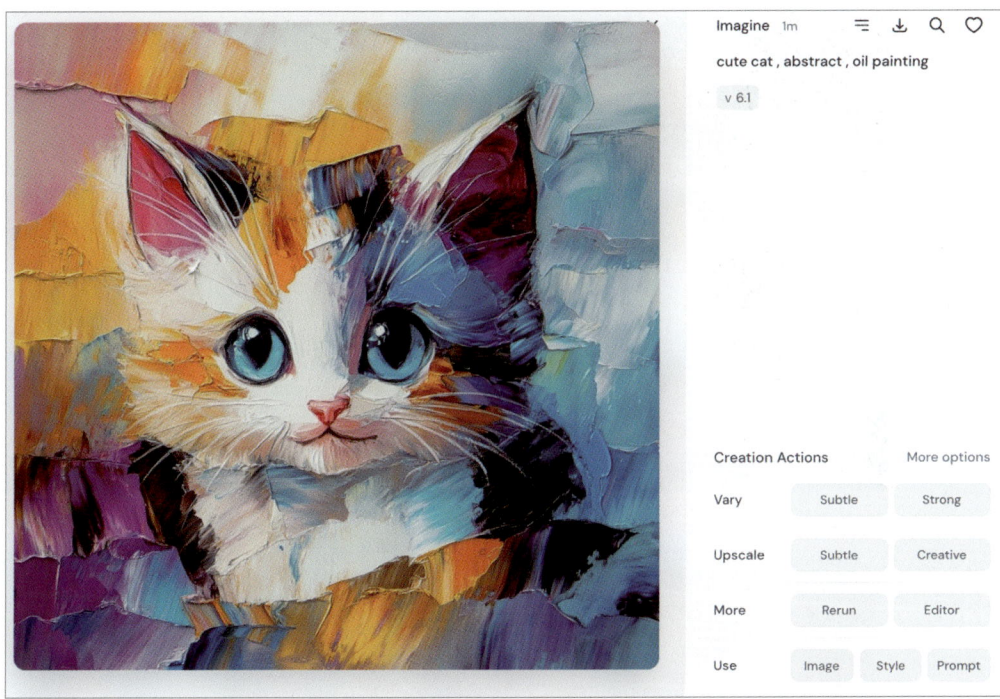

생성 이미지 보기(Image View)

원본(1024px X 1024px)

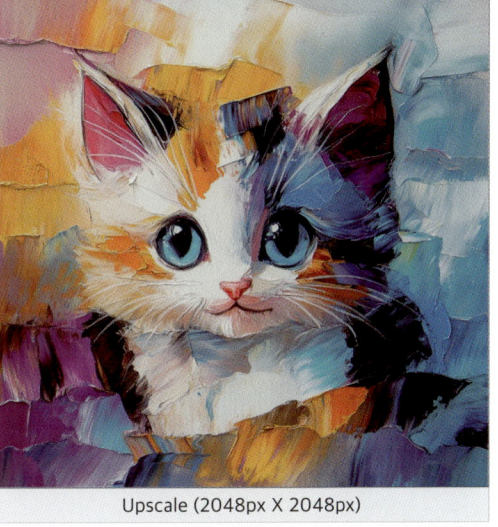

Upscale (2048px X 2048px)

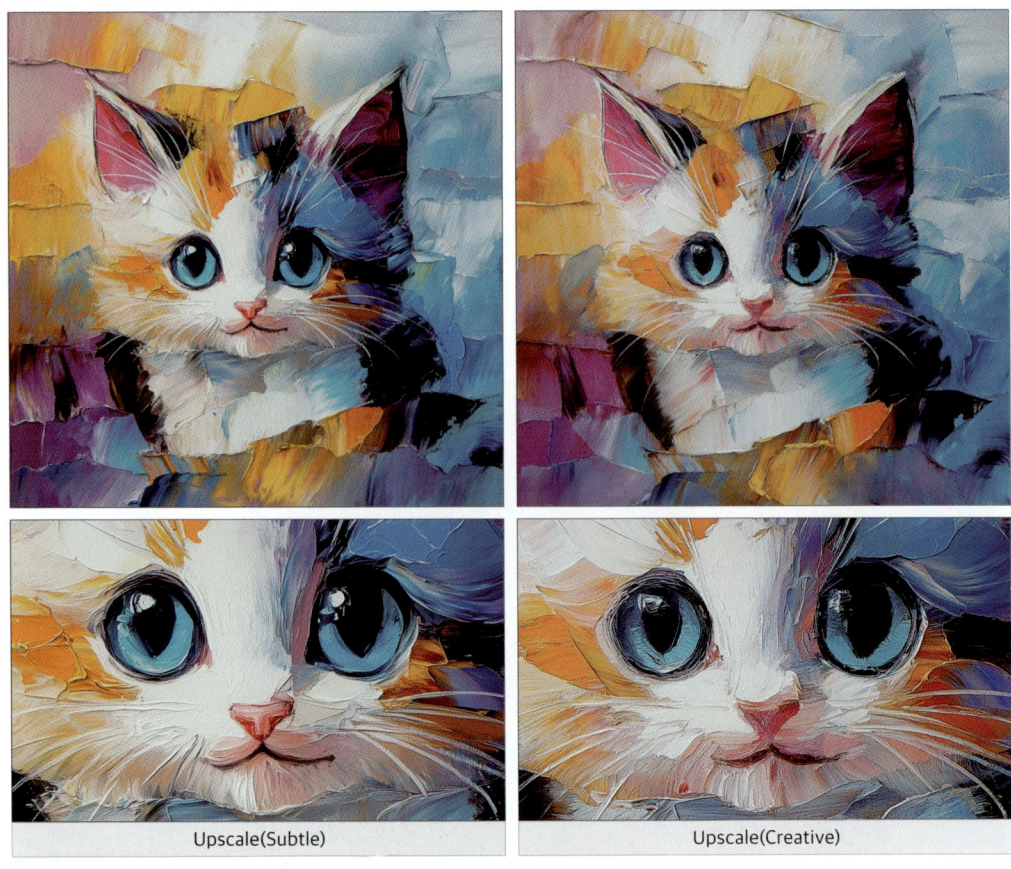

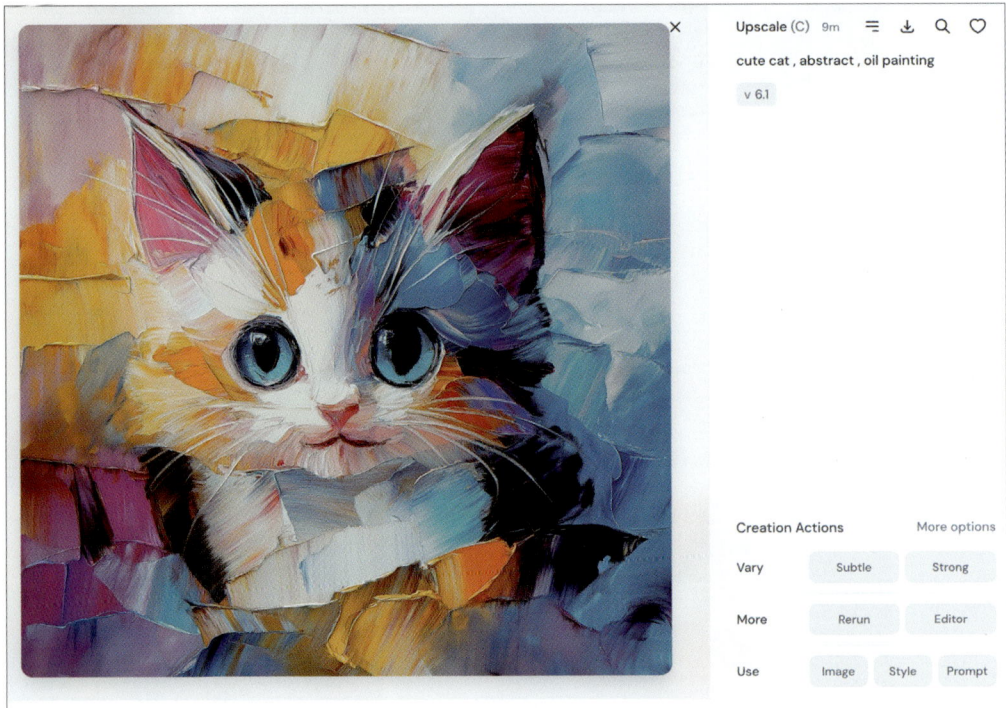

Upscale Image View

Upscale이 된 이미지 보기(Image View) 페이지에 들어가면 Upscale 버튼이 없어지고 다른 Creation Actions 버튼만 보입니다.

이렇게 Upscale된 이미지에서 다른 Action 버튼들을 실행시키면 나온 결과물은 Upscale 된 사이즈인 2048px×2048px로 적용되는 것이 아니고 다시 기본 생성 사이즈인 1024px×1024px로 줄어서 실행이 됩니다.

이런 이유에서 업 스케일은 수정이 모두 끝난 상태에서 실행 시키는 것을 권장합니다.

03. Remix (Subtle/Strong)

Vary(Subtle/Strong)의 경우는 기존에 입력된 프롬프트는 유지된 상태에서 약간의 변화와 강한 변화를 주어 새로운 결과물을 생성하는 것이라면 Remix (Subtle/Strong)의 경우에는 변화를 줄 때 프롬프트와 파라미터들을 수정하여 변화를 준 결과물을 만드는 기능입니다.

Remix(Subtle)	새로운 혹은 변경된 프롬프트를 적용하는데 기존 이미지를 기준으로 작은 변화로 결과물을 만들어 냅니다.
Remix(Strong)	새로운 혹은 변경된 프롬프트를 적용하는데 기존 이미지와 보다 큰 변화로 결과물을 만들어 냅니다.

Remix 메뉴는 기본으로 안 보여집니다. 이 기능을 사용하려면 먼저 More Options 메뉴를 클릭해서 해당 메뉴를 활성화 하셔야 합니다.

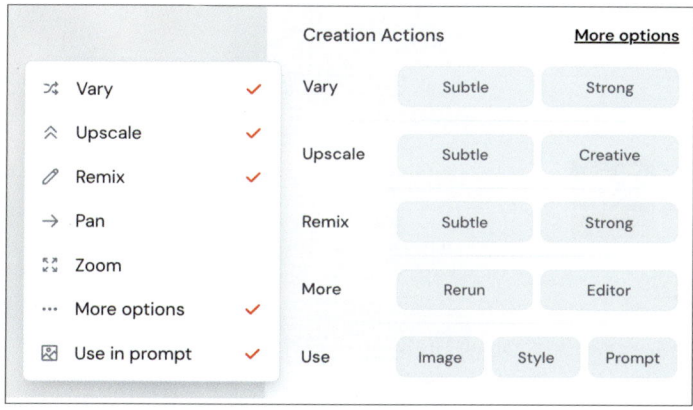

Remix Menu 활성화

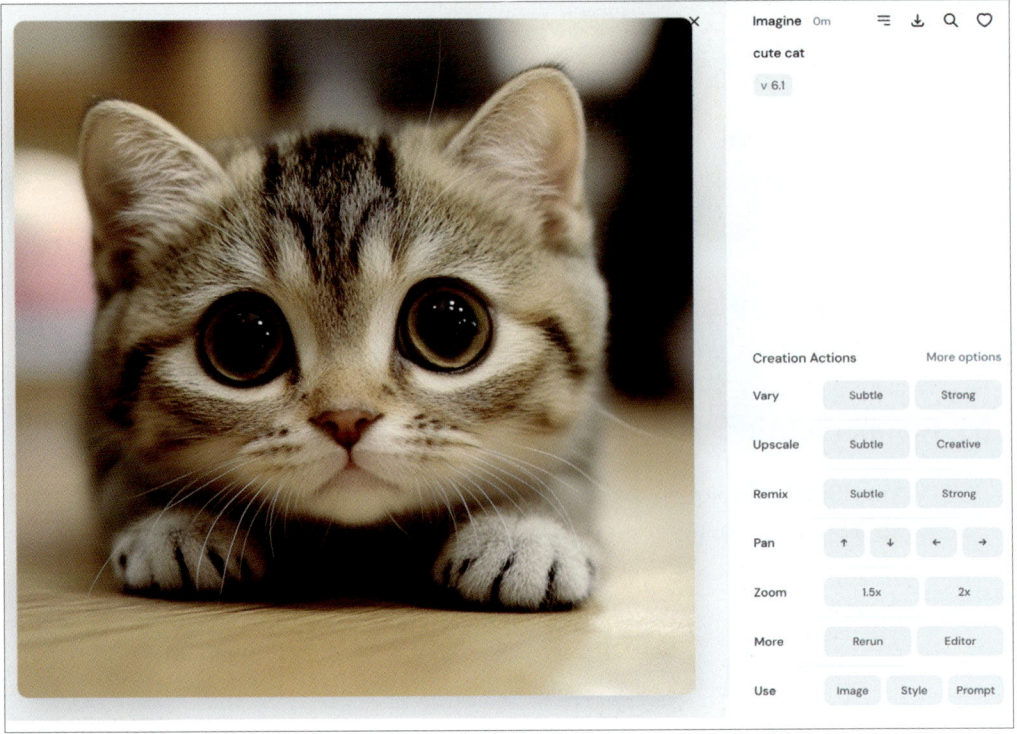

생성 이미지 보기(Image View)

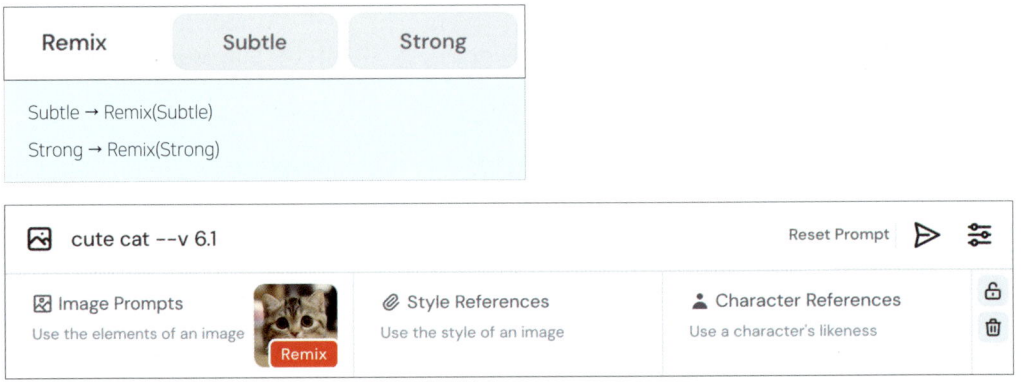

Remix(Subtle/Strong) 실행 후 생성 입력 창(Imagine Bar)

Remix(Subtle/Strong)을 실행시키면 Vary(Subtle/Strong)과 달리 바로 실행 되는 것이 아니고 생성 입력 창(Imagine Bar)에 원본 이미지가 Remix 라고 표시되고 프롬프트를 다시 입력/수정할 수 있는 상태가 됩니다.

02. Advanced

Prompt : cute cat --v 6.1

Remix(Subtle) : cute cat --niji 6 / 생성모델 변경

Remix(Subtle) : cute dog --v 6.1 / 프롬프트 변경

Remix(Strong) : cute cat --niji 6 / 생성모델 변경

Remix(Strong) : cute dog --v 6.1 / 프롬프트 변경

Remix(Subtle)의 경우는 Vary(Subtle)과 비슷하게 최대한 외곽선을 유지한 상태에서 변경된 Prompt를 반영하다 보니 변경의 한계가 보이고 Remix(Strong)의 경우 Vary(Strong)과 비슷하게 구도, 맥락을 유지한 상태에서 보다 적극적으로 프롬프트의 변경이 반영되는 것을 확인 할 수 있습니다.

Remix Prompt : cute cat --v 6 --ar 3:4

Subtle

Strong

프롬프트의 변경 시 가로 세로 비율 Parameter(--ar) 가 변경되면 Remix(Subtle)의 경우는 외곽선을 유지하려고 하기 때문에 이미지가 찌그러집니다. 이럴 경우에는 Remix(Strong) 사용 해야 좋은 품질의 결과물을 얻을 수 있습니다.

Remix에서 변경 시 반영되는 Parameters

--ar, --no , --stop, --tile, --v, --niji , --cref , --sref , --profile , --stylize, --sw, --cw 등

04. Pan

Pan 기능은 미드저니의 Out painting 기능의 하나로 원하는 방향으로 이미지를 확장합니다.
Editor의 기능에서 좀 더 확장해 사용할 수 있지만, 간단하게 한쪽 방향으로 이미지만 키울 때는 좀 더 간편하게 사용할 수 있는 기능입니다.

Pan 메뉴는 기본으로 안 보입니다. More Options 메뉴를 클릭해서 해당 메뉴를 활성화해야 합니다.

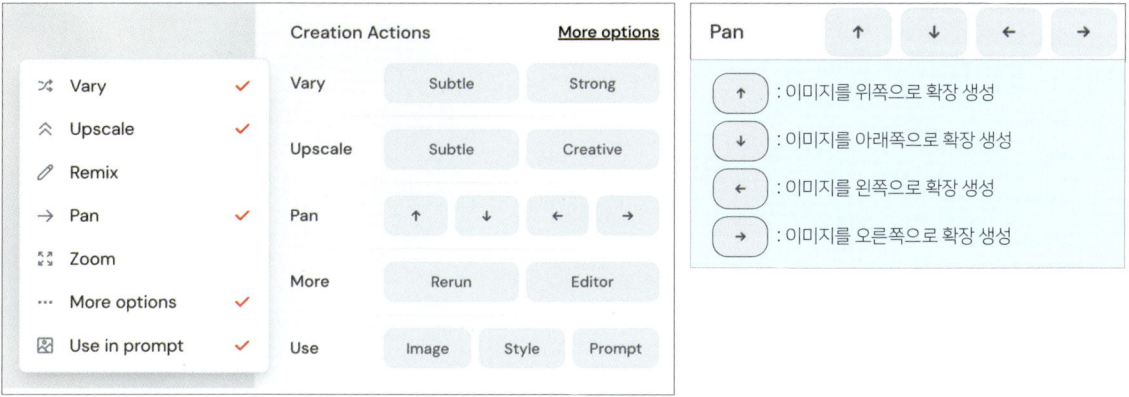

Pan Menu 활성화

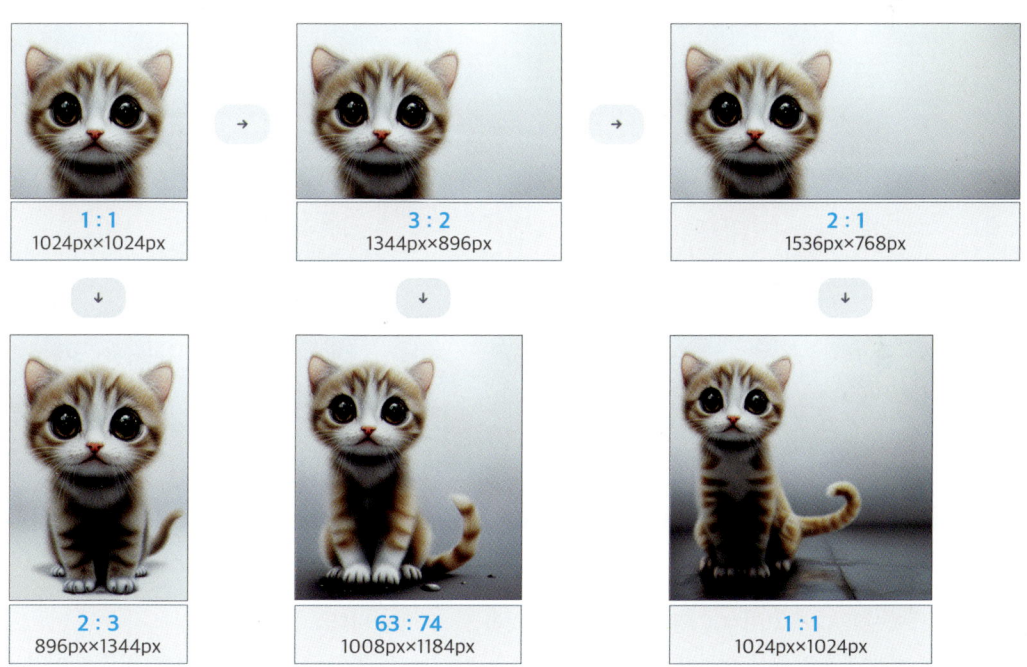

비율로 표시되었지만 실제 사이즈는 줄어듭니다. 이렇게 줄어든 사이즈는 최종 수정이 끝난 후 Upscale(Subtle / Creative)를 사용하여 최종적으로 큰 사이즈의 이미지를 얻을 수 있습니다.

05. Zoom

Zoom 기능은 미드저니의 Out painting 기능의 하나로 4방향으로 원하는 배율에 맞춰서 이미지를 확장 생성할 수 있습니다.

Editor 의 기능에서 보다 확장해 사용할 수 있지만 간단하게 배율에 맞춰서 이미지만 확장할 때는 보다 간편하게 사용할 수 있는 기능입니다.

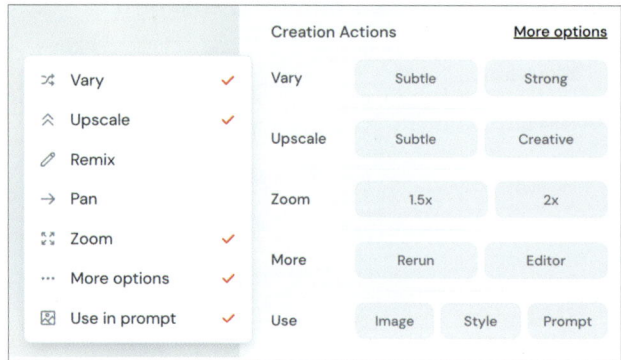
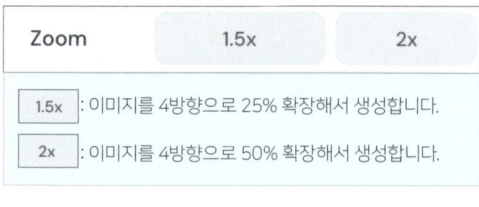

Zoom Menu 활성화

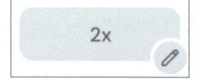 버튼을 마우스 롤 오버 하면 배율을 수정할 수 있습니다.

커스텀 배율 입력

원본 : 1024px X 1024px   1.5x : 1024px X 1024px   2x : 1024px X 1024px

예시와 같이 보여지는 영역이 넓어지는 것을 볼 수 있습니다.

하지만 확장해서 생성된 이미지의 사이즈는 1024px X 1024px(1:1 기준) 으로 원본 이미지 사이즈와 같은 것을 확인 할 수 있습니다. 이런 이유로 Zoom 을 사용하게 되면 결과적으로 피사체가 점점 더 작아지는 Zoom out 효과가 나옵니다.

06. Editor

기존 Discord의 Pan / Zoom / Vary(region) / Remix 기능을 하나로 합쳐 보다 시각적으로 보여져 편집이 더 쉽게 만들어 준 Web Site의 새로운 기능입니다.

수정하려는 이미지에서 Editor를 클릭하면 Edit의 메뉴의 Full Editor로 연결되는데 이때 내부/외부 이미지에 대한 구분이 생깁니다.

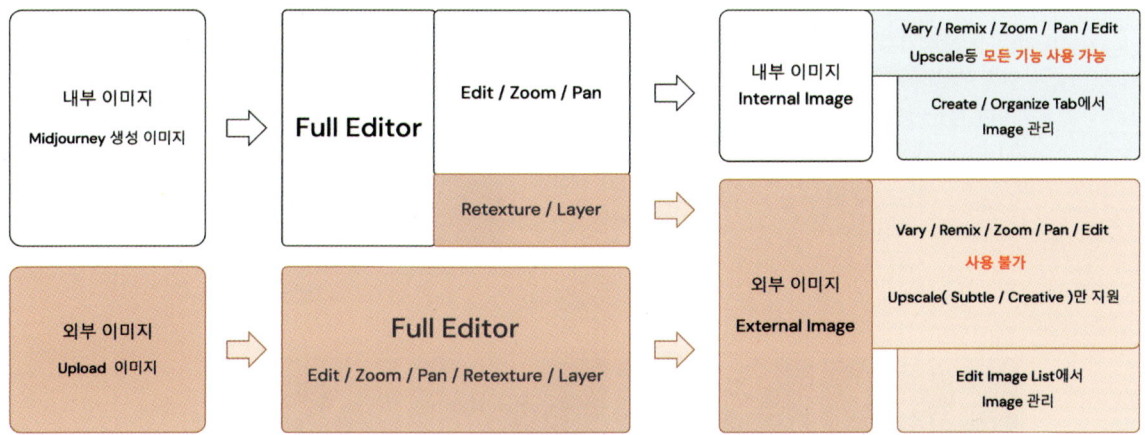

내부 / 외부 이미지 구분

미드저니에서 생성한 이미지가 내부 이미지이고 Edit 메뉴에서 업로드한 이미지는 외부 이미지가 됩니다.

이 내/외부 이미지의 차이는 Edit 작업 후에 생성된 이미지들에게서 위의 표와 같이 이후 추가 생성 가능 여부와 이미지 관리 메뉴의 차이로 나타납니다.

이는 기술적인 문제보다는 외부 이미지를 미드저니로 추가 생성해 악용되는 경우를 막으려는 미드저니의 이미지 정책 때문에 생기는 차이입니다. 기술적 문제가 아닌 정책상의 문제라 미드저니 내부 정책이 변경되면 바로 변경 가능한 부분이니 참고하시기 바랍니다. 내부 이미지라고 해도 Retexture의 결과물은 외부 이미지가 되는 부분만 인지하시면 사용에 큰 문제가 없습니다.

1. 부분 수정하기

기존에 미드저니로 생성한 이미지에서 Editor 버튼을 클릭해 Full Editor로 넘어가면 이때 기존에 생성한 Prompt가 자동으로 Edit Prompt에 입력됩니다.

예시와 같이 새로 생성할 영역을 선택하고, Edit Prompt에 이미 입력된 생성 Prompt인 a cute cat with a crown을 그대로 두고 실행을 시키면 Edit History에서도 확인이 가능하지만, 이 이미지는 내부 이미지의 수정이기 때문에 Create 메뉴에서 확인할 수 있습니다.

작업 영역 선택

Create 메뉴의 이미지 목록(Image List)의 Edit 생성 결과물

생성된 이미지를 살펴보면 선택된 영역 부분이 변경된 것을 확인 할 수 있습니다.

수정 생성된 이미지

새로 생성된 이미지의 프롬프트 표시줄에 보면 기존 생성과 다른 Edit 표시가 됩니다.

| Edit | A cute cat with a crown |
| v 6.1 | |

프롬프트 표시창의 Edit 표시

이 Edit 버튼은 클릭이 가능한데 클릭을 하면 수정 생성된 이미지의 원본으로 바로 가는 링크로 작동합니다. 여러 장의 이미지를 수정 작업할 경우 원본으로 바로 갈 수 있어서 유용합니다.

2. 부분 수정 + 프롬프트 수정하기

수정한 원본으로 가서 다시 Editor 모드로 들어가면 기존에 선택된 영역이 그대로 표시됩니다.
매번 같은 영역을 선택하기 힘든데 이 기능을 사용하면 연속해서 수정할 수 있습니다.
선택 영역은 같게 두고 이번에는 Prompt를 A cute cat with a crown → A cute cat with a red ball cap으로 수정하고 실행합니다.

원본 선택 영역

Prompt 수정 결과

원본 선택 영역의 변경된 Prompt (red ball cap)가 적용되어서 생성된 것을 확인 할 수 있습니다.

3. 캔버스 확장 생성하기

원본

Aspect Ratio 3 : 4

Move / Resize 메뉴의 Aspect Ratio에서 3 : 4를 클릭하면 캔버스가 3 : 4로 위아래로 확장되고 원본 이미지는 캔버스의 가로폭에 맞추어 축소되어 가운데 위치하게 됩니다.

이미지를 클릭하면 아래와 같이 가로 세로 센터 가이드 라인이 나옵니다. 캔버스를 확장하거나 이미지를 줄여서 생성 할 때 원본 이미지의 위치를 가로, 세로로 가운데를 맞출 때 유용한 기능입니다. 이미지를 클릭해 드래그 해서 세로 센터 가이드 라인이 유지된 상태로 위쪽으로 이동합니다.

센터 가이드 라인

이미지 이동

이 상태로 실행시키면 원본 이미지 기준으로 아래쪽이 생성된 3:4 비율의 이미지가 만들어집니다.

이미지 이동

생성된 이미지

4. 캔버스 확장 + 프롬프트 수정하기

이번에는 캔버스를 16 : 9로 확장하고 원본 이미지를 오른쪽으로 이동시킨 다음에 추가된 캔버스에 빨간 자동차를 추가하기 위해 Prompt에 red car 추가합니다.

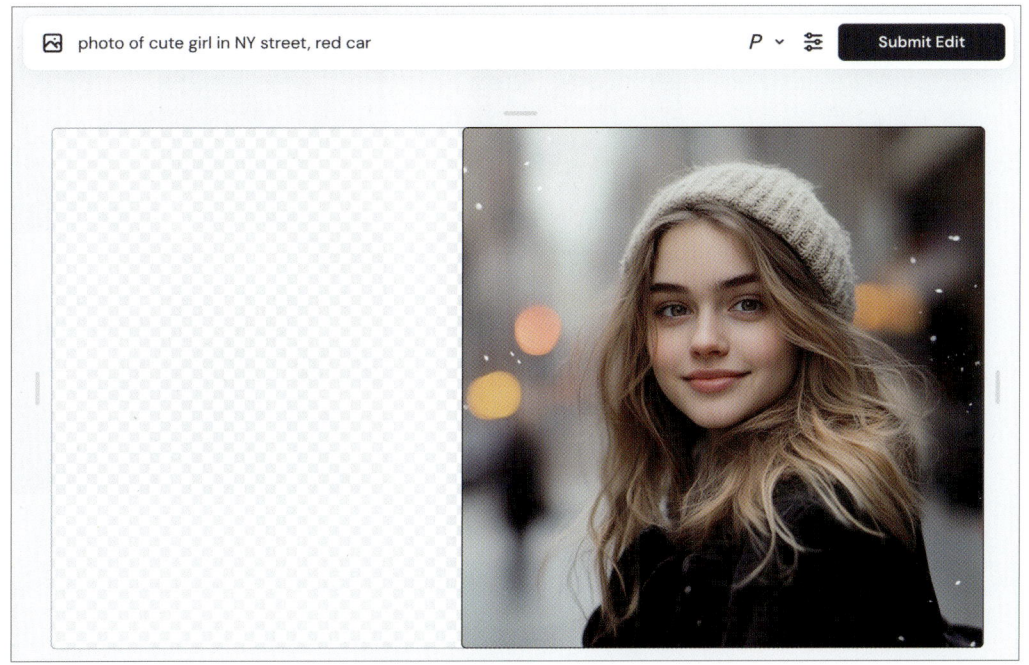
캔버스 확장 + 이미지 이동 + 프롬프트 변경

이와 같이 수정 후 실행을 시키면 확장된 영역에 빨간 자동차가 추가된 것을 확인 할 수 있습니다.

수정된 Prompt(red car)가 추가

5. 캔버스 자유 확장 + 프롬프트 변경

캔버스 사이즈 조절바를 사용해서 캔버스 사이즈를 적당히 키우고 이미지 사이즈 조절바을 사용해서 이미지 사이즈를 적당히 줄입니다. 그리고 이미지의 위치를 우측 상단에 적당한 위치로 이동시킵니다. Prompt는 cute girl in NY street, Yellow Taxi 라고 수정 후 실행시킵니다.

캔버스 확장 + 이미지 축소, 이동

수정된 Prompt(Yellow Taxi) 가 적용되어 생성

이상이 Editor의 기본적인 사용 방법입니다. 다양한 파라미터(Sref / Cref 등)을 함께 사용해서 수정하는 방법에 관해서는 **04.미드저니의 고급 활용 2 〉 04.Editor(에디터)** 편에 자세히 다루어져 있습니다.

07. Rerun / Use (Image / Style / Prompt)

Rerun / Use - Image / Style / Prompt 버튼

1. Rerun

Prompt와 Parameters를 똑같이 재실행해서 생성합니다.
(Image Prompt, Sref, Cref 이미지 모두 포함)

2. Use

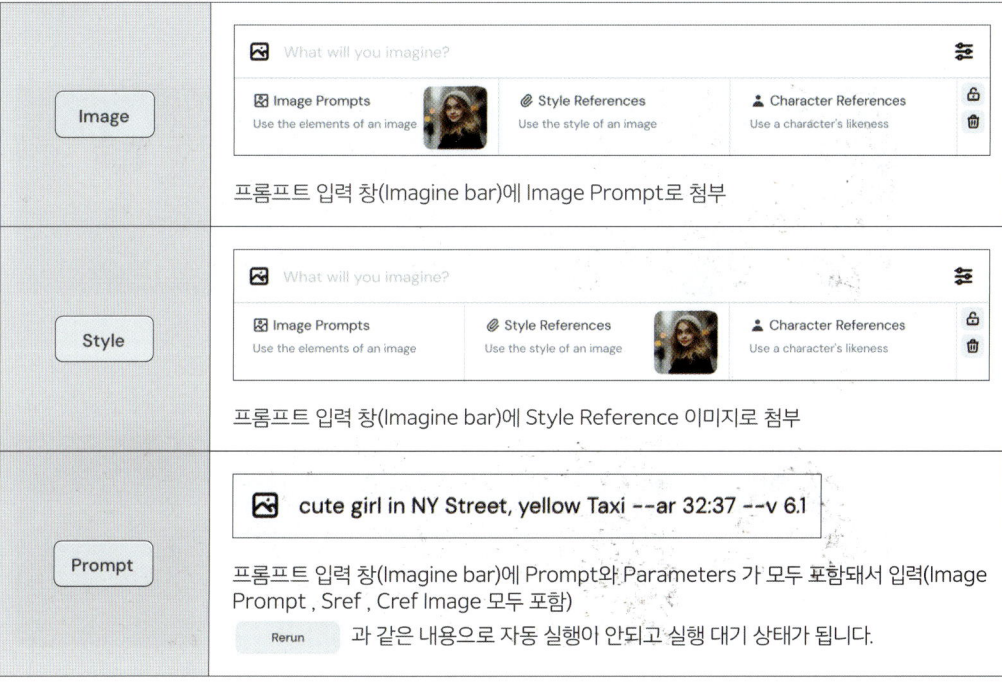

02. Prompt

01. 기본 Prompt

Prompt 는 미드저니에게 이미지 생성을 명령하는 이미지에 대한 설명입니다. 사이트 상단에 있는 프롬프트 입력 창(Imagine Bar)에 입력해주시면 됩니다.

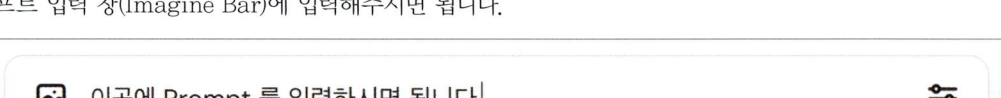

프롬프트 입력 창(Imagine Bar)

기본 Prompt는 한 단어, 한 문장, 심지어 이모티콘 한 개만으로도 이미지를 생성할 수 있습니다.

02. Advanced

02. 고급 Prompt

고급 Prompt는 이미지와 텍스트, 파라미터가 모두 사용된 Prompt 입니다.

고급 Prompt를 사용하면 다양한 이미지를 생성할 수 있으며, 제어하고 편집할 수 있습니다. 이 책에서 소개하는 내용을 잘 따라오신다면 고급 Prompt까지 자유롭게 다룰 수 있게 될 것입니다.

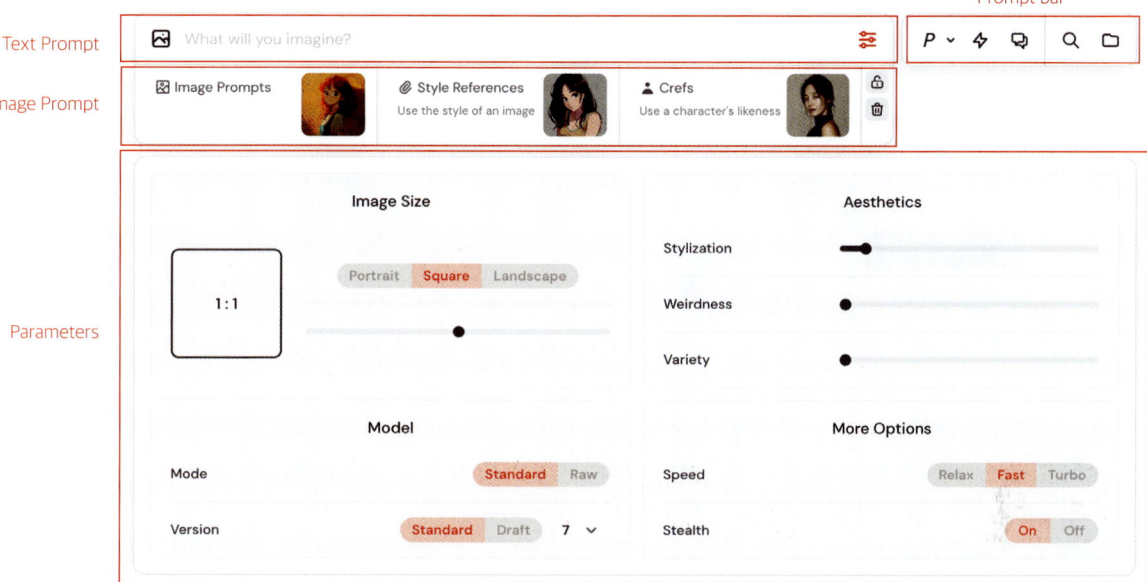

- **Text Prompt** : 생성하는 이미지에 관한 텍스트 설명입니다. 자세한 문법과 Tip은 이후에 자세히 설명되어 있습니다. 언어와 형식은 영어를 자연어 형식으로 사용 할 수 있습니다.

- **Image Prompt** : 이미지 파일을 업로드하고 선택하여 첨부하는 형태 사용합니다.

- **Parameters** : 이미지 생성 방법을 결정합니다. 이미지 생성 모델 선택, 가로세로비율, 스타일 등을 제어할 수 있습니다. Text Prompt 와 함께 Text 형태로 입력도 가능하고 아래 메뉴에서 선택도 가능합니다. 관련 내용은 Parameter 편에 자세히 설명되어 있습니다.

03. Text Prompt

지금까지 Prompt라고 말하는 것은 Text Prompt의 줄여서 이야기 하는 것입니다.

미드저니에는 Image Prompt라는 개념도 있어서 이번 장에서는 이 둘을 구분하고자 Text Prompt 라고 명시적으로 표시합니다.

1. 길이

최소 길이 : 한 단어 (한 글자 또는 이모티콘 한 개)

최대 길이 : V5.2 이전 50단어, V6 이후 350단어 권장

2. 기본 문법

영어를 자연어 문법으로 사용합니다.

또한 대소문자를 구분하지 않으며, 파라미터 입력에 사용되는 일부 특수 기호 이외에 다른 문장 부호, 특수기호는 안정적 해석이 이루어지지 않습니다.

쉼표, 대괄호, 하이픈 및 슬러시 등을 사용해서 Prompt 문장을 작성하는 것은 사용자의 입장에서 Prompt를 내용을 정리하고 가독성을 높이는 방법이지 이 문장 기호 사용으로 Prompt가 "작동이 더 잘 된다" 혹은 "특별한 문법적 작용이 있다"는 것은 아닙니다.

3. Text Prompt 작성

미드저니는 기본적으로 Text Prompt 입력을 받아 그 내용을 분석해서 이미지를 만들어내는 인공지능 서비스입니다. 당연한 이야기를 다시 한번 하는 이유는 이 문장에 매우 중요한 내용이 있기 때문입니다.

> Text Prompt → Image
>
> **Text Prompt는 Image에 대한 서술입니다.**

Image를 계속 강조하는 이유는 Text Prompt 작성 시 사용하는 단어들은 Image 서술에 적합한 시각적 단어를 사용해야 한다는 점 때문입니다.

a. 효과적인 단어

시각적으로 설명하는 형용사
crowded, green, empty, textured, intricate, busy, serene, atmospheric, weathered, glossy 등

시각적으로 설명하는 부사
vividly, sharply, dimly, brightly, subtly, boldly, hazily, seamlessly, delicately, dramatically 등

명사
mountain, river, skyscraper, bridge, forest, child, cat 등

예술, 디자인, 문화
예술가, 예술 운동, 디자인 운동, 예술 학교, 공예 기법, 역사적 시대, 장르, 건축 양식, 사진가, 사진 스타일, 문화, 민족

b. 나쁜(Junk) 단어

1. extra, ultra, super, hyper, insanely, extremely, quite, rather, somewhat, notably, especially, significantly, remarkably
2. indeed, for thwith, moreover, hencefor th, fur thermore, never theless, nonetheless, thereby, heretofore, thusly
3. until, before, after, since, while, during, till, throughout, upon, whenever
4. 4k, 6k, 8k, 16k, ultra 4k, octane, unreal, v-ray, lumion, renderman, hd, hdr, hdmi, high-resolution, dp, dpi, ppi, 1080p

c. 요약 정리

미드저니가 사람에게 알려지기 앞서 ChatGPT등의 LLM(거대 언어 모델)들이 크게 인기를 끌었고 그 인기는 다양한 형태로 지금도 계속 되고 있습니다.

많은 사람들이 LLM에 입력해서 명령을 주는 입력어를 Prompt 라고 하고 비슷한 시기 , 비슷한 인공지능 서비스라는 공통점 때문에 LLM에서 사용하는 Prompt 와 미드저니에서 사용하는 Text Prompt가 같다고 착각을 합니다.

이런 착각과 오해 때문에 미드저니 Text Prompt 를 LLM과 대화하듯이 작성하시는 분들이 많습니다. LLM은 Text to Text 서비스입니다. 즉 입력되는 Text(Prompt)에 Text로 답이 나오기 때문에 LLM이 Prompt에 대한 이해가 충분한지 혹은 잘못되었는지 쉽게 인지할 수 있습니다. 하지만 미드저니는 Text to Image 서비스로 입력되는 Text(Prompt)에 Image로 답을 합니다. 이런 이유에서 미드저니가 Prompt를 잘 반영한 이미지를 생성했는지 인지하기 힘듭니다.

이런 상황에서 보다 정확한 Text Prompt 를 작성하는 방법은 LLM식의 서술적 Prompt 작성이 아니라 필요한 내용만 간단히 요약 정리식으로 함축적으로 작성하는 것입니다.

> Create a charcoal sketch of a raven. The sketch should look like it's antique paper. Don't include any leaves on the branch, because it's a dead branch. Make it look gothic.
>
> 까마귀의 목탄 스케치를 만듭니다. 스케치는 골동품 종이처럼 보여야 합니다. 죽은 가지이므로 나뭇가지에 나뭇잎을 포함시키지 마세요. 고딕 양식으로 만듭니다.
>
> **까마귀**의 **목탄 스케치**를 만듭니다. 스케치는 **골동품 종이**처럼 보여야 합니다. **죽은 가지**이므로 나뭇가지에 나뭇잎을 포함시키지 마세요. **고딕 양식**으로 만듭니다.

서술형으로 작성된 Prompt에 중요한 단어만 골라서 강조 표시한 내용입니다. 문장의 중요한 단어만 사용해도 이미지에 대한 서술은 충분히 가능합니다. 이를 요약 정리하면 다음과 같습니다.

> **죽은 나뭇가지에 앉아있는 까마귀, 고풍스러운 종이에 고딕 목탄 스케치 스타일**
> A raven perched on a dead branch, in the style of a gothic charcoal sketch on antique paper.

또한 프롬프트 입력 창(Imagine Bar)에 입력한다는 것은 해당 내용으로 이미지를 생성하라는 내용이 기본으로 포함되어 있습니다. Text Prompt를 Create, Draw, Paint, Illustrate 등의 "그려라"는 명령어는 사용할 필요가 없고 이 또한 불필요한 단어입니다.

이런 불필요한 단어들이 프롬프트에 많이 포함되면 이는 무시되는 것을 넘어서 이미지에 품질을 떨어트리는 요소(artifact)가 생성됩니다. 이미지 생성에 필요한 단어만을 사용해 프롬프트를 작성하는 것이 보다 좋은 품질의 결과물을 만들어내는 좋은 프롬프트 작성법입니다.

이상의 내용을 정리하면 Text Prompt는 **시각적인 단어들을 사용해서 Image에 대한 서술을 요약 정리해서 함축적으로 작성하면 됩니다.**

04. Keyword Prompting

시각적으로 함축된 단어들이 있으면 보다 효과적인 Prompt 작성이 가능합니다.
이런 시각적이고 함축적인 단어들을 Keyword라고 부르고 그런 Keyword를 사용해서 Prompt를 작성하는 것을 Keyword base Prompting 줄여서 Keyword Prompting 이라고 합니다.

1. 기본 Keyword

Subject	person, animal, character, location, object
Medium	photo, painting, illustration, sculpture, doodle, tapestry
Environment	indoors, outdoors, on the moon, underwater, in the city
Lighting	soft, ambient, overcast, neon, studio lights
Color	vibrant, muted, bright, monochromatic, colorful, black and white, pastel
Mood	sedate, calm, raucous, energetic
Composition	portrait, headshot, closeup, birds-eye view

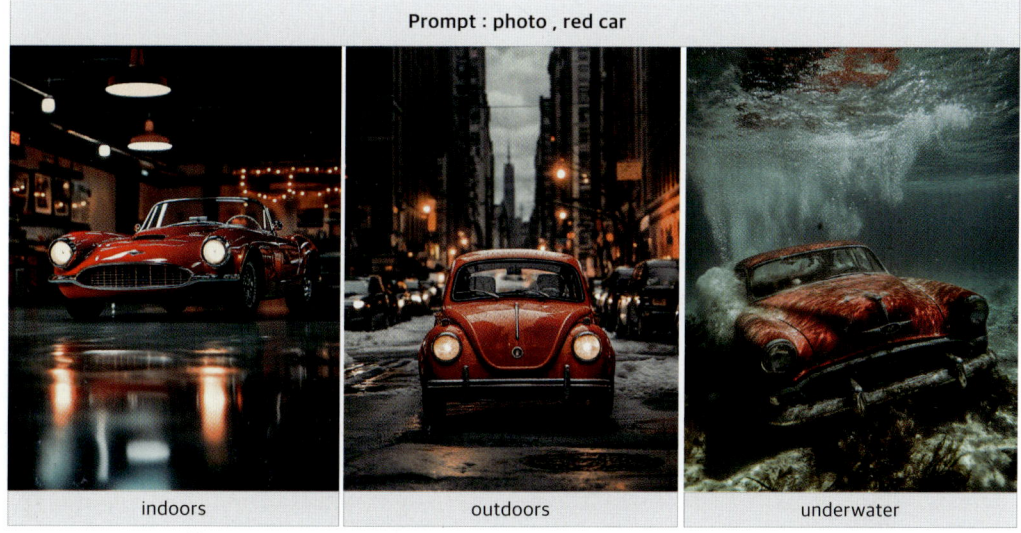

Prompt : photo , red car

indoors   outdoors   underwater

2. 해부학적 / 사진의 Frame Keyword

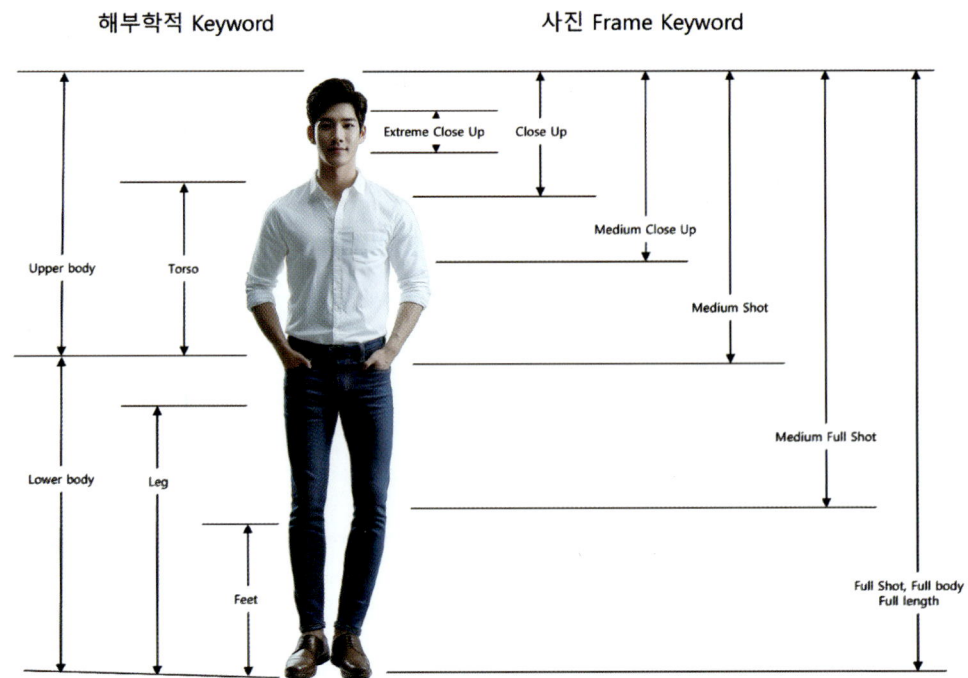

Prompt : photo , a young man

| extreme close up | Medium full shot | full shot |

3. 기법 Keyword

- Abstract [추상화]
- Anthropomorphic [의인화]
- Art Deco
- Baroque [바로크]
- Charcoal Sketch [목탄 스케치]
- Color Field
- Coloring book
- Constructivism
- Crocheted [뜨게질 된]
- Dadaism
- De Stijl
- Fauvism
- Folk Art
- fractal
- Gothic
- Graffiti [그래피티]
- Hard-Edge Painting
- holograms

Ink Drawing
isometric
Minimalism
Mosaic [모자이크]
Oil painting [유화]
Op Art
Origami [종이접기]
Paper quilling
Photorealism
Pop Art
Retro
Rococo [로코코]
Silhouette [실루엣]
Stained Glass [스텐드 글라스]
Still Life [정물화]
vector (illustration)
Vintage
Watercolor [수채화]

Prompt : cute cat

| Mosaic | Coloring book | Abstract, oil painting |

4. 구성, 컨셉 Keyword

- Ancient / Ruins [고대 / 유적]
- Caves and Underground Worlds [동굴과 지하세계]
- Contrast [대비]
- Cyberpunk
- Dynamic / Static Composition [동적 / 정적 구성]
- Fantasy Worlds [판타지 세계]
- Farm Life / Industrial Scenes
- Foreground / Background [전경 , 배경]
- Futurism [미래주의]
- Futuristic Settings [미래형 세팅]
- Harmony [조화]
- Horror [공포]
- Mythological Creatures [신화 속 생물]
- National Parks [국립공원]
- Office Life
- Romanticism [낭만주의]
- School Life
- Space Exploration [우주 탐험]
- Steampunk
- Tension [긴장]
- Underwater [수중]
- Urban / Natural Landscapes [도시/시골 풍경]
- Vertical / Horizontal line [수직 / 수평선]

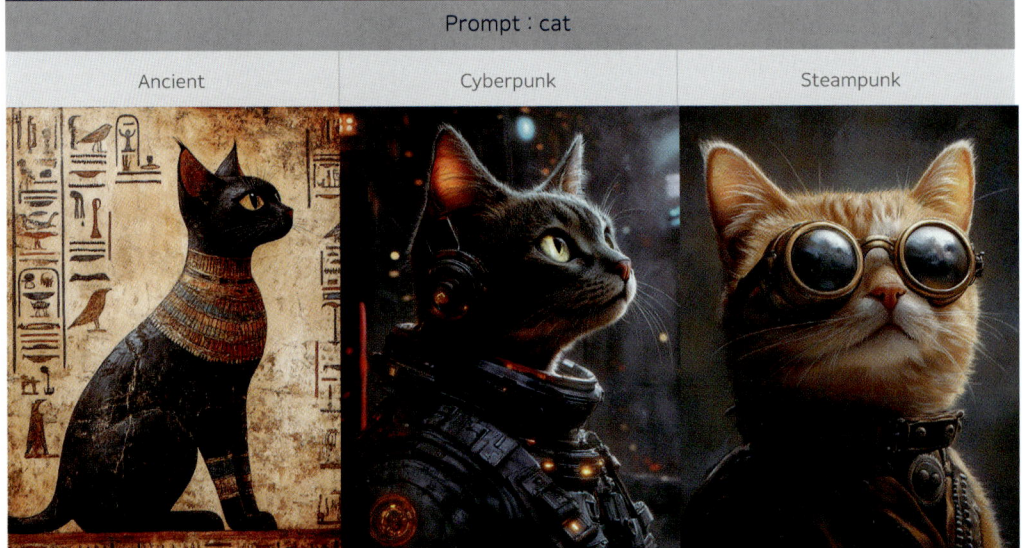

Prompt : cat

| Ancient | Cyberpunk | Steampunk |

5. 의상 관련 Keyword (하진주 제공)

분위기

- Elegance : 우아, 고상, 품위 있는 분위기, 클래식
- Sporty : 기능성, 활동적, 밝고 강한 색상
- Chic : 세련, 우아, 고급스러운 분위기
- Country : 복고풍, 자연, 서민적인 감성
- Modern : 심플, 간결, 베이직한 스타일
- Ethnic : 전통, 문화, 수공예적 디테일
- Mannish : 남성적인, 차분한분위기
- Romantic : 여성스러운, 사랑스러운, 부드러운 분위기

상의

- Tube top
- Tank top
- Cami
- T-shirt
- Sweatshirt
- Sweater
- Vest
- Blouse
- Shirt
- Tunic

T-shirt 중에 neck 종류별

- V neck
- Turtle neck
- U neck
- Scoop neck
- Boat neck

T-shirt 중에 Sleeves 종류별

- Bishop
- Crop
- Bell
- Kimono
- Raglan
- Cold shoulder
- Drop shoulder
- Dolman
- Batwing
- Leg of Mutton
- Puff
- Tulip

하의

Pants
- Jeans
- Trousers
- Cargo pants
- Jogger
- Bike shorts
- Leggings
- Sweat pants
- Shorts
- Culottes
- Suspender pants
- Jumpsuit

Skirt
- A-line
- Pleats
- Wrap
- Mini / Midi / Maxi (길이에 따라)
- Pencil
- Tiered
- Gathered
- Peplum
- Godet
- Mermaid
- Bubble

V neck | Pink Sweater | Pencil Skirt

05. Multi Prompt (::)

미드저니는 ::를 구분 기호로 사용하여 여러 개념을 혼합할 수 있습니다. 이렇게 Text Prompt 의 여러 가지 개념을 혼합해서 사용하는 것을 Multi Prompt 라고 합니다.

Multi Prompt를 사용하면 프롬프트의 개념에 상대적 중요성을 할당하여 개념이 어떻게 혼합되는지 제어할 수 있습니다.

1. Multi Prompt

프롬프트에 이중 콜론(::)을 추가하면 미드저니에게 프롬프트의 각 부분을 개별적으로 고려하라고 지시하게 됩니다. 예시의 Prompt 경우 dragon fly 두 단어가 함께 고려되고 미드저니는 잠자리를 생성합니다.

Prompt : dragon fly [잠자리]

이중 콜론(::)을 사용하여 프롬프트가 두 부분으로 분리된 경우 dragon:: fly 두 개념이 별도로 고려된 다음 함께 혼합되어 날고 있는 용의 이미지를 만듭니다.

Prompt : dragon:: fly [용 날다]

White rose cake	White:: rose cake	White:: rose:: cake
흰색 꽃 장식이 들어간 케이크 이미지를 만듭니다.	흰색과 꽃 케익의 두 개념을 별도로 고려해서 흰색이 밝은 분위기로 반영된 꽃 케이크 이미지를 만듭니다.	흰색, 꽃, 케이크의 각각의 개념을 별도로 고려해서 꽃장식이 들어간 케이크에 흰색보다 많이 반영된 이미지를 만듭니다.

2. 프롬프트 가중치 (Prompt Weight)

더블 콜론(::) 사용하여 프롬프트를 여러 부분으로 구분하는 경우 더블 콜론(::) 바로 뒤에 숫자를 추가하여 프롬프트의 해당 부분에 상대적 중요도를 지정할 수 있습니다.

주의 해야 할 점은 더블 콜론(::) 바로 뒤에 숫자를 추가해야 한다는 것입니다. 더블 콜론(::) 과 숫자 사이에 스페이스가 있으면 제대로 작동하지 않습니다.

dragon:: fly	dragon::2 fly
용과 날다 라는 개념을 따로 고려해서 나르는 용을 표현한 이미지를 만듭니다.	용을 두배 더 중요하게 고려해서 나르는것 보다는 용에 보다 초점을 맞춘 이미지를 만듭니다.

- Prompt Weight 은 음수, 양수, 소수점을 입력할 수 있습니다.
- 지정되지 않은 Prompt Weight은 기본 1이 지정됩니다.
- 가중치는 정규화 되어 작동합니다.

dragon:: fly == dragon::1 fly:: == dragon::1 fly:: = dragon::5 fly::5

3. Negative Prompt Weights

Parameter --no는 내부적으로 ::-0.5로 작동됩니다.

flowers

flower --no yellow

하지만 내부적으로 ::-0.5로 작동한다고 위의 프롬프트를 아래와 같이 실행 시키면 에러가 납니다.

`flowers, yellow::-0.5` → Failed to submit: The sum of all prompt weights must be positive

사용자들이 이와 같이 작동할 것으로 예상합니다.

`flowers, yellow::-0.5`

하지만 실제로는 이와 같이 작동합니다.

`flowers, yellow::-0.5`

> **[주의]**
> 미드저니 Prompt에서는 특수기호는 반영되지 않습니다. (문법 요소 극히 일부 제외)

에러 없이 --no 대신 Negative Prompt Weights 을 사용하려면 아래와 같이 사용해야 합니다.

```
flowers --no yellow
yellow::-0.5 flowers
flowers:: yellow::-0.5
```

Prompt Weight의 문법의 가장 많은 잘못된 사용은 문장 내에서 단어를 강조하려고 사용하는 경우입니다. 이런 경우 문장 구조가 무너짐으로 문장 내 사용을 추천하지 않습니다.

추천하는 Prompt weight의 사용 방식은 아래와 같이 문장을 완성하고 그 문장을 더블 콜론(::)으로 구분을 짓고 뒷부분에서 앞의 문장에 들어가는 요소를 컨트롤 하는 방식입니다.

a stunning landscape in photorealism style
[포토리얼리즘 스타일의 멋진 풍경]

프롬프트가 잘 반영되어 물과 나무와 산들이 자연스럽게 어울어진 이미지가 만들어졌습니다.

나무를 1만큼, 물을 -0.5만큼 빼서 반영시키니 나무는 더 많아지고 물은 없는 이미지가 만들어졌습니다. 결과적으로 나무에 강조가 되어서 이전 이미지와 비교하면 배경에 산이 거의 표현이 안되있습니다.

06. Minor Text Drawing (MTD)

Midjourney V6에서 텍스트 입력 기능이 추가되었고 V6.1에서도 기능이 향상되었지만 간단한 텍스트에 한정되어 있습니다. 몇 개의 단어(3~4개의 영어 단어)는 가능하지만, 여전히 그 이상 길이의 텍스트는 많은 오타와 적은 성공률을 보입니다. 이는 이전에 짧은 단어 하나를 생성하기 위해 수 많은 반복 작업을 해야 했던 것에 비교하면 상당한 발전입니다.

이 기능은 앞으로도 계속 발전될 예정이니, 현재의 한계에도 불구하고 장점을 잘 활용하면 유용한 기능이 될 것입니다.

A photo of laptop blank screen with the text "Hello World!" --ar 16:9 --v 7

Niji 모델의 경우 일부 일본어와 약간의 한자도 지원합니다만, 영어에 비해 오타와 성공률이 더 많이 떨어집니다.

Cute girl, "愛してる" on speech bubble --ar 3:4 --niji 6

Cute girl, "こんにちは" on speech bubble --ar 3:4 --niji 6

1. 사용법

1. 원하는 단어나 문장을 큰 따옴표(quotations)로 구분해서 작성해야 합니다.

2. --style raw 와 낮은 --stylize 값에서 좀 더 잘 작동합니다.

3. 대소문자가 구분되어 표현되지만 단어의 첫 글자가 아닌 문법에 안 맞는 단어 속 대문자는 성공확률이 떨어집니다. (예: cAt, floWeR 등)

Text "Happy" decorated flowers --v 7

cute cat, holding a sign "Cat" --niji 6

글씨를 좀 더 잘 쓰려면?

프롬프트에 상황에 맞게 아래의 내용을 추가해 주세요

글씨가 쓰여지는 행동 추가	says, printed on, entitled, inscribed with, labeled as, marked with, branded with, embossed with, engraved with, stamped with, adorned with, scripted with, lettered with 등
글씨의 대상을 지정	speech bubble, post-it note, book cover, poster, sign, t-shirt, mug, billboard, newspaper, magazine, greeting card, envelope, license plate, calendar, ticket, product packaging, business card 등
텍스트나 글자만 표시할 때	typography design
배경을 비우고 싶다면	isolated on a white background

생성된 텍스트에 오타가 있을 때

1. Vary(Strong)을 사용하면 생성된 이미지를 대략적으로 유지한 채 오타 수정이 가능합니다 (한 두 글자 오타일 때 효과적)

2. Editor로 해당 글자 부분만을 선택하여 다시 생성합니다. 너무 좁은 영역은 잘 수정이 안되는 경향이 있으니 글자 한 자를 선택하는 것 보다 단어 전체를 선택하는 편이 좀 더 잘 수정이 됩니다.

07. 순열 프롬프트(Permutation Prompt)

1. 기본 사용법

순열 프롬프트(Permutation Prompt)를 사용하면 하나의 프롬프트로 다양한 변형된 프롬프트를 빠르게 생성할 수 있습니다. 프롬프트에 쉼표(,)로 구분된 옵션 목록을 중괄호({ })로 포함하여 해당 옵션의 다양한 조합으로 여러 개의 프롬프트를 만들 수 있습니다.

한번에 생성할 수 있는 프롬프트의 수는 구독한 Plan에 따라서 제한이 있습니다.

Basic	최대 4개
Standard	최대 10개
Pro / Mega	최대 40개

순열 프롬프트(Permutation Prompt)는 Image Prompt, Parameters , Prompt Weight을 포함한 미드저니 Prompt의 모든 부분과 관련된 조합을 만들 수 있습니다.

순열 프롬프트(Permutation Prompt)는 Fast / Turbo 모드에서만 작동하고 Fast hour 소모가 없는 Relax 모드에서는 작동하지 않습니다.

    a {green, yellow, red } flowers

위와 같이 프롬프트를 실행 시키면 아래와 같이 3개의 조합된 프롬프트가 동시에 실행되어 생성됩니다.

Fast hour는 프롬프트 3개가 각각 소모되니 한꺼번에 많은 조합을 실행시킬 때 주의해야 합니다.

2. Parameter 조합

`cute cat --ar { 1:1, 3:4, 1:2 }`

cute cat --ar 1:1

cute cat --ar 3:4

cute cat --ar 1:2

위와 같이 Parameter 입력값을 조합하여 실행시킬 수 있습니다.

또한 위와 같이 Parameter 이름을 조합에 사용할 수 있습니다.

3. 다중 및 중첩 조합

> {black, white} cute {cat, dog}

다중으로 사용하는 경우에는 아래와 같은 4가지의 조합이 만들어집니다.

```
black cute cat
black cute dog
white cute cat
white cute dog
```

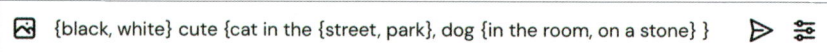

{black, white} cute {cat in the {street, park}, dog {in the room, on a stone} }

이와 같이 중첩해서 조합을 만들면 아래와 같은 8가지 조합이 만들어집니다.

black cute cat in the street
black cute cat in the park
black cute dog in the room
black cute dog on a stone
white cute cat in the street
white cute cat in the park
white cute dog in the room
white cute dog on a stone

4. Escape 문자

구분 기호 역할을 하지 않는 중괄호 안에 콤마(,)를 포함하려면 그 바로 앞에 백슬래시(\ )를 넣으면 해당 콤마(,)는 구분 기호로 취급되지 않습니다.

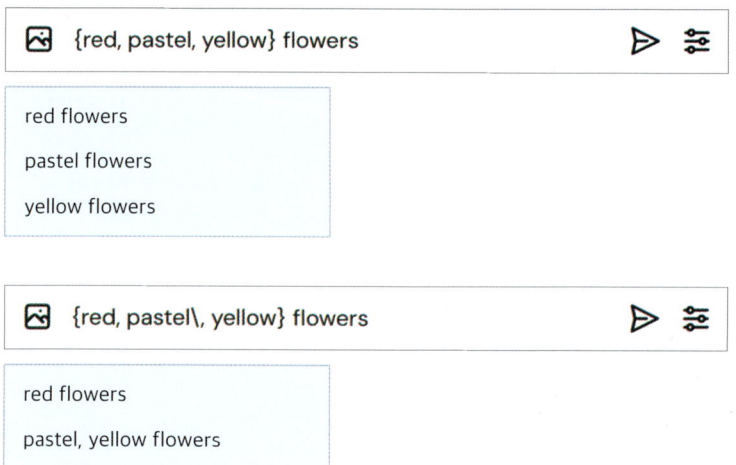

{red, pastel, yellow} flowers

red flowers
pastel flowers
yellow flowers

{red, pastel\, yellow} flowers

red flowers
pastel, yellow flowers

03. Image Prompt

01. 기본 사용법

Image를 Prompt의 일부로 사용하여 작업의 구성, 스타일 및 색상에 영향을 줄 수 있습니다. Image Prompt는 단독(2개 이상)으로 또는 Text Prompt와 함께 사용할 수 있습니다. 흥미로운 결과를 위해 다양한 스타일의 이미지를 결합하는 실험을 추천합니다.

최소	Image Prompt 2개 혹은 Image Prompt 1개 + Text Prompt
최대	제한 없음
형식	.png, .gif, .webp, .jpg , .jpeg

Image Prompt를 사용하는 방법은 Prompt 입력 창 왼쪽에 Image Prompt 아이콘 을 클릭해서 Image를 업로드 해서 Upload Image List에 추가하고 Upload Image List에서 이 이미지를 선택하시면 됩니다.

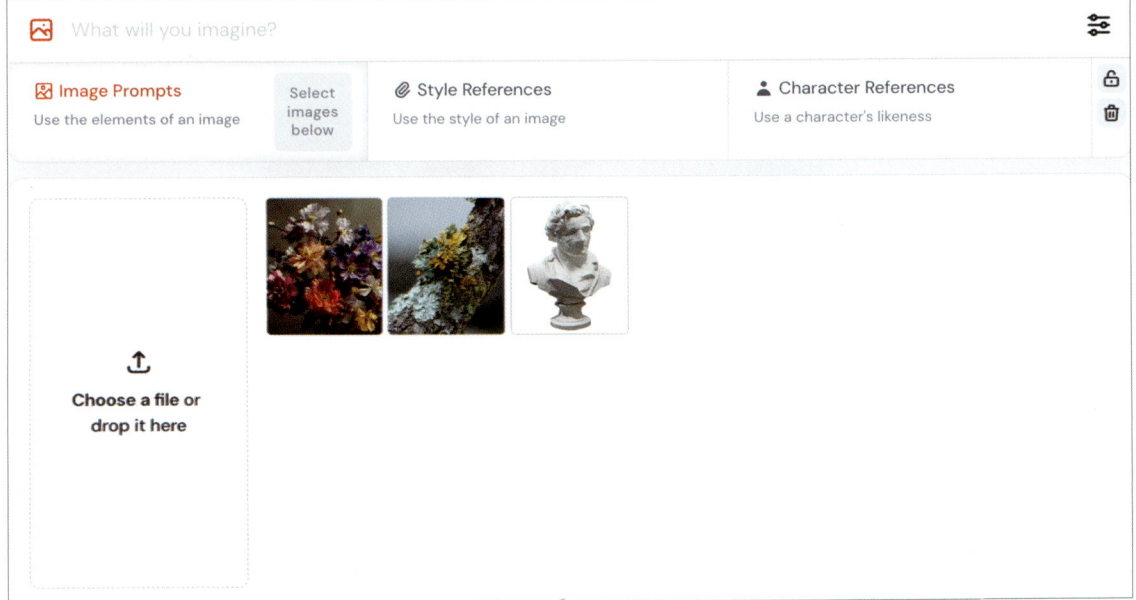

Image Prompt 첨부 방법

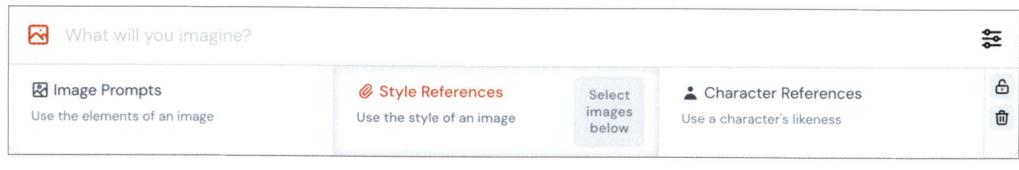

Style Reference 첨부

Character Reference 첨부

이미지 첨부 시 Image Prompt / Style Reference / Character Reference를 선택해서 각각 첨부할 수 있습니다.

Image Prompt / Srefs / Crefs 첨부된 상태

Srefs / Crefs 참조 이미지의 경우는 해당 Parameter 설명에서 자세히 다루고 있으니 참고하시기 바랍니다.

하나의 파일을 두 가지 이상의 첨부 용도로 사용하실 때는 한 개의 파일을 첫 번째 첨부 영역을 클릭으로 선택해서 파일을 첨부 시키고 두 번째 첨부 영역을 클릭으로 선택해서 다시 같은 파일을 선택해 첨부할 수 있습니다.

이렇게 한 영역에 첨부된 이미지를 다른 첨부 영역으로 드래그&드롭하면 첨부의 종류를 바꿀 수 있습니다. 또한, Shift 키를 누른 상태에서 다른 첨부 영역으로 드래그 앤 드롭 하면 동시에 두 영역에 참조 이미지로 사용할 수 있습니다.

02. Blend (이미지 섞어주기)

2개 이상의 Image Prompt를 사용하면 이미지 둘을 섞은 결과물을 얻을 수 있습니다.
섞어볼 이미지를 준비합니다.

이미지를 업로드하고 Image Prompt로 선택을 합니다. 첨부하는 순서는 관계가 없습니다.

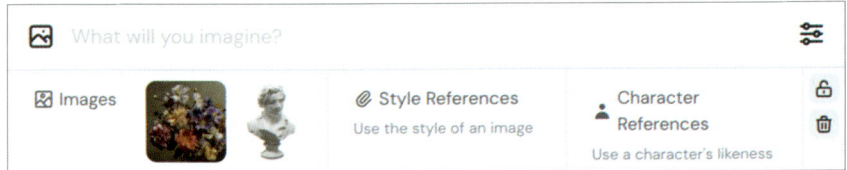

2장의 이미지를 Image Prompt로 선택하고 실행시키면 아래와 같은 결과물을 얻을 수 있습니다.

Image Prompt 의 석고상이라는 질감과 구성, 그리고 꽃이라는 구성이 섞여서 결과물을 만들어 낸 것을 확인할 수 있습니다. 단, 인물을 비교해보면 Image Prompt의 석고상과 결과물의 석고상은 비슷한 헤어 스타일 정도의 공통점을 보이지만 인물은 다른 인물이 생성된 것을 알 수 있습니다.

Image Prompt의 가장 큰 오해는 인물 사진을 Image Prompt로 사용했을때 사진의 인물과 유사한 결과물을 만들어 내는것을 기대하는 것입니다.

이런 오해 때문에 처음 사용하는 사용자들은 자기 사진을 Image Prompt로 첨부하고 oil painting 정도의 Text Prompt를 추가해서 유화로 그려진 자신의 초상화가 나올꺼라는 예상하는 경우가 많습니다. 다시 한번 강조하지만, Image Prompt는 인물의 유사도가 아닌 질감과 구성, 구도 등의 이미지적 요소를 Text가 아닌 Image를 첨부해서 Prompt로 지시를 한다고 이해하셔야 합니다.

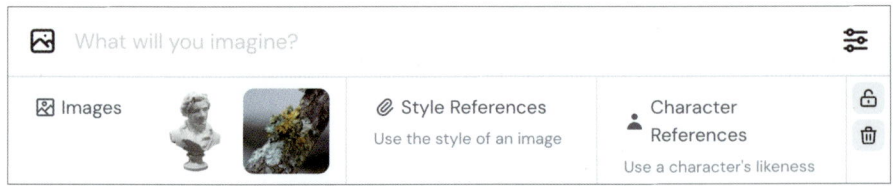

석고상과 Lichen를 선택해서 실행을 시키면,

위와 같은 결과물이 나옵니다. 여기서도 인물의 연속성은 유지되지 않습니다.

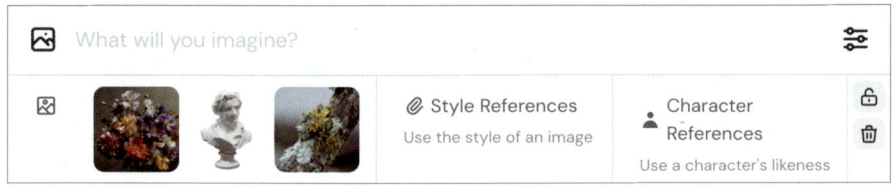

2장 이상의 이미지도 Image Prompt로 입력이 가능합니다.

준비한 모든 이미지를 선택하고 실행을 시키면, 다음과 같은 결과물을 얻을 수 있습니다.

3장의 이미지의 구성과 질감들이 1/3씩 섞여있는 것을 확인 할 수 있습니다.

Image Prompt의 최대 제한은 없지만 4장 이상을 사용해서 생성하게 되면 점점 더 개별 이미지에 대한 영향력이 약해져서 예상의 범위를 벗어난 결과물이 나옵니다. 우연의 효과를 얻고 싶을 작업이 아니라면 4장 이상의 Image Prompt사용은 권장하지 않습니다.

이번 장에서 다룬 2장 이상의 Image Prompt가 어떤 식으로 섞여서 결과물을 만들어 내는가를 충분히 익혀두어야 이후에 cref / sref 등의 Parameter에서 여러 장의 이미지를 사용할 때 어떤 결과가 나올지 예상할 수 있습니다.

03. 이미지 참조(Image reference)

"Text Prompt는 Image에 대한 서술이다"

Text Prompt 편에서 다루었던 가장 중요한 개념을 다시 가지고 왔습니다.
Text Prompt가 Image에 대한 서술이 맞지만 Image를 서술하기에는 Text Prompt에는 다양한 한계가 있습니다.

예를 들어 우리가 전혀 모르는 곳에서 길을 찾아갈 때 글만으로 찾아가는 것은 많이 어려운 일입니다. 미드저니도 마찬가지 입니다. 마치 우리가 도착해야 하는 목적지가 결과물 Image라고 한다면 Text Prompt만을 가지고 결과물 Image에 도달하기란 우리가 길을 찾아가는 것보다 더 어려울 것입니다. 이렇게 길을 찾아갈 때 글만으로 어려움이 있어서 이때 이용하는 것이 간단하게 그리는 약도입니다. 이 약도는 지도처럼 정확한 거리와 지형지물에 대한 모든 정보가 담겨 있지 않지만 길을 찾아가는 데는 유용합니다.

이와 같은 방식을 미드저니에서도 Image Prompt를 통해서 사용할 수 있습니다.

예를 들어 우리가 만들어야 할 이미지가 아래와 같은 이미지라고 할 때, 이 장면을 Text Prompt로 묘사하기는 생각보다 쉽지 않습니다.

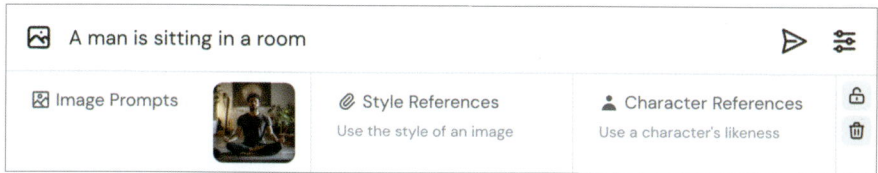

이와 같은 Text Prompt를 작성하면, 위와 같은 자세의 남성 이미지를 얻을 수는 있습니다. 다만, 원하는 결과가 나올 때까지 수없이 반복해야 하며, 그 중 한 장이 우연히 원하는 모습에 가깝게 생성될 가능성이 있을 뿐입니다.

이것은 마치 길을 찾기 위해 무작정 돌아다니다 보면 아주 드물게 목적지에 도착할 수도 있는 상황과 비슷합니다. 이럴 때 우리가 약도를 사용하면 좀더 쉽고 빠르게 목적지에 도착하는 것처럼 미드저니에게도 (약도처럼) Image Prompt로 참조할 이미지를 입력해줍니다.

이렇게 Text Prompt와 Image Prompt를 입력해서 실행을 시키면,

다음과 같은 비슷한 포즈의 이미지를 얻을 수 있으며, 같은 포즈로 다른 배경의 이미지를 만드는데 응용할 수도 있습니다.

이번에는 Text Prompt의 배경을 on the beach로 바꾸고 실행을 시키면,

배경은 on the beach가 적용되고, 포즈는 Image Prompt의 포즈가 반영된 결과물을 얻을 수 있습니다.

이상의 방법은 Image Prompt를 활용한 **포즈 참조(Pose Reference)**라고 부릅니다.

이 방법의 단점은 Image Prompt의 포즈만 참조되는 것이 아닌, 전체적인 이미지의 분위기까지 참조된다는 점입니다. 이럴 때는 Image Prompt 참조 강도 조절 파라미터인 --iw를 활용해서 참조 강도를 조절해 줍니다.

> **Image Weight(--iw)**
>
> 기본값 : 1 (소수점 사용 가능)
>
> 범위 : ~V5.x / ~Niji 5 : 0 ~ 2
>   V6 ~ / Niji 6 ~ : 0 ~ 3

Image Prompt를 포즈 참조(Pose Reference)로 사용할 때는 1 이하의 값을 사용을 권장합니다. 1 이상의 값을 사용하게 되면 포즈 뿐만 아니라 배경과 질감 등까지 참조가 되어 Text Prompt(on the beach)가 잘 반영되지 않습니다.

--iw 1(기본값)

--iw 2

--iw 3

Text로 Image를 서술하는 것보다 Image로 Image를 서술하는 방법이 보다 효과적인 것은 사실입니다. Image에는 Text에 담지 못하는 더 다양한 내용이 담겨 있기 때문입니다. 하지만, 원하는 의도가 제대로 담겨 있는 Image를 항상 준비할 수 없으므로 이러한 의도를 표현할 수 있는 Text가 오히려 Image에 비해서 더 유용한 경우도 있습니다.

이러한 부분을 이해하고 함께 응용하면 Image Prompt와 Text Prompt는 서로의 단점을 보완할 수 있습니다. 이 둘을 이미지에 대한 서술에 함께 입력한다면 원하는 이미지를 좀 더 빨리 얻을 수 있을 것입니다.

이 장의 시작부분에 언급 했던 말을 Text Prompt와 Image Prompt를 합쳐서 Prompt라고 한다면, 다음과 같이 수정할 수 있습니다.

"Prompt는 Image에 대한 서술이다"

이 문장은 미드저니를 사용하는데 가장 중요한 핵심 개념입니다.
Prompt를 작성할 때 꼭 염두에 두고 미드저니를 사용하시기 바랍니다.

04. Parameters

01. 종횡비 --ar (or --aspect)

이미지의 종횡비를 설정합니다. 종횡비는 이미지의 가로길이 대 세로길이의 비율을 말합니다. 일반적으로 3 : 4 또는 1 : 2과 같이 콜론(:)으로 구분된 두 개의 숫자로 표현됩니다.

- 첫 번째 숫자는 가로 비율을 나타내고 두 번째 숫자는 세로 비율을 나타냅니다.
- 종횡비는 생성된 이미지의 모양과 구성에 영향을 미칩니다.
- Upscale을 실행할 때 일부 종횡비가 약간 변경될 수 있습니다.

1. 메뉴에서 선택

프롬프트 입력창의 오른쪽에 있는 설정 아이콘 을 클릭하면 Parameters 선택 메뉴 중 Image Size 메뉴에서 설정할 수 있습니다.

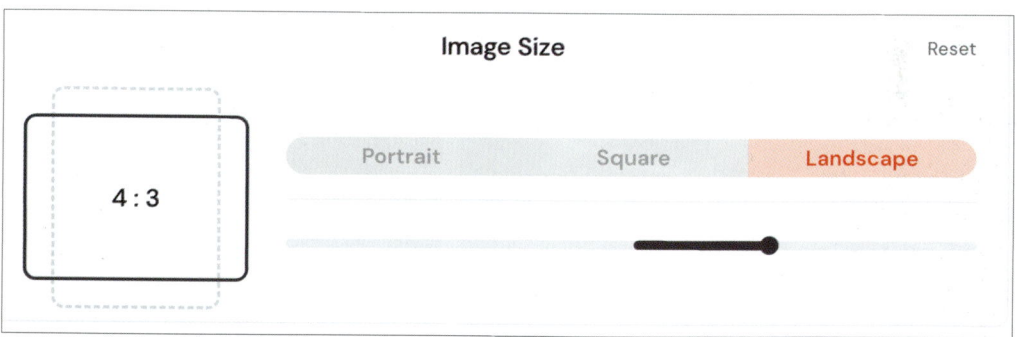

- **Portrait** 3 : 4
- **Square** 1 : 1 (기본값)
- **Landscape** 4 : 3
- **슬라이드바** 1 : 2 / 9 : 16 / 2 : 3 / 3 : 4 / 5 : 6 / 1 : 1 / 6 : 5 / 4 : 3 / 3 : 2 / 16 : 9 / 2 : 1 선택 가능
- **Reset** 기본 값(1 : 1)로 리셋

이 메뉴에 한번 세팅해 두면 변경하기 전까지 다시 프롬프트를 입력하고 실행시켜도 계속 같은 가로 세로 비율이 적용됩니다.

2. Prompt 입력 시 Text로 입력

Image Size 메뉴에서 선택할 수도 있지만 Pre-set 에 없는 가로 세로 비율을 사용하려면 프롬프트에 Text로 파라미터를 직접 입력 하실 수 있습니다.

Text 로 입력한 파라미터 값이 Image Size 메뉴에서 설정한 값보다 우선 적용됩니다.

```
cute cat --ar 가로비율:세로비율
```

프롬프트 입력창에 Text로 직접 입력

기본값 - 1 : 1

범위 ~V4 1 : 2 ~ 2 : 1
　　　　V5.x 이후 any : any
　　　* 소수점 사용 불가 (1.3 : 1.7 → 13 : 17)
　　　　　최소 비율로 자동 계산 적용 (25 : 15 → 5 : 3)

--ar 1:1 (기본값) 1024px × 1024px

--ar 3:4, 928px × 1232px

02. Advanced

--ar 2:1, 1536px × 768px

--ar 4:3, 1232px × 928px

--ar 1:3, 450px × 1337px

--ar 16:9, 1456px × 816px

02. Stylize --s (or --stylize)

미드저니 생성 모델은 예술적 색상, 구성, 형태로 이미지를 생성하도록 훈련되어 있습니다.
--s(--stylize) 는 이 훈련된 내용이 얼마나 적용되는지를 조절합니다.

낮은 값(100이하)는 Prompt와 거의 일치하지만 덜 예술적인 이미지를 만들고 높은 값은 예술적이지만 Prompt와 조금 덜 일치하는 결과물을 만들어냅니다.

1. 메뉴에서 선택

프롬프트 입력창의 오른쪽에 있는 설정 아이콘 을 클릭하면 Parameters 선택 메뉴 중 Aesthetics 메뉴에서 Stylization 항목으로 설정할 수 있습니다.

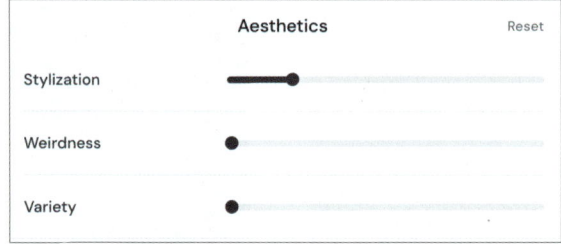

Stylization 슬라이드바 : 0 / 100 / 200 / 300 / 400 / 500 / 600 / 700 / 800 / 900 / 1000 값을 선택
Reset : 기본값 100 으로 초기화

2. Prompt 입력 시 Text 로 입력

Aesthetics 메뉴에서 선택할 수도 있지만 Pre-set 에 없는 수치를 입력하려면 프롬프트에 Text로 파라미터를 직접 입력 하실 수 있습니다.

Text 로 입력한 파라미터 값이 Aesthetics 메뉴에서 설정한 값보다 우선 적용됩니다.

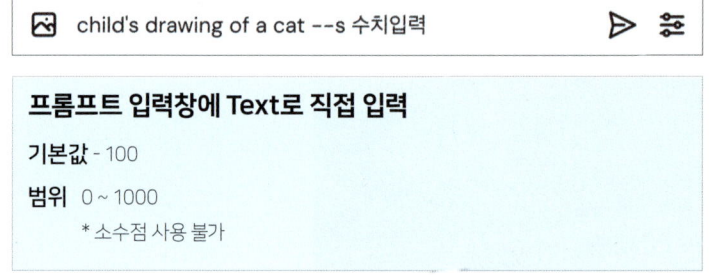

프롬프트 입력창에 Text로 직접 입력
기본값 - 100
범위 0 ~ 1000
　　　* 소수점 사용 불가

예시 이미지에서 보는 것과 같이 --s 값을 높여서 생성한 "더 예술적인 이미지"가 Prompt를 잘 반영해 더 잘 그린 이미지라는 보장은 없습니다. 원하는 결과물의 종류(디자인, 사진, 그림, 미래적 사진, 판타지 세계 등)에 따라 stylize 값은 다양한 형태로 영향을 미칩니다.

Prompt의 상황에 맞는 stylize 값은 경험적으로 찾아내야 하는 것이지 정답은 없는 항목입니다. 하지만 처음 사용하시는 사용자분들에게는 기본값(--s 100)의 사용을 권장 드립니다. 미드저니 모델의 기본 특징을 파악해서 기준을 설정하는 것이 이후에 상황에 맞는 stylize 값을 찾아내는데 유리합니다.

03. Weird --w (or --weird)

실험적 매개변수로 V5.2 업데이트 이후 발표된 기능으로 이 Parameter의 발표 시 기능에 대한 설명이 "이상한(weird) 그림을 만드는 Parameter 입니다. 색다른 품질과 독특하고 예상치 못한 결과를 얻을 수 있습니다." 였습니다.

이 Parameter는 생성된 이미지에 기발(?)하고 색다른 특성을 도입하여 독특하고 예상치 못한 결과를 만들어냅니다. 우연의 효과를 얻고 싶다면 사용을 권하지만 제대로 된 품질의 이미지를 원한다면 사용하지 말라고 권장하는 Parameter입니다. 300 이상부터는 이미지 품질 자체가 떨어집니다.
Seed 가 작동하지 않아서 Seed 값으로 고정해도 일관성을 얻을 수 없습니다.

1. 메뉴에서 선택

프롬프트 입력창의 오른쪽에 있는 설정 아이콘 을 클릭하면 Parameters 선택 메뉴 중 Aesthetics 메뉴에서 Weirdness 항목에서 설정할 수 있습니다.

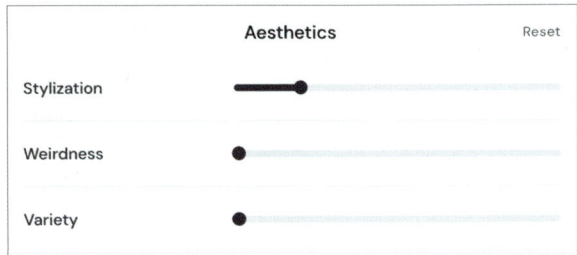

Weirdness 슬라이드바 : 0 / 300 / 600 / 900 / 1200 / 1500 / 1800 / 2100 / 2400 / 2700 / 3000 값을 선택
Reset : 기본값 0 으로 초기화

2. Prompt 입력 시 Text로 입력

Aesthetics 메뉴에서 선택할 수도 있지만 Pre-set 에 없는 수치를 입력하려면 프롬프트에 Text로 파라미터를 직접 입력 하실 수 있습니다.
Text 로 입력한 파라미터 값이 Aesthetics 메뉴에서 설정한 값보다 우선 적용됩니다.

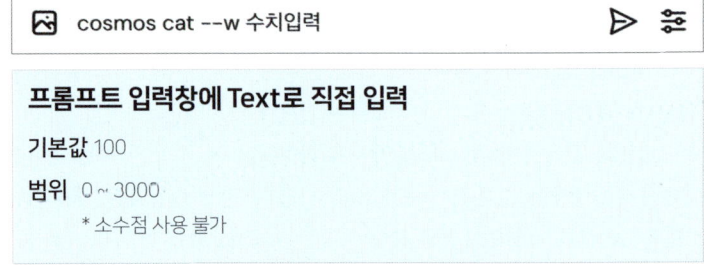

프롬프트 입력창에 Text로 직접 입력
기본값 100
범위 0 ~ 3000
   * 소수점 사용 불가

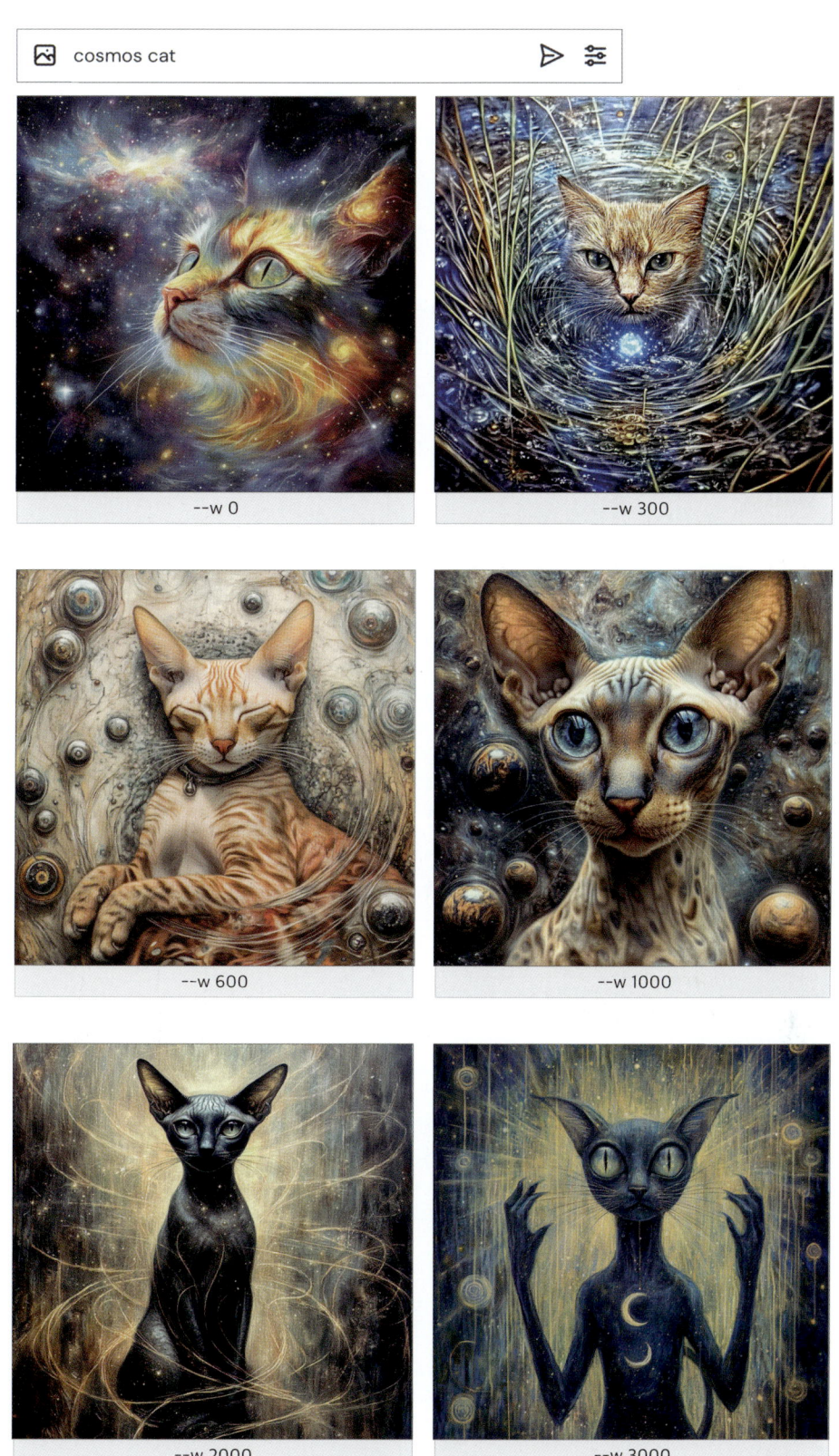

04. Chaos --c (or --chaos)

초기 이미지 그리드의 변화 정도에 영향을 비치는 이 값은 높은 값일수록 비정상적이고 예상하지 못한 결과와 구성을 생성하고, 낮은 값일수록 안정적이고 반복 가능한 결과를 얻을 수 있습니다. 모델 내부의 생성 원리까지 이해할 필요는 없고, "비정상적인 이미지를 만든다" 정도로 이해하시면 됩니다.

1. 메뉴에서 선택

프롬프트 입력창의 오른쪽에 있는 설정 아이콘 을 클릭하면 Parameters 선택 메뉴 중 Aesthetics 메뉴에서 Variety 항목에서 설정할 수 있습니다.

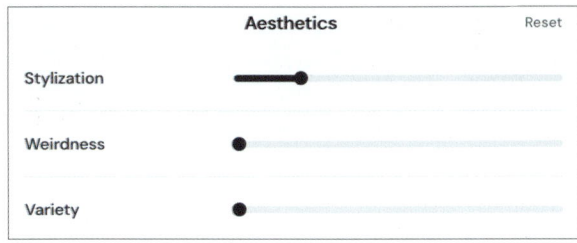

Variety 슬라이드바 : 0 / 10 / 20 / 30 / 40 / 50 / 60 / 70 / 80 / 90 / 100 값을 선택
Reset : 기본값 0 으로 초기화

2. Prompt 입력 시 Text로 입력

Aesthetics 메뉴에서 선택할 수도 있지만 Pre-set에 없는 수치를 입력하려면 프롬프트에 Text로 파라미터를 직접 입력 하실 수 있습니다.

Text 로 입력한 파라미터 값이 Aesthetics 메뉴에서 설정한 값보다 우선 적용됩니다.

프롬프트 입력창에 Text로 직접 입력
기본값 0
범위 0 ~ 100
　　　* 소수점 사용 불가

--weird, --chaos, --stylize의 차이점은?

이 3가지 Parameter를 미드저니의 미학 Parameter (Aesthetics Parameters) 라고 합니다.

--stylize	Midjourney의 기본 미학이 얼마나 강하게 적용되는지를 제어
--weird	이미지가 이전 미드저니의 이미지와 비교하여 얼마나 특이한지를 제어
--chaos	초기 그리드 이미지가 서로 얼마나 다양한 것인지를 제어

이러한 차이를 인지한 후 나만의 조합을 만든다면 나만의 개성이 담긴 이미지를 만들 수 있습니다.

05. Style --style

이미 Prompt에 익숙한 사용자에게 적합할 수 있는 대체 모델을 사용하며, 이미지를 더 많이 제어할 수 있습니다. --style raw Parameter로 생성된 이미지는 미드저니 모델의 미화가 덜 적용되어 특정 스타일을 Prompt로 사용할 때 더 정확하게 일치한 결과물을 만들어줍니다.

1. 메뉴에서 선택

프롬프트 입력창의 설정 아이콘 을 클릭하면 Parameters 선택 메뉴 중 Model 메뉴에서 Mode 항목에서 설정할 수 있습니다. 일부 버전에서만 작동해서 Mode Raw 를 선택하면 사용할 수 있는 Version 이 변경됩니다.

Standard : Versoin 6.1 / 6 / 5.2 / 5.1 / 5 / 4 / 3 / 2 / 1 / Niji 6 / Niji 5 / Niji 4 선택가능
Raw : Version 7 / 6.1 / 6 / 5.2 / 5.1 / Niji 6 선택 가능

2. Prompt 입력 시 Text로 입력

Parameters 선택 메뉴 중 Model 메뉴에서 Mode 항목에서 Raw를 선택하는 것은 --style raw 또는 --v 7 이후에는 --raw를 입력하는 것과 같은 결과가 나옵니다.
Text로 입력한 파라미터 값이 Model 메뉴에서 설정한 값보다 우선 적용됩니다.

종류(특정 모델 버전에서만 작동)

--verson 5.1, 5.2, 6, 6.1, 7	
raw	기본적인 미드저니 모델의 미학적 영향을 줄이고 이미지 또는 사진을 더 많이 제어하려는 고급사용자에게 적합한 Mode 입니다. --version 7 에서는 --raw로 입력 가능

--niji 6	
raw	niji 6의 기본 모델에 비해서 좀 더 사진적이고, 덜 주관적이고, 더 문자적(Prompt 문자 그대로 반영)인 결과물을 만듭니다.

3. --v 7 --raw

풍경

flowers garden {--v 7, --v 7 --raw}

--raw

동물

cute cat {--v 7, --v 7 --raw}

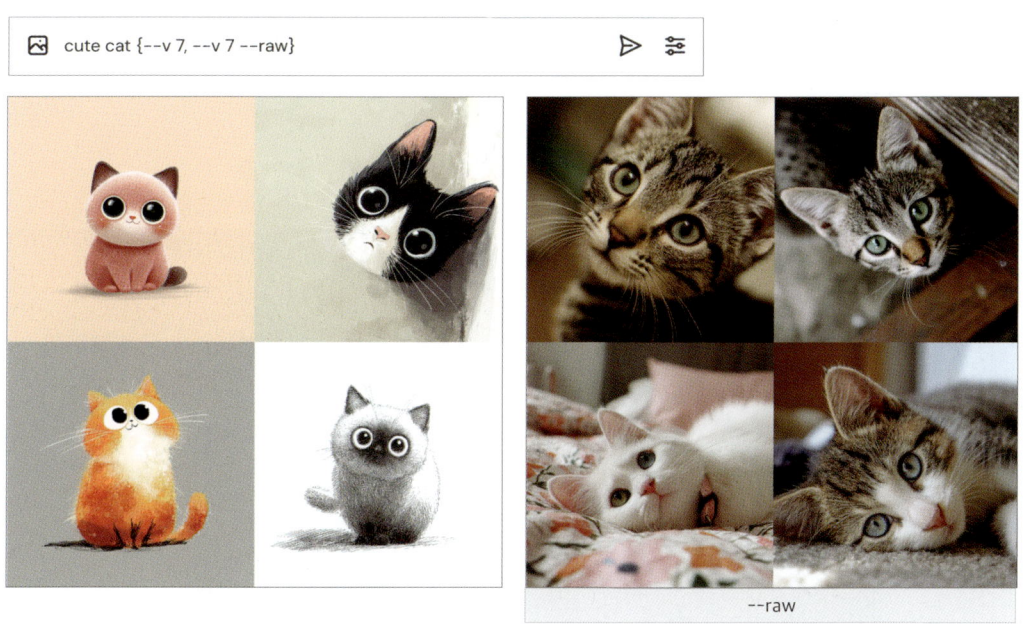

--raw

인물

`cute girl {--v 7, --v 7 --raw}`

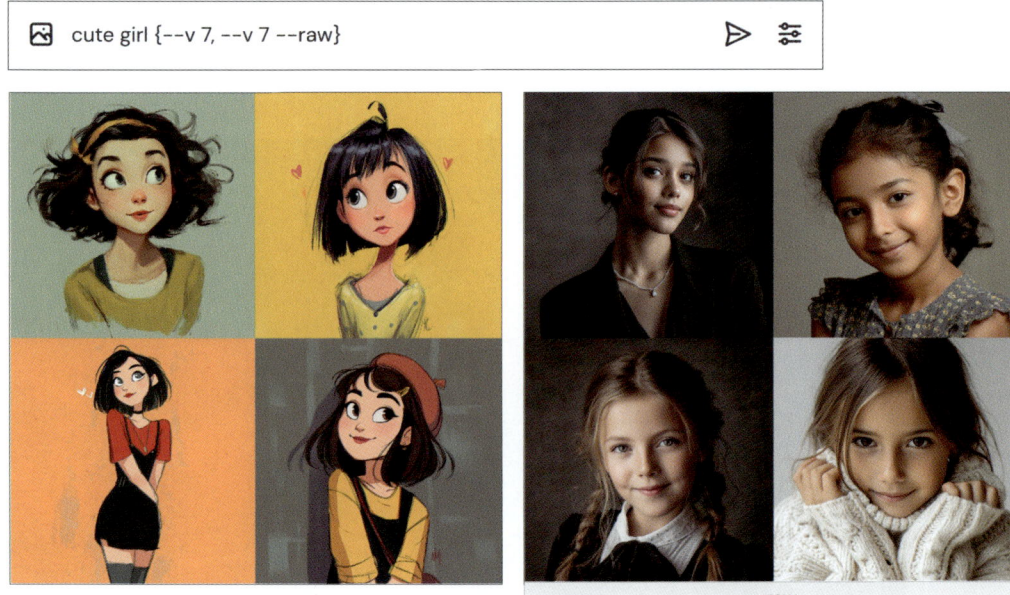

--raw

예시에서 확인할 수 있는 것처럼 --v 7에서는 --raw를 사용한 이미지가 보다 사진에 가까운 이미지가 만들어지고 사용을 안 한 이미지는 대부분 회화적인 스타일의 이미지가 만들어집니다.

4. --niji 6 --style raw

풍경

`flowers garden {--niji 6, --niji 6 --style raw}`

--style raw

동물

`cute cat {--niji 6, --niji 6 --style raw}`

--style raw

인물

`cute girl {--niji 6,--style raw --niji 6}`

--style raw

예시에서 확인할 수 있는 것처럼 --niji 6에서는 --style raw를 사용한 이미지가 보다 사실적인 이미지(2.5D쯤 실사와 에니메이션 중간단계)가 만들어지고 사용을 안 한 이미지는 애니메이션 그림체에 특화된 Niji 모델의 특징을 나타내는 이미지가 만들어집니다.

06. Version --v (or --version), --niji

미드저니(MJ)는 생성 모델 버전업을 꾸준히 진행해 왔으며, 과거 버전 모델 또한 여전히 작동을 합니다.

MJ.ver	Niji	Update
1		2022.02
2		2022.04.02
3		2022.07.25
4	4	2022.11.05
5	5	2023.03.15
5.1		2023.05.03
5.2		2023.06.23
6.0		2023.12.21
	6	2024.01.30
6.1		2024.07.31
7.0		2025.04.04

1. 메뉴에서 선택

프롬프트 입력창의 오른쪽에 있는 아이콘을 클릭하면 Parameters 선택 메뉴 중 Model 메뉴에서 Version 항목에서 설정할 수 있습니다.

Version : 7 / 6.1 / 6 / 5.2 / 5.1 / 5 / 4 / 3 / 2 / 1 / Niji 6 / Niji 5 / Niji 4 선택

2. Prompt 입력 시 Text로 입력

Model 메뉴에서 선택할 수 있지만 프롬프트에 Text로 파라미터를 직접 입력하실 수 있습니다.

Text로 입력한 파라미터 값이 Model 메뉴에서 설정한 값보다 우선 적용됩니다.

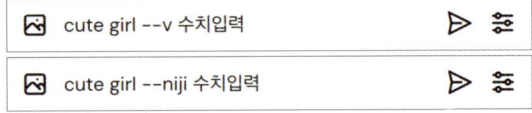

프롬프트 입력창에 Text로 직접 입력

-- version 7 / 6.1 / 6 / 5.2 / 5.1 / 5 / 4 / 3 / 2 / 1
--niji 6 / 5 / 4

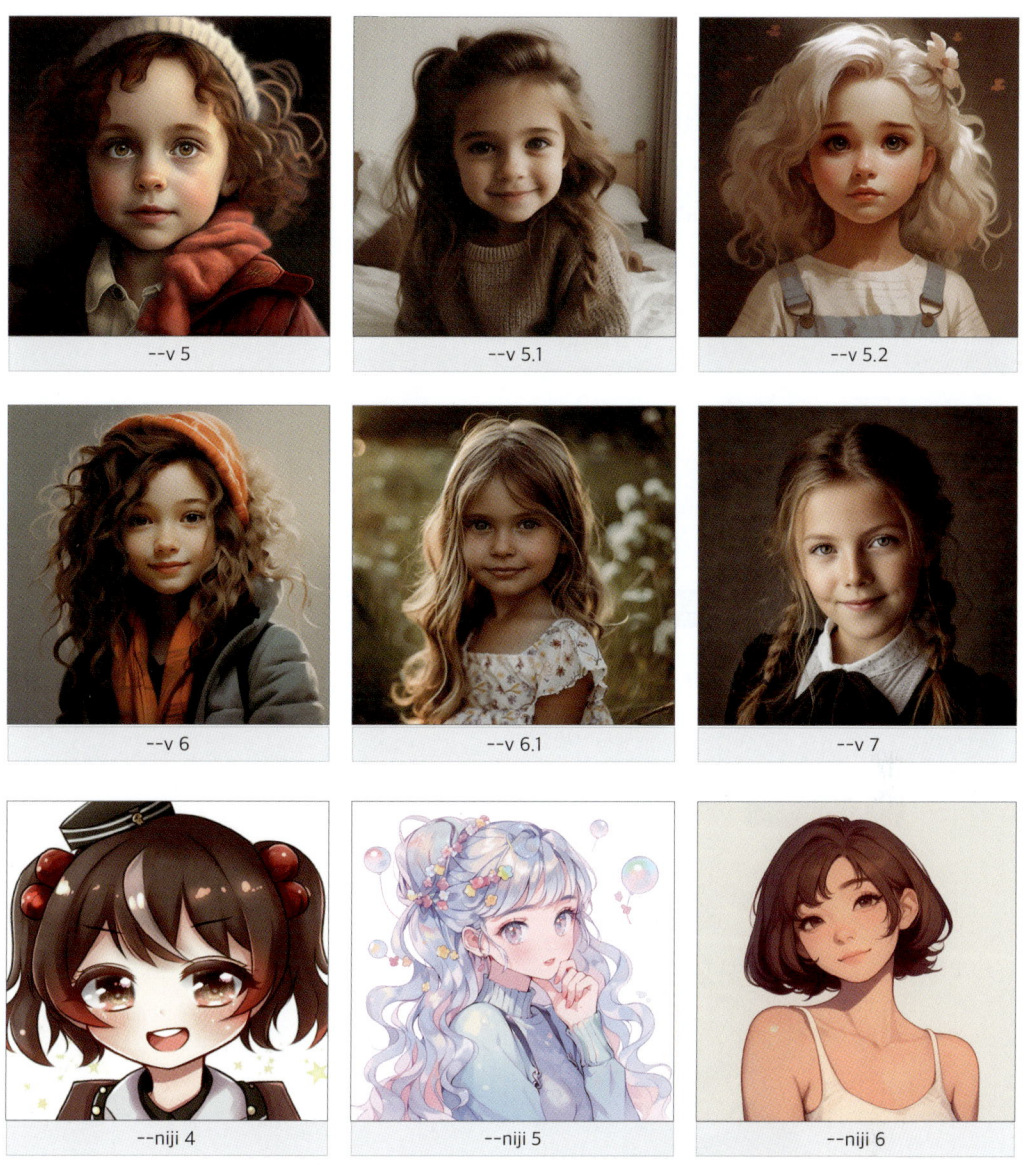

--niji는 애니메이션 전문 학습 모델로 --v와 --niji는 함께 사용할 수 없습니다.

모델 버전 별로 특정 그림체에서 특징을 보이기도 하는데 반드시 필요한 효과가 아니라면 최신 버전을 추천합니다. V5 이후에 업데이트된 기능들(Zoom, Pan, Vary(Region), High/Low Variation, Upscale 2x/4x, Upscale Subtle/Creative, sref, cref, sref seed, Personalize Code 등)은 하위 버전에서 사용할 수 없습니다.

이 책에서 다루는 Prompt와 이미지, Parameter는 현재 최신 버전을 기준으로 작성되었습니다.

07. Draft --draft

Midjourney V7에서 함께 발표한 기능으로 이미지 생성 속도가 기존에 비해 10배가 빠른 생성 mode입니다. V7 Draft mode는 V7 Standard mode(Midjourney 기본 mode)의 간단한 버전 정도라고 이해하시면 됩니다. 특징으로는 생성 속도가 매우 빠르지만 품질은 약간 떨어집니다.

1. 메뉴에서 선택

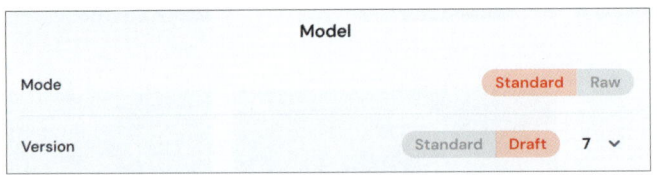
Version 7 선택 시 활성화

Prompt Bar에서 선택

2. Prompt 입력 시 Text로 입력

--v 7에서만 작동

3. Enhance

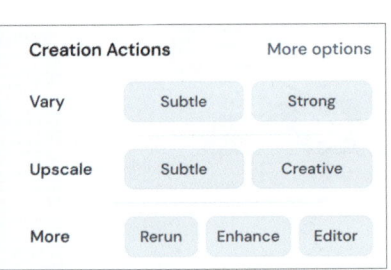
Image List / View의 Enhance 버튼

Draft mode(--draft)로 생성한 이미지에는 생성 결과물 리스트(Image List)와 보기(Image View)에 Enhance 버튼이 추가됩니다. 이 기능은 Draft mode로 생성된 결과물의 디테일을 최대한 유지하면서 이미지의 품질을 향상 시켜주는 기능입니다.

생성 결과물 리스트(Image List)에 Draft Mode로 생성한 결과물에는 Draft 라고 표시가 되고 Enhance로 품질이 향상된 결과물에는 Enhance 라고 표시가 됩니다.

Enhance 결과물

이렇게 표시된 Enhance 을 클릭하면 Enhance 실행의 원본으로 연결되는 링크가 작동합니다.
작은 이미지로는 4장 모두가 같은 이미지처럼 보이지만 확대해서 확인하면 디테일이 약간씩 다른 결과물들이 생성된 것을 확인할 수 있습니다.

4. Standard mode와 Draft mode

cute girl --draft --v 7 --seed 1228030777 | Enhance | cute girl --v 7 --seed 1228030777

같은 Seed를 사용해서 Standard mode과 Draft mode의 이미지를 비교하면 비슷한 유사성이 있는 이미지가 생성은 되지만 생성 품질에서는 큰 차이가 나는 것을 확인할 수 있습니다.
Enhance를 사용해서 품질을 향상 시킨 이미지와 비교해도 Standard mode로 생성한 이미지가 월등한 품질이 나오는 것을 확인할 수 있습니다.
Draft mode로 빠르게 초안을 작성해서 그 나온 결과물을 활용할 수도 있지만 프롬프트와 Seed를 활용해서 Standard mode로 다시 생성하는 것도 한 가지 방법입니다.

cute girl --draft --v 7 --seed 1228030777

단, 위의 예시처럼 Seed를 사용한다고 해서 모두가 유사한 이미지가 나오는 것은 아닙니다. 1,2번의 이미지는 Standard mode로 품질이 좋은 유사한 이미지를 얻을 수 있지만 3,4번의 경우처럼 전혀 다른 이미지가 생성될 수 있습니다. 이럴 때는 Enhance를 활용해서 품질을 올리는 방법을 사용하면 됩니다. 또한 Draft mode에서도 모든 Parameter는 Standard mode와 똑같이 작동합니다.

Draft mode는 기존 Standard mode의 80% 정도의 품질을 10배의 속도로 생성하는 기능입니다. 이 기능이 출시하면서 강조한 빠르게 초안을 작업하기에 최적화된 기능이란 설명이 이런 부분을 말하는 것입니다. 생성 속도에 초점이 맞춰진 기능이니 이 부분은 필요에 따라서 선택해서 사용하면 됩니다.

02. Advanced

cute girl --v 7 --seed 1228030777

생성 속도가 빠른 빠르지만 Fast hour의 절반 이하로 소모됩니다. 저렴한 비용으로 다양한 초안 이미지를 만들 때 유리한 기능입니다.

이 빠른 생산 속도는 이후 V7 Update 장에서 다루어질 Conversational (LLM) Mode와 함께 사용되면 굉장히 유용한 장점으로 작용합니다.

자세한 내용은 관련 V7 Update 장을 참고하시기 바랍니다.

08. Personalization profile --p (or --profile)

개인별로 이미지 미학을 평가하거나 원하는 스타일의 이미지를 업로드해서 개인의 선호도를 반영해서 이미지를 생성합니다.

이미지 미학 평가와 이미지 업로드로 Profile / Moodboard code를 만드는 내용은 생성환경 〉 Personalize에 자세히 다루어져 있습니다. 해당 내용에서 Profile / Moodboard code를 생성한 상태에서 사용하는 방법을 알아 보겠습니다.

1. Personalize Profile code 사용

a. Profile / Moodboard code 선택

Profile / Moodboard code를 사용하는 방법은 아래와 같은 방법들을 사용할 수 있습니다.

프롬프트 입력창의 오른쪽에 있는 P 아이콘을 클릭하면 별도의 Personalize 팝업 메뉴가 뜨고 Personalize 기능의 On / Off 스위치와 기존에 만들어 둔 Profile / Moodboard Code 목록이 보입니다. 스위치를 On 하고 목록이 있는 Code를 선택하면 해당 Code를 사용할 수 있습니다.

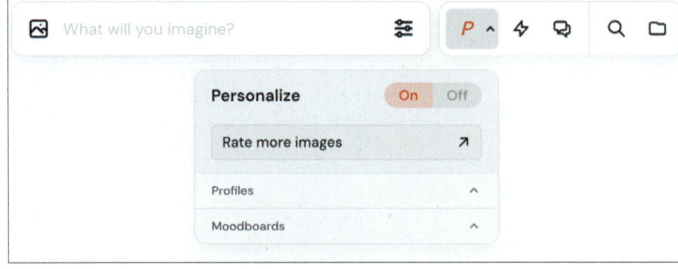

Personalize 팝업 메뉴에서

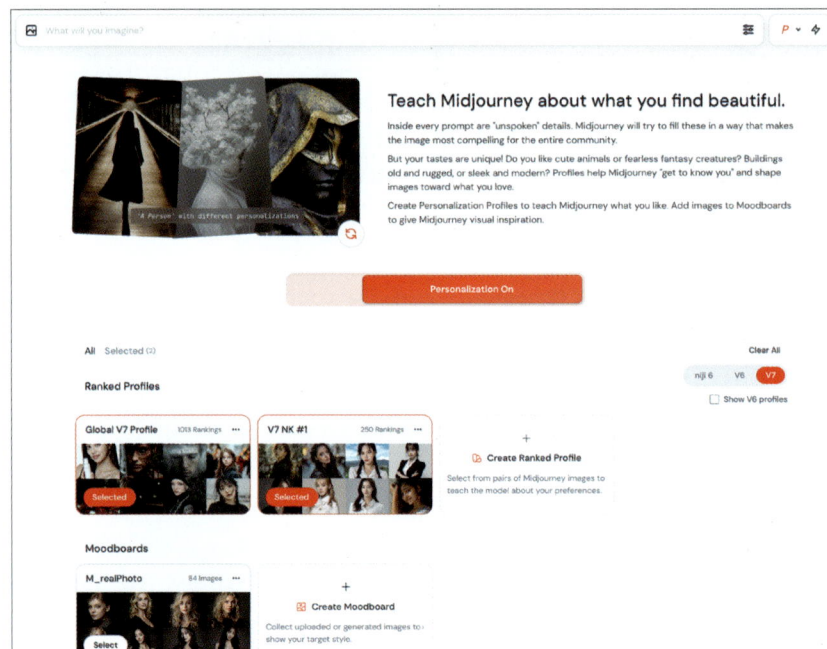

Personalize 메뉴에서

Personalize 메뉴의 Profile / Moodboard 목록에서 원하는 항목을 `Select` 클릭해서 선택하면 `Personalization On`으로 Personalize 기능이 켜지고 선택한 Profile / Moodboard Code를 사용할 수 있습니다.

이때 Personalize 팝업 메뉴에도 선택한 항목이 동기화 됩니다. 주의해야 할 점은 `Personalization On`을 사용해서 개인화 기능을 켜고 끄게 되면 --v 6/ 6.1 /7, --niji 6 의 모든 버전의 개인화 기능이 동시에 켜집니다. 반면, Personalize 팝업 메뉴에 있는 On/Off 스위치는 현재 선택된 버전의 상태를 표시하고 작동 됩니다.

이 두 기능을 함께 사용해 버전별 On/Off 상태가 꼬이는 경우가 있습니다. 특정 버전을 선택했는데 --profile 파라미터가 자동으로 따라 붙어 나올 수 있는데 이때는 해당 버전을 찾아서 개별적으로 꺼 주거나 --profile none 이라고 입력해서 자동으로 따라 붙는 것을 피할 수 있습니다.

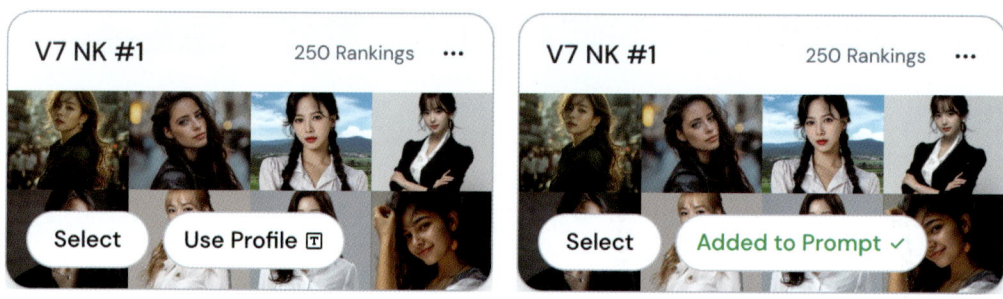

직접 선택

Profile / Moodboard 목록에서 해당 코드에 마우스 오버 시키면 나타나는 `Use Profile` 를 클릭하면 잠시 `Added to Prompt` 버튼이 나타나고 프롬프트 입력창(Imagine Bar)에 아래와 같은 해당 Profile / Moodboard의 코드가 자동 입력됩니다.

프롬프트 입력창(Imagine Bar)에 자동 입력

해당 내용은 클립보드에도 동시에 복사해서 붙여넣기하면 같은 내용이 붙여넣기 됩니다.

b. Profile / Moodboard code 실행

위의 방법으로 Code를 선택 / 입력해서 Prompt를 실행시킨 결과입니다.

Profile / Moodboard code 실행 결과

profile Profile #4의 경우는 실사 위주의 이미지를 선택해서 만들어진 결과가, moodboard Anime 의 경우에는 애니메이션 이미지를 업로드해서 만들어져서 해당 스타일이 잘 반영된 결과가 생성됩니다.

해당 생성 결과물의 Create메뉴에 표시되는 파라미터 표시 부분에 Code의 종류가 Profile / Moodboard 로 나누어서 표시되고 해당 Code의 Title이 표시되는 것을 확인 할 수 있습니다.

파라미터에 종류별로 구분되어 표시

이 경우는 해당 Code의 소유권을 소유하고 있기 때문에 위와 같이 Code를 생성하면서 입력한 Title이 표시됩니다. 다른 사용자의 Code를 실행시킨 경우에는 다음장에 다루어진 Snap shot code 형태로 표시됩니다. Snap shot code의 자세한 설명은 다음 장을 참고하세요.

Moodboard의 경우는 Title 옆에 바로가기 링크는 해당 Moodboard의 이미지 추가/삭제 메뉴로 바로 연결됩니다. 이 바로가기 링크는 Code의 소유권을 가지고 있을 때만 표시됩니다.

c. Snap shot code

이때 해당 파라미터 moodboard Anime를 클릭하면 Code가 프롬프트 입력창에 추가됩니다.

해당 결과물은 --profile m7267680129969553445로 실행시켜 생성된 결과물인데 생성 이후 상태에서 추가하면 --profile 5bem9gi로 표시됩니다. 이때 표시되는 7자리 Code는 Moodboard Anime(moodboard ID : m7267680129969553445)의 Snap shot code 입니다.

이와 같은 이중 코드 체계를 사용하는 이유는 Profile / Moodboard의 변경에 대응하기 위함입니다.

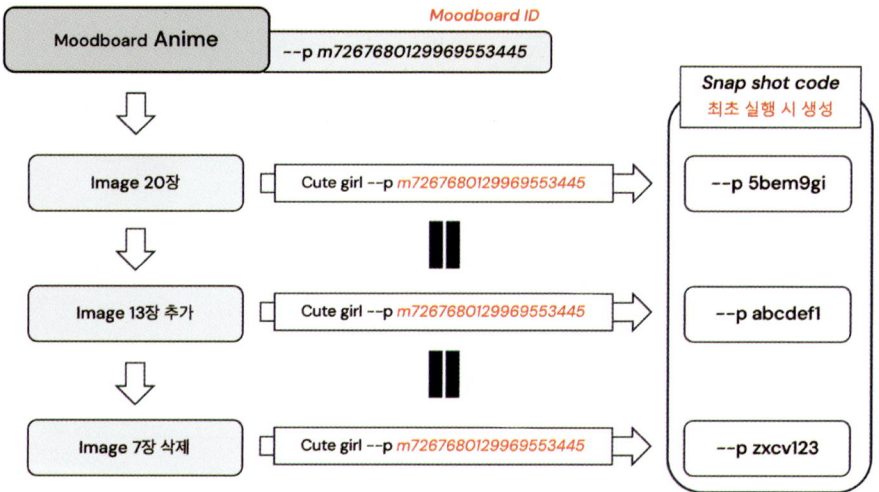

Moodboard ID 와 Snap shot code

Moodboard는 만들어진 후에 이미지를 추가하거나 삭제하는 등 포함된 이미지를 수정할 수 있습니다. 위의 예시의 경우 moodboard Title이 "Anime"인 moodboard를 생성하면 이때 moodboard ID[m7267680129969553445]가 자동 생성됩니다. 이 moodboard ID로 파라미터 --profile을 사용해서 이미지를 최초 생성하는 Prompt가 실행 될 때 Snap shot code[5bem9gi]가 생성됩니다.
이 이후에 moodboard "Anime"의 업로드 된 이미지가 변경이 없다면, --profile m7267680129969553445를 실행하면 생성된 결과물에서 --profile 5bem9gi를 계속 확인 할 수 있습니다.

표와 같이 moodboard의 포함된 이미지의 변경이 생기고 최초 --profile m7267680129969553445 을 실행되면 이때는 현재 moodboard에 포함된 이미지를 반영해서 두번째 Snap shot code[abcdef1]가 만들어집니다. 해당 moodboard가 삭제된다면 --profile m7267680129969553445을 실행시키면 에러가 나지만 이 moodboard ID를 사용해서 생성된 snap shot code (5bem9gi / abcdef1 / zxcv123) 들은 계속 사용이 가능합니다. Profile code의 경우에도 같은 이중 코드 체계가 적용됩니다.

이런 이유로 profile / moodboard Code를 보관 / 공유 할 때는 profile / moodboard ID 형태가 아닌 Snap shot code 형태를 권장합니다.

d. 다양한 Profile / Moodboard Code 사용하기

내가 소유하거나 다른 사용자에게 공유 받은 Profile / Moodboard Code를 사용할 수 있는데 앞 장에서 권장한 Snap shot code 형태가 보다 안정적인 성능을 냅니다.(이후 Snap shot code 형태만을 사용합니다.)

사용하는 방법은 --p CODE 이와 같이 Profile 파라미터 뒤에 코드를 입력하면 됩니다.

--p p1t36s7

--p xpd7lmx

--p viug6ml

--p 8ozaerc

2. 적용 강도 조절

Profile / Moodboard Code 의 적용 강도 조절은 기존에 있는 --stylize Parameter로 조절을 할 수 있습니다.

```
cute girl --v 7 --p 8ozaerc
```

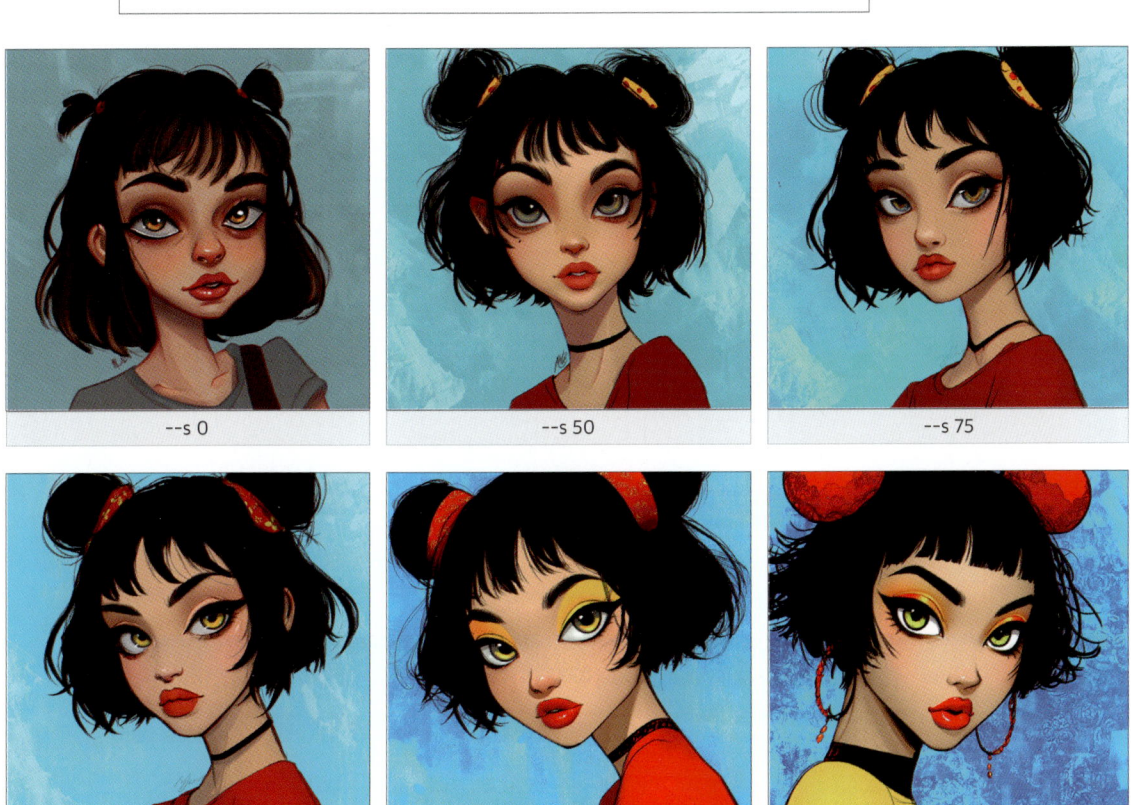

보다 다양한 Code와 사용의 예시는 **미드저니의 고급 활용 1 〉 Well made Profile code List** 편에 자세히 다루고 있습니다.

09. 생성 속도 --relax / --fast / --turbo

1. 메뉴에서 선택

프롬프트 입력창의 오른쪽에 있는 설정 아이콘 을 클릭하면 Parameters 선택 메뉴 중 More Options 메뉴에서 Speed 항목에서 설정할 수 있습니다.

Relax : 느리게 생성. Fast Hour 차감 안됨. Standard / Pro / Mega plan 구독자만 사용 가능
Fast : 빠른 생성. Fast Hour 차감
Turbo : Fast 보다 4배 빠른 생성. Fast Hour는 2배 차감

2. Prompt 입력 시 Text로 입력

More Options 메뉴에서 선택하여 기본값으로 사용할 수도 있지만 프롬프트에 Text로 파라미터를 직접 입력 해서 프롬프트별로 생성 속도를 조절할 수 있습니다.
Text 로 입력한 파라미터 값이 More Options 메뉴에서 설정한 값보다 우선 적용됩니다.

cute cat {--relax, --fast, --turbo}

Relax 모드는 느리지만 Fast hour의 소모없이 이미지가 생성됩니다.
Turbo 모드는 Fast 모드에 비해서 4배 빠른 생성되고 2배 많은 Fast hour가 소비됩니다.

10. Stealth Mode

프롬프트 입력창의 오른쪽에 있는 설정 아이콘 을 클릭하면 Parameters 선택 메뉴 중 More Options 메뉴에서 Stealth 항목에서 설정할 수 있습니다. (Pro Plan 이상 구독자에게만 보입니다.)

11. Style reference --sref

이미지를 첨부하여 첨부된 이미지의 스타일을 참조해 비슷한 스타일의 이미지를 만들어주는 파라미터입니다.

참조 이미지 / 참조 이미지를 Style참조해 생성한 이미지

왼쪽 참조 이미지의 경우 생성 Prompt가 cute cat, oil painting 이고 그 이미지를 참조해 생성한 이미지의 경우 Prompt가 cute dog 으로 기법에 대한 특별한 묘사가 없음에도 불구하고 참조한 이미지의 스타일(기법, 컬러, 분위기 등)과 같은 이미지가 생성되는 것을 볼 수 있습니다.

이렇게 이미지의 스타일을 참조하게 만들어 주는 파라미터가 Style reference (--sref) 입니다.

1. Image로 참조하기

a. 이미지 업로드

첨부된 이미지를 참조해 이미지를 생성하는 기본적인 방법은 우선 이미지를 Image Prompt 첨부와 같은 방식으로 업로드를 하고 Style Reference를 선택해서 참조 첨부 시키면 됩니다.(Image Prompt 예시 참조) 아래와 같은 상태면 Style Reference를 사용해 이미지를 생성할 준비가 끝났습니다.

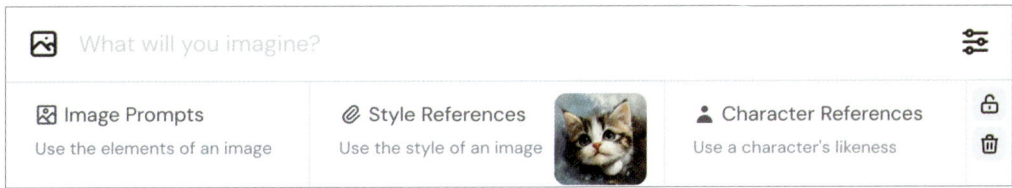

Style References 첨부를 선택해 이미지 첨부

프롬프트를 입력하고 실행을 시키면 참조 이미지의 스타일이 반영된 이미지가 생성됩니다.

Sref 참조 생성 완료

b. 메뉴에서 직접 첨부

이미지 보기(Image View)

이미지 보기 메뉴에서 Creation Actions 에서 Use 행의 Style 버튼을 클릭하면 해당 이미지를 Style Reference 소스로 자동으로 프롬프트 입력 창(Imagine bar)에 첨부 됩니다.

Style 참조 이미지로 바로 보내기 버튼

c. Image URL을 텍스트로 직접 입력

프롬프트 입력 창(Imagine Bar)에 --sref Image URL을 직접 입력하면 자동으로 스타일 참조 이미지로 첨부됩니다.

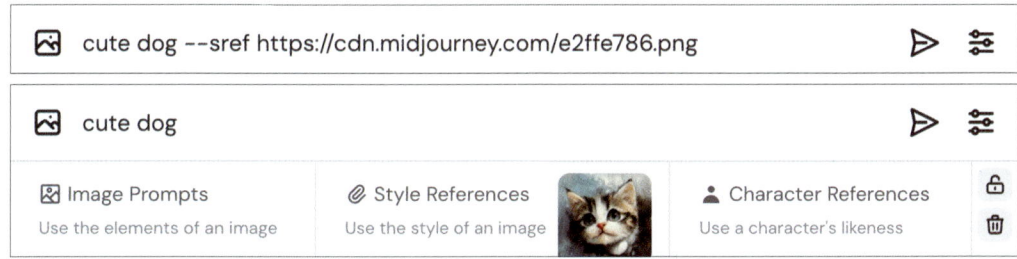

프롬프트 입력 창(Imagine Bar)에 직접 입력 후 자동으로 첨부

--sref 라고 입력하고 Image URL을 붙여넣기 하는 순간 자동으로 참조 이미지로 첨부됩니다.

d. 다중 이미지 참조

스타일 참조 이미지로 두 장 이상의 이미지도 첨부할 수 있습니다.
사용하는 방법은 단순히 이미지 첨부를 여러 번 반복하면 됩니다.
여러 장의 이미지를 참조시키면 내부적으로 스타일이 섞여서 참조해서 이미지를 생성합니다. 최대 장수의 제한은 따로 없지만 3장 이상의 서로 다른 스타일을 첨부해서 참조시키면 예상하는 범위를 벗어나게 됩니다. 우연한 효과를 원하는 것이 아니라면 3장 이하의 사용을 권장합니다.

여러 장의 이미지 Style Reference 첨부

> **Advanced 팁**
>
> 다양한 스타일을 여러 장을 섞을 경우는 예상하는 범위 밖의 결과가 나오지만, 한 가지 스타일의 이미지들을 여러 장 첨부해서 사용하면 Moodboard 보다는 조금 더 잘 참조가 되고 Sref Seed 보다는 조금 덜 참조가 되는 중간 정도의 성능을 얻을 수 있습니다.
>
> 또한, Prompt의 반영 정도도 Sref Seed에 비해서는 잘 반영되는 방법입니다.
> 기본적인 사용법을 완전히 이해한 중급 이상 사용자에게 추천하는 접근 방법 입니다. 단, 반복 작업 시 매번 많은 이미지를 첨부해야 하는 번거로움이 있는데 이럴 때는 Use > Prompt 을 사용하면 한번에 이전 프롬프트에 첨부된 Sref 이미지들을 복사해 사용이 가능합니다.

2. Random Style Reference (Sref Seed)

미드저니가 생성하는 방법을 알고 있는 추상적인 범위에서 스타일을 무작위로 선택하는 방법입니다.

a. 무작위 스타일 선택

--sref random 입력해 실행

위와 같이 프롬프트와 함께 --sref random를 입력해 실행을 시키면 생성이 아래와 같이 완료됩니다.

생성완료

이때 생성 프롬프트 아래 파라미터가 표시된 부분에 보이는 Sref 7208031라고 표시된 부분이 보입니다. 여기에서 무작위로 발생한 7208031을 Sref seed라고 부릅니다.

Style Reference Seed (Sref Seed)	
범위	0 ~ 4294967295 (2^32) 최대값(4294967295) + 1 입력시 0 으로 루핑 됩니다.

이렇게 실행을 여러 번 시키면 그때마다 다양한 스타일의 결과물과 sref seed를 얻을 수 있습니다.

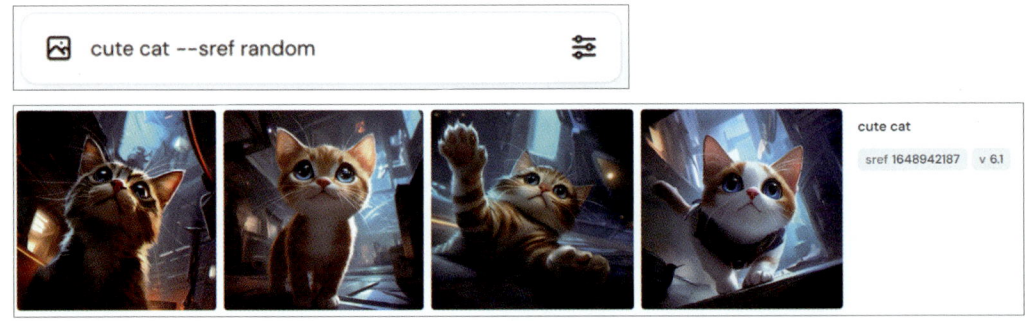

이 Sref seed를 다른 프롬프트에 입력하면 아래와 같은 스타일이 일관된 결과를 얻을 수 있습니다.

Sref Seed 의 보다 자세한 활용 내용은 03.미드저니의 고급 활용 1 > 02.Sref Seed LIST 편에 자세히 다루어져 있습니다.

3. Style reference Weight (--sw)

스타일을 참조하는 정도를 조절하는 sref의 보조 파라미터입니다.

기본값 : 100
범위 : 0 ~ 1000

사용하는 방법은 스타일 참조 파일을 첨부하고 생성 입력 창(Imagine Bar)에 프롬프트 이후에 Text 로 입력해 주어야 합니다.

--sw 입력

참조 이미지

--sw 0의 경우 스타일 참조 기능을 끄는 기능입니다. 따로 입력을 하지 않으면 --sw 100이 기본값으로 적용됩니다. --sw 값이 500이라고 해서 100의 5배를 참조하는 것은 아닙니다.

보다 많은 부분을 참조 하려고 하지만 결과물의 차이가 숫자의 차이 만큼 나는 것이 아니니 이 부분을 오해하면 안됩니다.

--sw 0

--sw 50

--sw 100(기본값)

--sw 500

12. Character Reference --cref

기존 캐릭터 이미지를 첨부해서 이를 참조해서 다양한 상황에 있는 같은 캐릭터를 생성할 수 있게 하는 파라미터 입니다.

P : cute girl, simple background --niji 6 --ar 3:4

참조 이미지

P : cute girl in the park --niji 6 --ar 3:4

참조 이미지를 참조해 생성한 이미지

왼쪽 이미지를 cref 로 참조해서 같은 소녀가 공원에 있는 이미지를 만들어냈습니다.

1. Cref 참조 이미지 첨부

첨부된 이미지를 참조해 이미지를 생성하는 기본적인 방법은 우선 이미지를 Image Prompt 첨부와 같은 방식으로 업로드를 하고 Character Reference를 선택해서 참조 첨부하면 됩니다. (Image Prompt 예시 참조) 아래와 같은 상태면 Character Reference를 사용해 이미지를 생성할 준비가 끝났습니다.

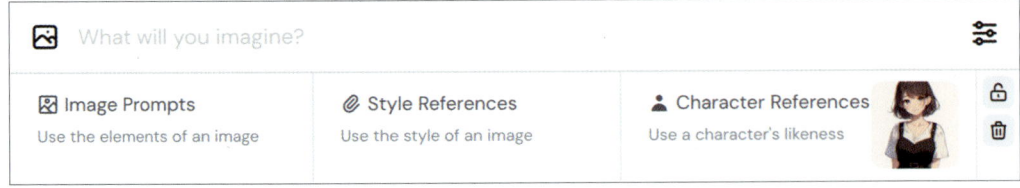

참조 이미지

다양한 배경의 프롬프트를 입력해 실행 시키면 캐릭터를 참조한 비슷한 캐릭터의 배경이 다른 이미지들이 생성됩니다.

2. Image URL을 텍스트로 직접 입력

프롬프트 입력 창(Imagine Bar)에 --cref Image URL을 직접 입력하면 자동으로 캐릭터 참조 이미지로 첨부됩니다.

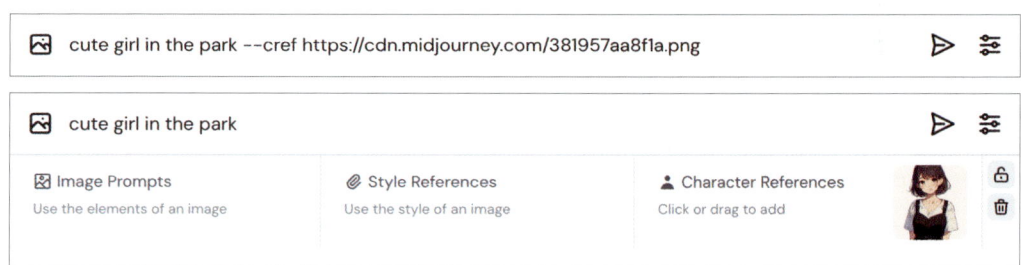

프롬프트 입력 창(Imagine Bar)에 직접 입력 후 자동으로 첨부

--cref 라고 입력하고 Image URL을 붙여넣는 순간 자동으로 캐릭터 참조 이미지로 첨부됩니다.

3. 다중 이미지 참조

캐릭터 참조 이미지로 두 장 이상의 이미지도 첨부할 수 있습니다.

사용하는 방법은 단순히 이미지 첨부를 여러 번 반복하면 됩니다.

여러 장의 이미지를 참조 시키면 내부적으로 캐릭터가 섞여서 참조해서 이미지를 생성합니다. 한개의 여러가지 표정이 들어간 캐릭터 쉬트 형태를 첨부하면 조금 더 효과가 있다고 주장도 있기는 하지만 그 보다는 여러 각도의 이미지를 각각 첨부하는 것이 한 방향의 이미지를 첨부하는 것에 비해서 조금 더 안정적인 생성이 이루어 집니다.

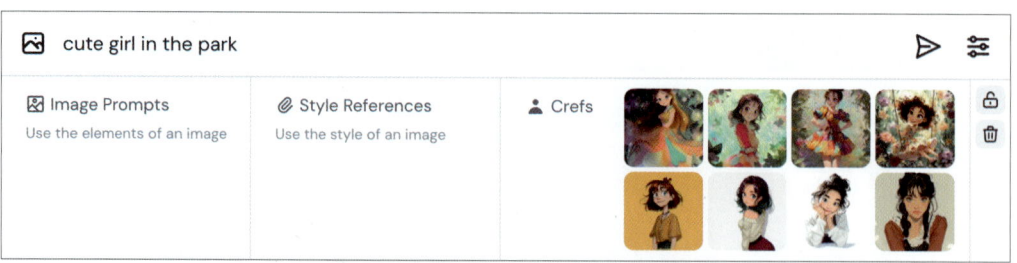

여러 장의 이미지 Character Reference 첨부

4. Character Reference Weight (--cw)

캐릭터를 참조하는 정도를 조절하는 cref 의 보조 파라미터입니다.

> **기본값** : 100
> **범위** : 0 ~ 100

사용하는 방법은 캐릭터 참조 파일을 첨부하고 프롬프트 입력 창(Imagine Bar)에 프롬프트 이후에 Text로 입력해 주어야 합니다.

--cw 입력

따로 입력을 하지 않으면 --cw 100이 기본값으로 적용됩니다.

--cw 0의 경우 cref 기능을 끄는 것이 아니고 얼굴만 참조합니다.

--cw 100의 경우 얼굴, 헤어, 의상, 악세서리 등을 모두 비슷하게 만들어 줍니다.

이런 특징 때문에 캐릭터의 얼굴은 유지하고 의상, 헤어 스타일 등을 변경할 때는 낮은 cw 값을 사용해야 변경해서 입력한 내용이 반영됩니다.

보다 자세한 사용의 예시는 03.미드저니의 고급 활용 1 > 04.Profile code + Sref seed Blend Sheet 편에 자세히 다루어져 있습니다.

참조 이미지

--cw 0

참조 --cw 30

--cw 70

--cw 100(기본값)

13. Quality --q (or --quality)

이미지 생성에 소요되는 시간이 변경됩니다. Fast hour을 적게 사용하고 이미지를 생성할 수 있습니다. 이 설정은 해상도에 영향을 주지 않습니다.

V6.1은 --quality 가 2까지 사용 가능합니다. 25%정도의 Fast hour가 더 소모되며 25%정도의 품질 향상이 있습니다. 복잡한 디테일의 배경의 경우 사용이 효과적이지만 단일 피사체의 이미지에는 큰 차이가 없습니다.

flowers --q 수치입력

V 5.x , V 6, Niji 5, 6 : 0.25 / 0.5 / 1
V 6.1 : 0.5 / 1 / 2
V 7 : 지원 안 함(Draft mode로 0.25를 대신)

flowers --v 6

--q 0.25
4배 빠름

--q 0.5
2배 빠름

--q 1

rose and lily --v 6.1

--q 0.5
2배 빠름

--q 1

--q 2
25% 느림

14. No --no

생성 이미지 요소 중에 제외하고 싶은 요소를 추가하면 이미지에서 해당 요소가 제외됩니다.
단, 완전히 제거 되지는 않습니다. 보다 강력하게 요소를 제거하고 싶다면 Multi Prompt의 Negative Prompt weight를 사용해야 합니다. 자세한 설명은 Multi prompt 편에 Negative Prompt Weight 부분을 참고해 주세요.

15. Seed --seed

미드저니는 같은 Prompt를 실행하더라도 매번 다른 이미지를 생성합니다. 그 이유는 이미지 생성 프로세스의 시작점인 Seed 번호를 랜덤으로 발생시켜 이미지를 생성하기 때문입니다.
이 Seed 번호는 무작위로 생성되지만 --seed를 이용하여 지정할 수 있습니다.

1. --seed는 0 - 4294967295 정수를 허용합니다.
2. --seed 값은 초기 이미지 그리드에만 영향을 줍니다.
3. 동일한 프롬프트를 사용 시
   A. 모델 버전 1, 2, 3, test 및 testp를 사용하는 동일한 --seed 값은 구도, 색상 및 세부 사항이 유사한 이미지를 생성합니다.
   B. 모델 버전 4, 5, 6, 7 및 niji를 사용하는 동일한 --seed 값은 거의 동일한 이미지를 생성합니다.
4. seed 값은 고정되어 있지 않으므로 세션 간에 일관성을 유지되지 않습니다.

생성된 이미지의 seed 번호는 아래 메뉴에서 확인 할 수 있습니다.

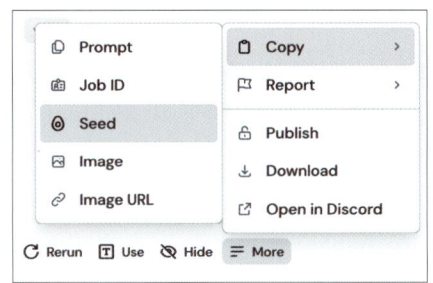

결과물 리스트(Image List)

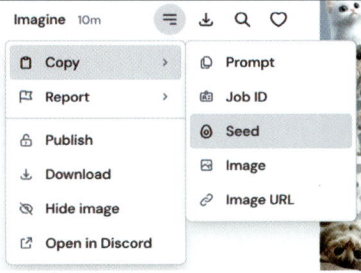

결과물 보기(Image View)

한 번에 생성된 4장의 이미지의 Seed 번호는 모두 같습니다.

> { a cup of coffee, two cups of coffee} , abstract, white background --seed 2661997326

seed를 일치시켜 입력해서 이미지를 생성하면 비슷한 분위기의 이미지가 나옵니다. 캐릭터나 인물의 경우 얼굴이 같은 것으로 유지되는 것은 아닙니다. 생성 이미지의 전체적인 분위기가 비슷해 집니다.

a cup of coffee, abstract, white background
--seed 2661997326

two cups of coffee, abstract, white background
--seed 2661997326

16. 사방 연쇄 무늬 --tile

패턴 이미지를 만들어 줍니다. 생성된 이미지는 좌우와 상하가 연결되는 이미지로 생성됩니다. 패턴의 품질을 올리고 싶다면 실사 이미지보다는 벡터 일러스트 스타일을 권장하지만 V6 이후 해당 기능의 성능이 큰 폭으로 향상되어 실사 이미지도 어느 정도는 생성되는 편입니다.

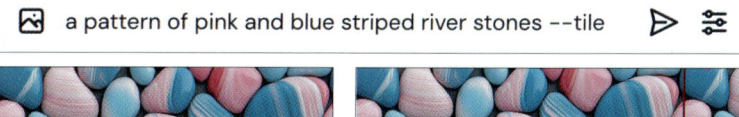

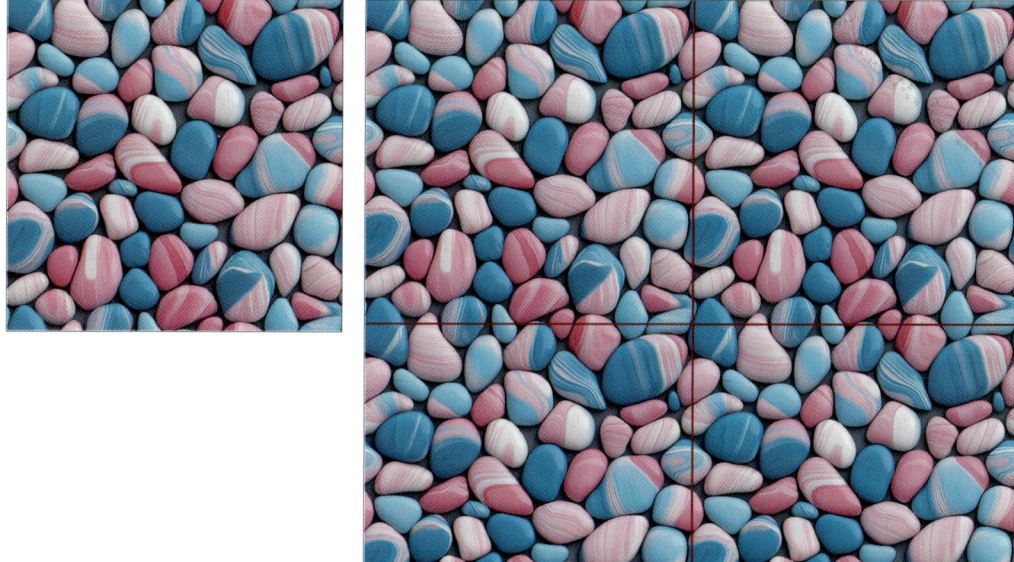

17. 반복 실행 --r (or --repeat)

Prompt를 반복해 실행합니다.
같은 Prompt로 다양한 이미지를 생성이 필요할 때를 위한 자동화 기능입니다.
--r [반복횟수]로 사용하는데 이 반복 횟수는 구독하고 있는 Plan에 따라서 제한이 있습니다.

Basic plan	2~4
Standard plan	2~10
Pro와 Mega plan	2~40

03
미드저니 V7의 주요 기능

2025년 4월 4일에 공개된 미드저니 V7의 가장 눈에 띠는 개선점은 이미지 품질이 큰 폭으로 개선된 점입니다. 이미지의 표현력이 크게 향상되었고 모든 종류 이미지에서 신체, 손, 물체의 디테일이 훨씬 더 일관성 있게 표현됩니다.

또한 프롬프트에 대한 이해도가 높아져서 실재하지 않는 창의적이고 독특한 표현들까지 민감하게 반응합니다. 이제는 "느낌적인 느낌"의 프롬프트까지 표현이 잘 됩니다.

V7은 이전버전 보다 더 많은 주제와 세부사항을 정확하게 처리할 수 있습니다.
한 이미지 안에서 5개의 주제(Subject – 이미지에 등장하는 피사체)에 관해서 무리 없이 표현이 가능하고 이 주제들(Subject)에 대한 20개 이상의 세부사항(Detail)이 처리 가능합니다.

그 외에도 V7은 개인화(Personalization) 기능을 기본 사용으로 채택한 첫 모델입니다. V7을 제대로 사용하려면 꼭 Global V7 Profile 생성을 위한 200개이상의 Image Ranking을 실행하는 것을 추천합니다. Image Ranking에 관한 내용은 01.미드저니 시작하기 > 03. 생성환경 > 05. Personalize에 자세히 다루어져 있습니다.

그외에도 다국어 Prompt 지원, Draft mode, 대화형(LLM) mode, 하위 버전의 Sref Seed 및 Profile Code지원 등이 있습니다. 각 기능들의 자세한 내용은 이후에 다루어져 있습니다.

이 책은 미드저니 V7 버전을 기준으로 작성되었습니다. (2025년 4월 18일 기준)
책을 읽고 있는 시점에는 변경이 있을 수 있으니, 정확한 내용은 공식 사이트의 문서를 참고해 주세요.

미드저니 공식 문서 : https://docs.midjourney.com/hc/en-us/articles/32199405667853-Version

다음은 미드저니의 버전 별 기능 호환성을 비교한 표입니다.

	Version 6	Version 7
최대 가로세로 비율	any	any
Variations	Strong & Subtle	Strong & Subtle
Upscalers	Subtle & Creative	V6.1 Upscalers 사용
Pan	✓	✓
Zoom Out	✓	✓ V6.1 Zoom 사용
Remix	✓	✓
Personalization (ranking)	✓	✓
Personalization (moodboards)	✓	✓
Editor	✓	✓ V6.1 Inpainting 사용
Full Editor	✓	✓
Character Reference	✓	⊘
Character Reference Weight	✓	⊘
Style Reference	✓	✓
Random Style Reference	✓	✓ (V6.1 스타일과 차이)
Style Reference Weight	✓	✓
Image Prompts	✓	✓
Image Weight	✓	✓
Multi-Prompting	✓	⊘
No Parameter	✓	✓
Quality Parameter	✓ (0.5, 1, 2)	⊘
Repeat Parameter	✓	✓
Permutations	✓	✓
Seed Parameter	✓	✓
Stop Parameter	✓	⊘
Chaos Parameter	✓	✓
Raw Mode / Style Raw	✓ (--style raw)	✓ (--raw)
Stylize Parameter	✓ (0~1000)	✓ (0~1000)
Tile Parameter	✓	✓
Weird Parameter	✓	✓
Niji Version	✓ (--niji 6)	⊘
Relax Mode	✓	✓
Fast Mode	✓	⊘
Turbo Mode	✓	✓

01. 다국어 Prompt 지원

01. 다국어 지원

V7 업데이트 후 공식적인 언급은 없었지만, Prompt에 한국어를 포함한 다국어가 지원됩니다. 이전 Niji-Journey 사이트에도 한국어/일본어/중국어가 지원됐었지만, 이는 입력된 내용을 번역기로 처리해서 최종적으로 Prompt는 영어가 입력됐던 것과는 비교되는 내용입니다.

영어
cute girl

한글
귀여운 소녀

일본어
かわいい女の子

한글과 일본어 뿐만 아니라 다양한 나라의 언어들을 지원합니다.

독일어
Niedliches Madchen

프랑스어
Jolie fille

아랍어
فتاة لطيفة

02. 영어와 혼용하기

프롬프트를 사용하다 보면 기존에 사용하던 용어를 한글로 바꿔서 사용하려면 적당한 단어가 없거나 의미를 정확하게 하려고 내용이 길어지는 경우가 있는데 이럴 때는 기존에 사용하던 영어 Prompt와 한글을 섞어서 사용할 수도 있습니다.

귀여운 고양이, photo style, white background

귀여운 고양이, anime style, white background

단어로 사용하는 것 뿐만 아니라 문장에서도 한글과 영어를 섞어서 사용이 가능합니다.

A professional photo of 배우

A professional photo of 여배우

03. 언어의 뉘앙스

이렇게 다국어 Prompt를 입력하면 단어의 뜻 이상의 언어적 뉘앙스가 반영됩니다.

아래의 예시를 보면 단순한 단어의 뜻을 번역해 생성하는 것을 넘어서 그 언어가 가지고 있는 국가별 뉘앙스까지 반영되는 것을 확인할 수 있습니다.

Cute girl in the street, photo   길거리의 귀여운 소녀, 사진   道端のかわいい女の子、写真

단, 위와 같이 프롬프트 전체를 다국어로 작성했을 때는 배경의 시대나 분위기까지 언어적 뉘앙스에 영향을 받는 것을 확인 할 수 있습니다. 영어는 비교적 현대적인 이미지가, 한글과 일본어의 경우는 10년 정도 전의 과거 스타일의 이미지가 생성됩니다. 예시에서 Cute girl과 귀여운 소녀, かわいい女の子가 가지고 있는 뉘앙스의 영향이라기 보다는 Street, 길거리, 道端의 영향까지 함께 작용해서 나타내는 시점이 과거로 나온다고 볼 수 있습니다. 이런 경우에는 연도나 2020s(2020년대)식으로 시간대를 프롬프트에 추가해 주면 시점 문제를 피할 수 있습니다.

또는 아래의 예시와 같이 문장에서 영어와 함께 사용하면 언어의 뉘앙스가 시점에 영향을 주는 것을 피할 수 있습니다.

영어
A professional photo of Beautiful actress

한국어
A professional photo of 아름다운 여배우

일본어
A professional photo of 美しい女優

이러한 점을 활용해서 아래와 같이 국가별 의상이 들어간 이미지를 만들 때는 해당 국가의 언어로 Prompt를 작성하는 것이 좀 더 좋은 결과물을 생성할 수 있습니다.

한국어
A professional photo of
한복을 입고 있는 여배우

일본어
A professional photo of
着物姿の女優さん
[기모노를 입고 있는 여배우]

중국어
A professional photo of
身着旗袍的女演
[치파오를 입고 있는 여배우]

예시처럼 단순 의미 이상의 뉘앙스가 반영된다는 점 때문에 영어로 사용할 때와 다국어를 사용하는 경우를 비교해 보면 정확한 의미로 생성을 컨트롤 할 때는 영어가 유리한 경우가 많습니다.

Midjourney에서는 이런 부분을 'unspoken details'이라고 하는데, 다국어를 사용하는 것이 단순히 번역기 이상의 결과물을 만들어낸다는 점을 인지하고 사용한다면, 좀 더 쉽게 풍부한 디테일을 표현할 수 있을 것입니다. 단, 이런 부분을 정확히 인지하고 사용하려면 기준이 되는 영어 Prompt의 결과물에 대한 정확한 파악이 우선 필요한 만큼 초기에는 영어 Prompt 사용을 권장합니다.

04. Hex Color Code

다국어를 넘어서 그래픽 프로그램에서 사용하는 Hex Color Code도 어느 정도는 반영됩니다.

단, 이 경우 그래픽 프로그램 에서처럼 정확한 컬러 코드가 작동하는 것은 아닙니다. 또한, 복잡한 컬러 코드의 경우에는 작동하지 않는 경우가 종종 있으니 주의가 필요합니다.

귀여운 고양이, anime style,
#FF0000 background

귀여운 고양이, anime style,
#FFFF00 background

02. 대화형(LLM) mode - Conversational (LLM) mode

V7의 Draft mode와 함께 도입된 대화형(LLM) mode는 OpeaAI의 ChatGPT나 Google의 Gemini와 비슷한 LLM(Large Language Model)모델이 도입되어 이 LLM과 대화하면서 프롬프트를 작성하는 프롬프트 작성 보조 도구입니다.

이 LLM을 앞으로 Midjourney LLM 이라고 부르겠습니다.
Midjourney LLM과의 대화는 문자(Text)입력 뿐만 아니라 음성(Voice)입력도 가능한 Voice mode도 함께 지원합니다.

01. Mode 활성화하기

Prompt Bar에 있는 버튼을 누르면 대화형(LLM) mode가 켜집니다. 대화형(LLM) mode를 켜면 음성(Voice) mode를 켤 수 있는 버튼이 나타납니다. 음성(Voice) mode의 경우는 프롬프트 입력 창(Imagine Bar)에 문자(Text)로 입력하는 대신에 음성(Voice)입력하는 차이가 있고 생성은 Draft mode로만 생성이 가능합니다.

대화형(LLM) mode ON

음성(Voice) mode ON

대화형(LLM) mode가 켜지면 프롬프트 입력 창(Imagine Bar)은 이미지 첨부와 파라미터를 사용할 수 없고 Midjourney LLM에게 명령을 내리는 문자(Text)입력만 가능합니다.

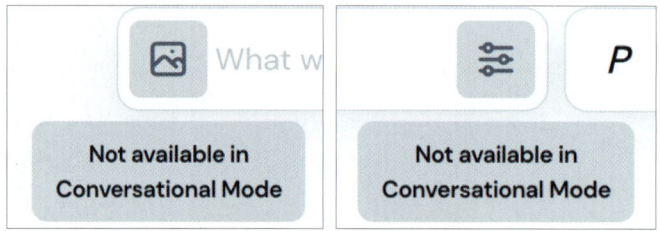

대화형(LLM) mode 활성화시 프롬프트 입력 창(Imagine Bar)

대화형(LLM) mode를 켜고 위와 같이 프롬프트를 입력하면 잠시 후에 아래와 같은 결과물을 생성되는 것을 확인 할 수 있습니다.

대화형(LLM) mode 가 만들어 낸 결과물

입력 프롬프트는 간단했는데 이 프롬프트 기초로 Midjourney LLM이 디테일한 묘사를 추가해서 프롬프트를 생성해서 그 프롬프트가 실행된 것을 확인 할 수 있습니다.

입력 프롬프트	대화형(LLM) mode가 생성한 프롬프트
Cute girl	cute girl, anime style, big expressive eyes, soft pastel colors, whimsical background, playful mood

이 상태에서 아래와 같이 지시를 입력하면,

대화형(LLM) mode에 지시

아래와 같이 지시가 프롬프트에 반영돼 다시 이미지가 생성됩니다.

지시가 반영된 결과물

기존 프롬프트	지시가 반영된 프롬프트
cute girl, anime style, big expressive eyes, soft pastel colors, **whimsical background,** playful mood	cute girl, anime style, big expressive eyes, soft pastel colors, **white background,** playful mood

프롬프트를 살펴보면 기존 프롬프트에 whimsical background 부분이 배경을 흰색으로 만들라는 지시(Make background white)를 반영해서 white background로 변경된 것을 확인할 수 있습니다. 처음에 입력한 cute girl의 경우도 Midjourney LLM에 cute girl을 포함해서 어울리는 분위기의 프롬프트를 생성해라 라는 지시가 포함되어 있습니다.

Midjourney LLM은 최초 입력 시는 입력된 내용을 기초로 프롬프트를 생성하는 것이고, 이후에는 바로 직전에 만든 프롬프트를 대상으로 프롬프트를 수정하는 작업을 시행합니다.

Midjourney LLM에 지시는 아래와 같이 한글을 사용할 수 있고 프롬프트에 관한 내용을 넘어서 파라미터의 변경을 지시할 수도 있습니다.

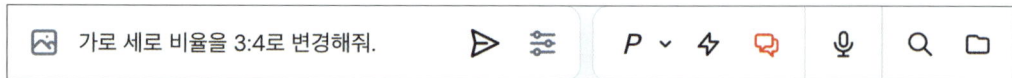

대화형(LLM) mode에 한글로 파라미터 변경 지시

한글로 파라미터 변경을 지시하면 아래와 같이 가로세로 비율이 3:4로 변경된 결과물을 확인할 수 있습니다.

가로세로 비율이 3:4로 변경 된 결과물

파라미터의 변경 뿐만 아니라 Vary, Upsacle, Enhance 등의 Creation Action도 지시가 가능합니다. 이런 지시를 할 때 이미지의 지칭은 #1 ~ #4로 하시면 됩니다.

대화형(LLM) mode에 한글로 파라미터 변경 지시

Vary(Strong)이 실행된 결과물

요약하면 대화형(LLM) mode는 Midjourney LLM에게 지시를 해서 프롬프트를 생성,변경하면서 원하는 결과물의 프롬프트를 완성해 가는 프롬프트 제작 보조 도구입니다.

Midjourney LLM이 지시를 받아서 프롬프트를 변경해 이미지 생성을 다시 실행하기 때문에 중간 결과물의 이미지 간에는 연속성이나 연관성이 존재하지 않습니다. 이미지가 아닌 생성, 변경되는 프롬프트에 집중해서 사용하시길 바랍니다.

대화형(LLM) mode와 빠른 이미지 생성이 가능한 Draft mode와 함께 사용을 하면 빠르게 중간 결과물을 생성해 초안을 확인하고 추가적인 프롬프트 수정 지시를 Midjourney LLM에 해서 원하는 프롬프트를 빠르게 완성할 수 있습니다.

02. Prompt 작성 스타일 지시

만약 특정한 표현, 문장 형식, 스타일을 사용할 때마다 만족스러운 결과가 나온다는 것을 발견했다면, Midjourney LLM에게 이를 명시적으로 요청하여 활용할 수 있습니다.

아래의 예시뿐만 아니라 보다 더 다양한 시도가 가능하다는 점을 기억하세요.
Midjourney LLM에는 한글로 명령을 하셔도 됩니다.

Prompt 스타일 지시 예시	
Describe this like a film still.	마치 영화 속 한 장면처럼 묘사해줘.
Write it like a fashion editorial.	패션 잡지 화보 스타일로 작성해줘.
Structure the prompt like a product photo.	제품 사진을 찍는 것처럼 구조화해줘.
Describe it like a scene from a horror movie.	공포 영화의 한 장면처럼 묘사해줘.
Use technical art terms like chiaroscuro and bokeh.	키아로스쿠로(명암대비), 보케(bokeh) 같은 미술 전문 용어를 사용해줘.
Make it sound like a surreal dream.	초현실적인 꿈처럼 표현해줘.
Write the prompt in the style of a sci-fi novel.	SF 소설의 한 장면 같은 스타일로 프롬프트를 써줘.
Describe everything from a bird's-eye view.	모든 것을 하늘에서 내려다보는 시점으로 묘사해줘.
Make it feel cinematic and high contrast.	영화적이면서 강한 명암 대비를 느끼게 해줘.
Use plain, direct language - no fluff.	불필요한 꾸밈없이 평범하고 직설적인 표현만 써줘.
Focus on lighting and composition details.	조명과 구도 디테일에 집중해줘.
Pretend this is for a museum catalog.	박물관 카탈로그를 위한 글처럼 작성해줘.
Write it like a photographer givinginstructions.	사진작가가 촬영 지시를 내리는 방식으로 써줘.
Use short, punchy fragments like a moodboard.	무드보드처럼 짧고 강렬한 단어로 구성해줘.

이 지시는 Midjourney LLM이 Prompt를 작성하는 스타일을 지시하는 것입니다.
이런 스타일의 Prompt로 생성되는 결과물 이미지와의 지시한 스타일과는 직접적인 관계는 없다는 점을 주의하세요.

03. Sref Seed 호환성

공식 Midjourney V7 업데이트 사항의 설명에 따르면 Sref Seed의 결과물이 V6.1 스타일과 차이가 난다고 공지되어 있지만, 그 차이가 완전히 다른 스타일이라기보다는 기본적인 스타일은 동일하게 유지되는데 V7의 표현력이 향상되어 더 깊이감이 있는 결과물을 만들어 냅니다.

01. Artwork

2. Comics

Artwork과 Comics 스타일의 각 버전별 Sref Seed 비교를 보면, V7에서 Sref Seed의 특징이 V6.1과 Niji 6의 중간쯤으로 나타나는 것을 확인할 수 있습니다. 기본적인 Sref Seed의 특징인 Key Color와 그림 스타일은 유지가 되고 표현의 깊이의 차이가 나는 정도로 이해하시면 좋을 것 같습니다.

이와 같은 특징을 응용해서 Sref Seed를 버전별로 다양하게 사용하면 비슷한 스타일의 다양한 표현을 사용할 수 있습니다.

04. Profile Code 호환성

기본적으로 V6.x/7 과 Niji Profile Code는 서로 호환이 되지 않습니다.
V6.1에서 생성된 Profile Code는 V7에서 작동이 됩니다. 하지만 V7에서 생성된 Profile Code의 경우는 V6.1에서는 작동하지 않습니다.

01. V6.1 Profile Code

Profile Code만으로는 생성 버전을 확인 할 수 없습니다. 버전에 안 맞는 Profile Code를 입력했을 때 발생하는 에러에 안내되는 내용으로 확인하는 방법이 현재까지는 유일한 확인 방법입니다.

아래와 같이 인물 실사가 잘 나오는 Profile Code로 생성한 이미지를 비교해 보면,
동일한 Profile Code라도 V7에서 보다 깊이감과 디테일이 풍성한 결과물을 얻을 수 있습니다.

Prompt : cute girl --ar 3:4 --style raw --profile hpbsn8d --stylize 250

--v 6.1

--v 7

Prompt : cute girl --ar 3:4 --style raw --profile 1u6n3gw --stylize 250

--v 6.1

--v 7

미드저니의 고급 활용 1 〉 Well made Profile code LIST 장에서 다루고 있는 Profile Code를 --v 7 에서 사용한 예시입니다.

Prompt : A professional photo of 여배우 --ar 3:4 --raw --stylize 250 --v 7

--profile nskheu3

--profile c24ozlb

Profile Code는 생성시 이미지를 선택(Image Ranking)하는 개수가 많으면 많을수록 일관성이 높아집니다. 이 책에서 제공해 드리고 있는 Profile Code는 초기에 2,000개 이상(Level 5 이상)의 일관된 선택으로 만들진 Code들입니다. 이런 코드와 V7의 깊이감을 더하면 보다 훌륭한 결과물을 쉽게 만들 수 있습니다.

Profile Code는 생성 모델 버전이 높다고 품질이 올라가는 것이 아닌 이미지의 선택(Image Ranking)의 숫자에 따라 품질이 올라간다는 점을 기억하셔야 합니다.

03
미드저니의 고급 활용 1

01. Well made Profile code LIST

02. Sref Seed LIST

03. Blend(블렌드)의 고급 활용

04. Profile code + Sref Seed Blend Sheet

05. Describe의 고급 활용

01
Well made Profile code LIST

Profile code는 개인이 Image Rank를 좀 많이 선택해서 보다 확실한 취향을 만들 수 있습니다.
이 기능을 만들어진 목적 중 하나가 나의 스타일을 다른 사람과 공유하고 같이 사용할 수 있게 하기 위함이 있습니다. 그래서 온라인에 Profile code를 공유하고 Code의 특색에 관해 토론을 하곤 하는데 이렇게 공유된 Profile code 중에서 간혹 어마어마한 성능의 Code 들이 있습니다.

이러한 Code를 Well Made Profile code라고 부르는데 그런 Code 중에서 다시 한번 엄선한 코드를 소개합니다. Profile code는 모델 버전(V 6.x, Niji)이 다르면 호환이 안됩니다. 또한 V6.x 에서 만들어진 code는 V7에서 작동하지만 V7에서 만들어진 code들은 V 6.x에서는 작동하지 않습니다. 아래에 소개되는 code들은 최신 버전인 V7에서 테스트를 마친 code 들입니다.

01. 미드저니 버전 V 6.x / V 7

01. 실사

사진 같은 실사 인물이 잘 만들어지는 Code도 있는데 이 실사 Code의 경우에는 다른 종류의 이미지(Artwork, Comics style)에서는 품질이 떨어지는 경향이 있습니다.

Prompt : cute girl --ar 3:4 --s 250 --p (코드)

hpbsn8d

5z8oomw

1u6n3gw

01. Well made profile code List

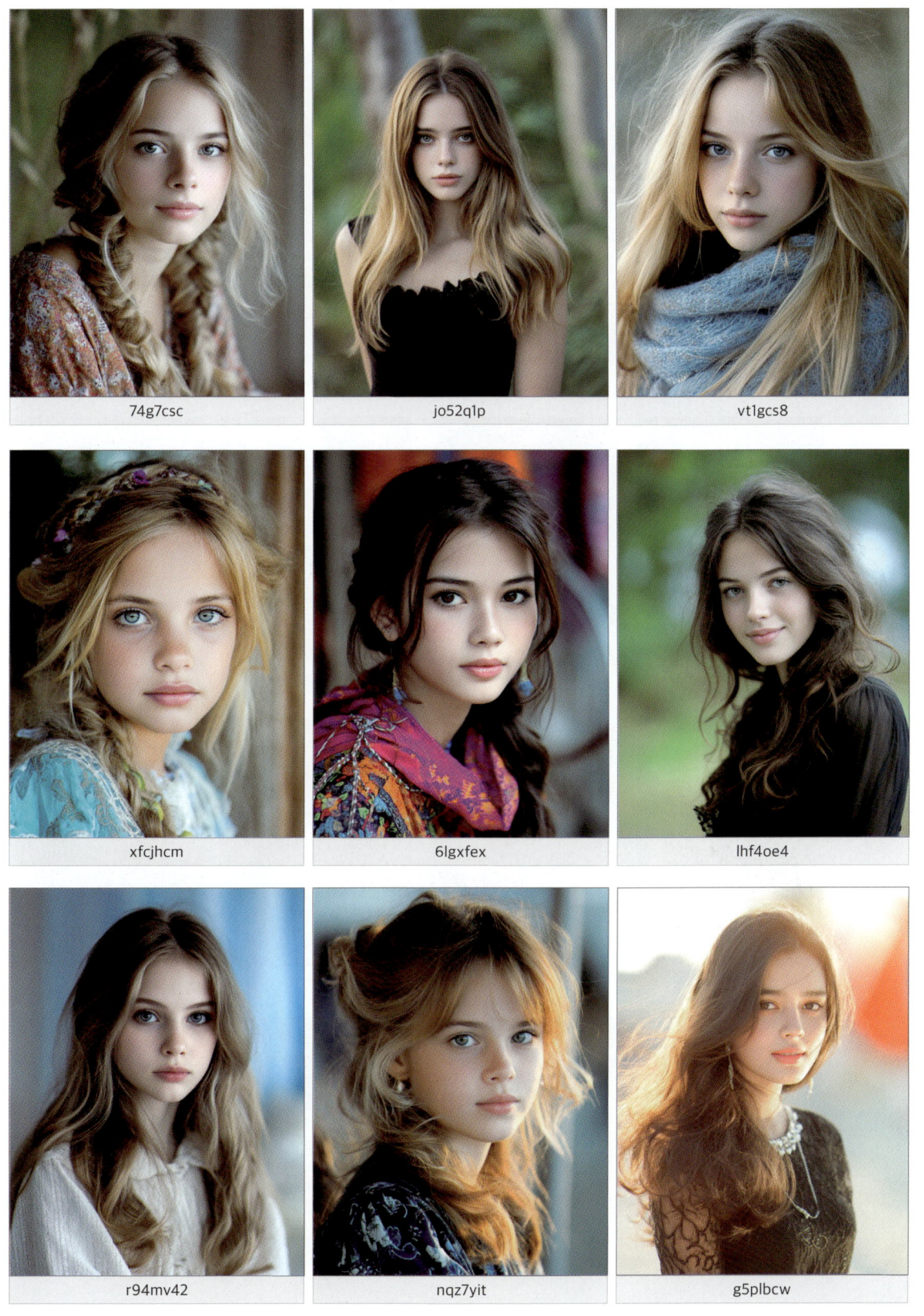

02. 범용

02. Niji 6

cute girl --ar 3:4 --s 250 --niji 6 --p (코드)

2o8as5g

svw4ese

ynmstuv

1syb3ew

k26f8p1

mn26ovx

lpttu5i

xhmbtpq

upbnrs2

d39rbe7

ee27uib

7zm6x3y

hjrx3gl

f3vz3e2

7znsav4

qa9r3rr

02
Sref Seed List

Sref Seed가 강력한 스타일 유지 기능이 있지만, Sref Seed를 찾는 방법이 --sref random 으로 입력해서 무작위로 생성하는 방법 밖에 없어서 Sref Seed를 잘 활용을 못하는 경우가 많습니다.

굉장히 많은 Sref Seed를 확인하고 이것들 중에서 범용적으로 사용하기 좋은 스타일의 Sref Seed를 엄선하고 엄선해서 리스트로 제공해 드립니다. 특징이 더 확실히 들어날 수 있도록 Comics와 Sci-fi는 Niji 모델로 생성했고 Artwork과 실사 이미지는 V 6.1로 생성하였습니다.
Sref Seed는 하나의 Sref Seed가 V / Niji에서 모두 작동하며 비슷한 스타일이 나옵니다.

01. 실사 이미지

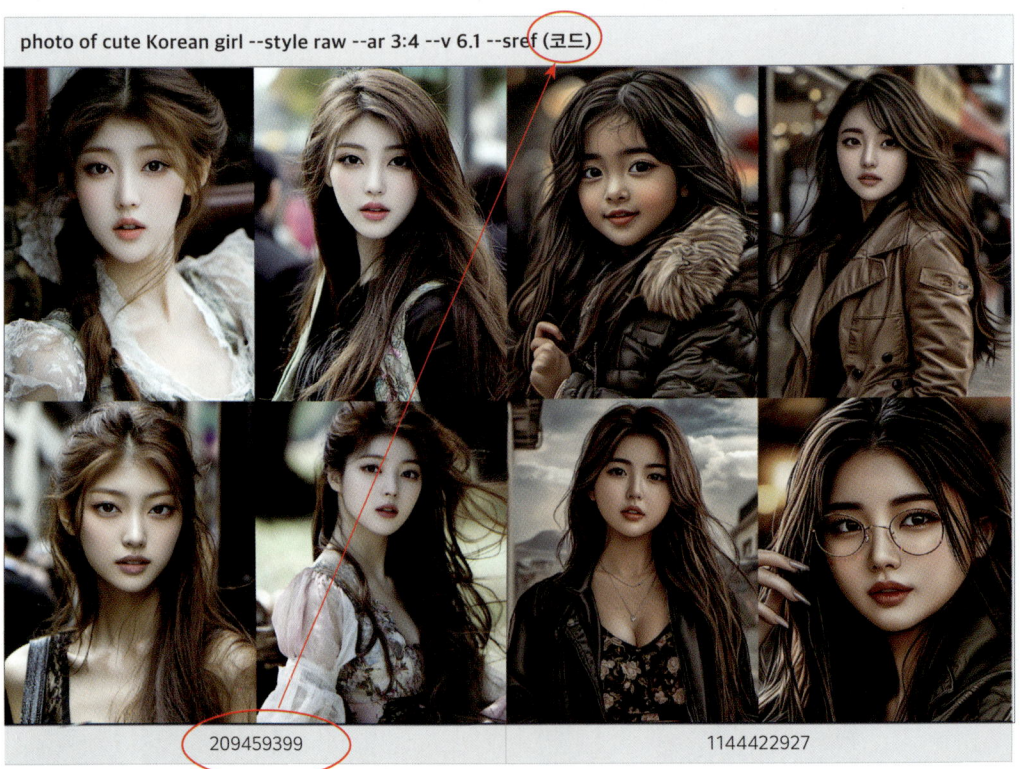

02. Sref Seed List

877391771

4286803358

481897233

314037555

1645375976　　　　　　　　1277433091

812094251　　　　　　　　1656113943

02. Sref Seed List

2744887562　　　　　　　1152248941

315527612　　　　　　　2623968843

02. Artwork

02. Sref Seed List

3322450374   398528778

598546812   2285418739

195

319522266　　　530543143

3408475688　　　1646708777

02. Sref Seed List

3670347542

2997431544

140243932

3724805071

03. Comics

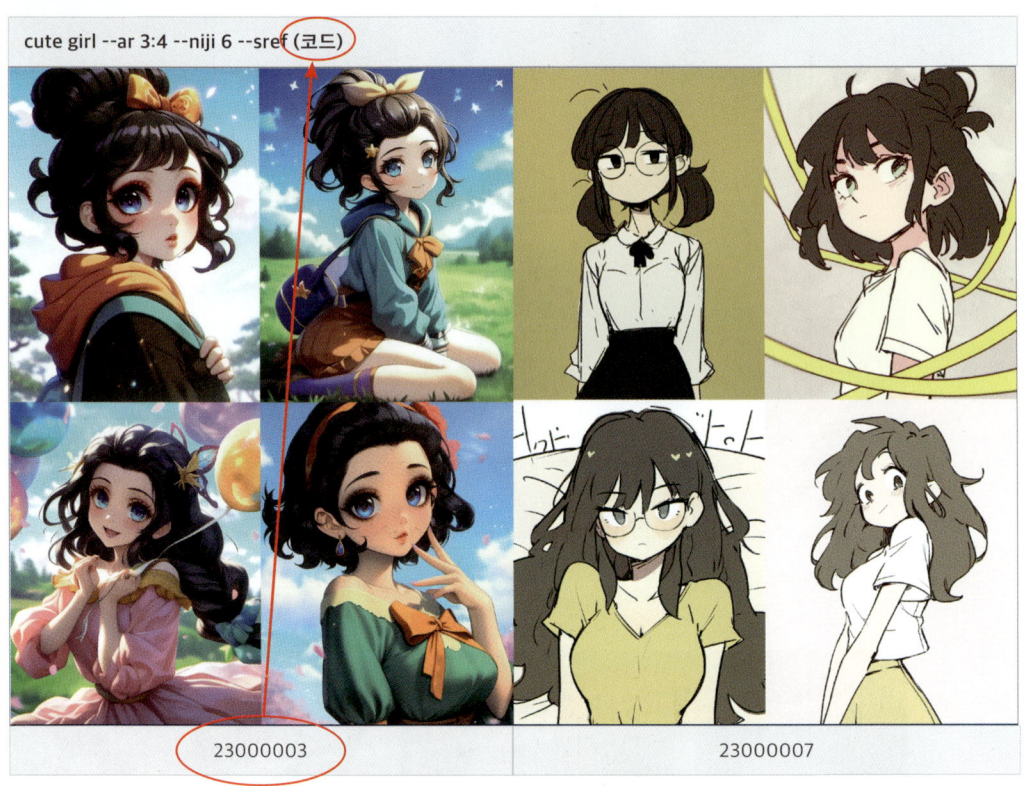

02. Sref Seed List

3962247565　　　　　　　　3123044500

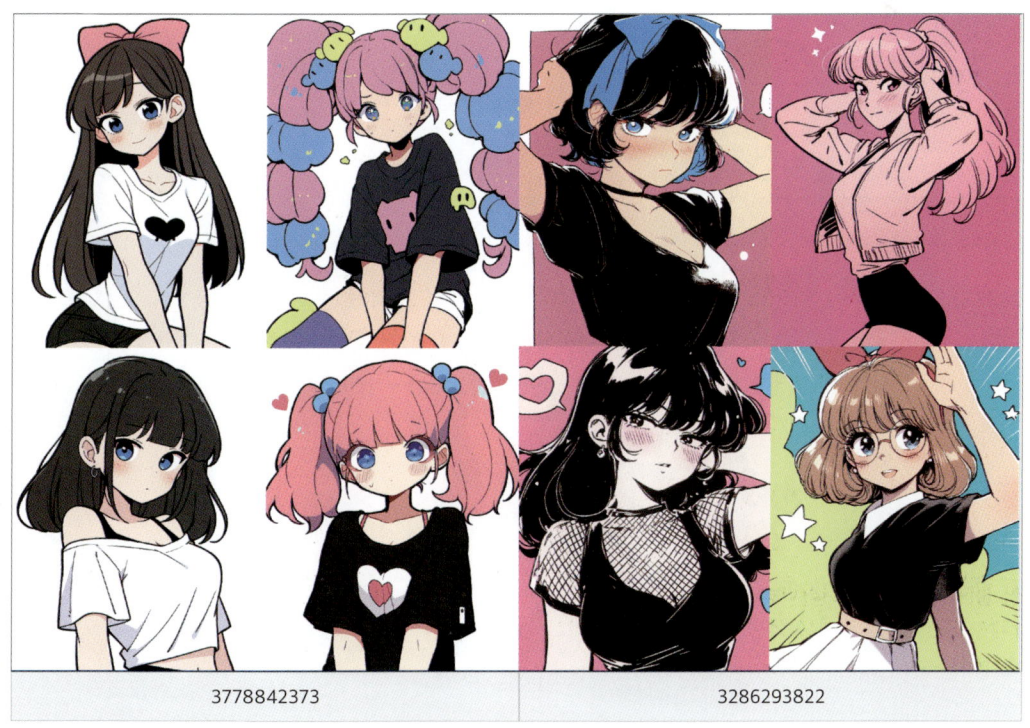

3778842373　　　　　　　　3286293822

미드저니 마스터 바이블
Part 03. 미드저니의 고급 활용 1

3986738193　　　　　　3490211320

175039056　　　　　　2694724947

02. Sref Seed List

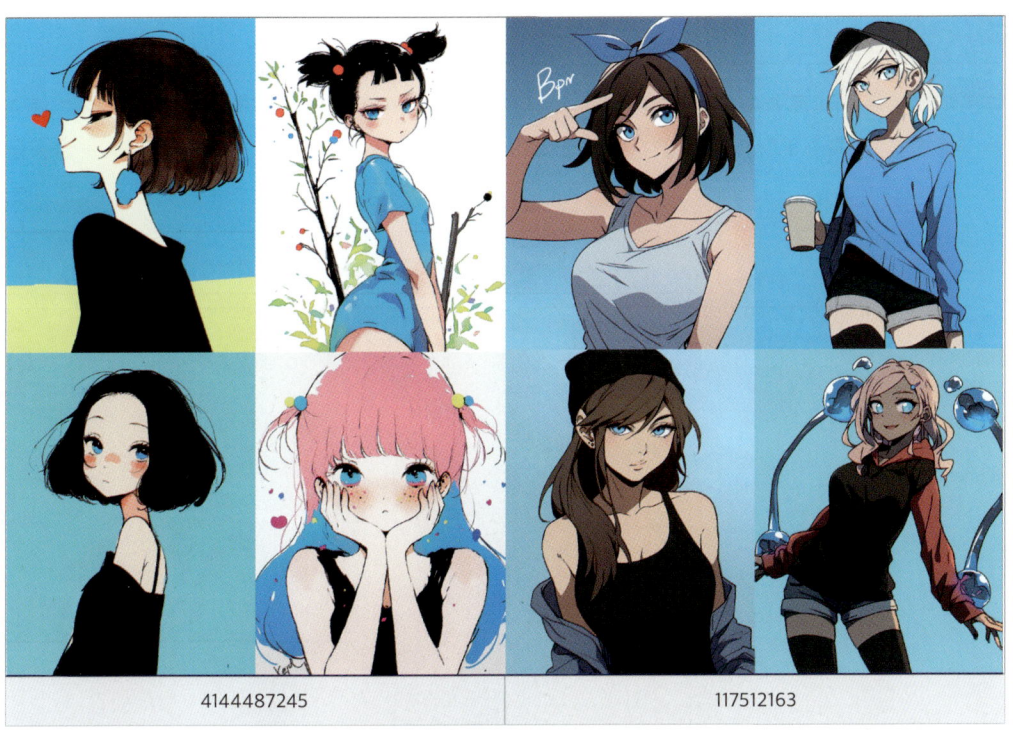

4144487245 117512163

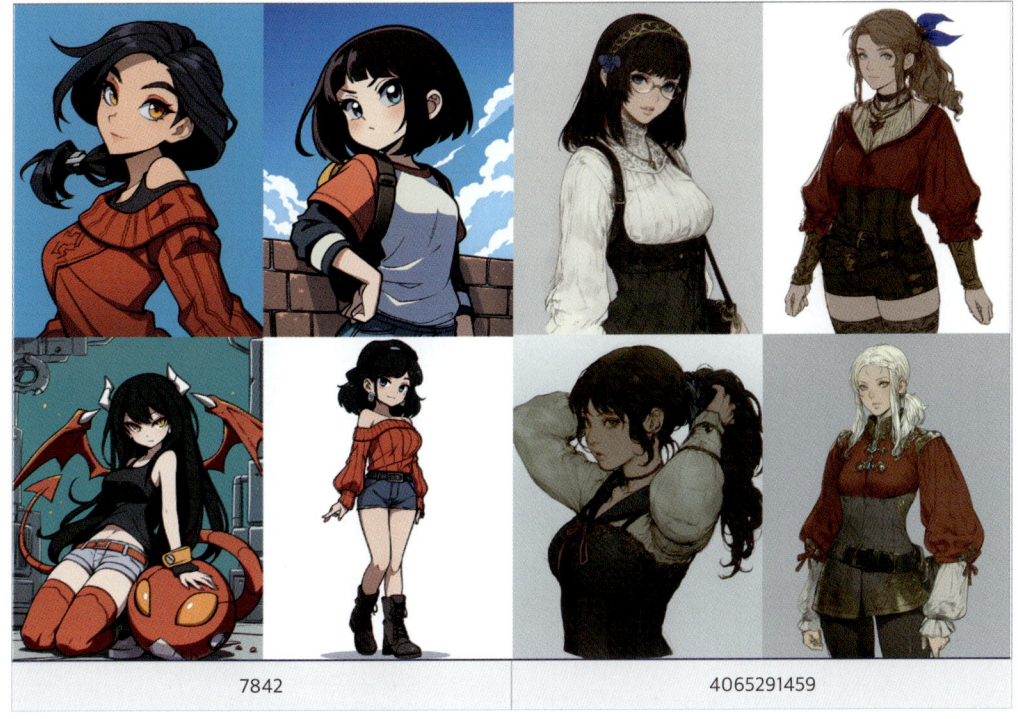

7842 4065291459

04. Sci-fi

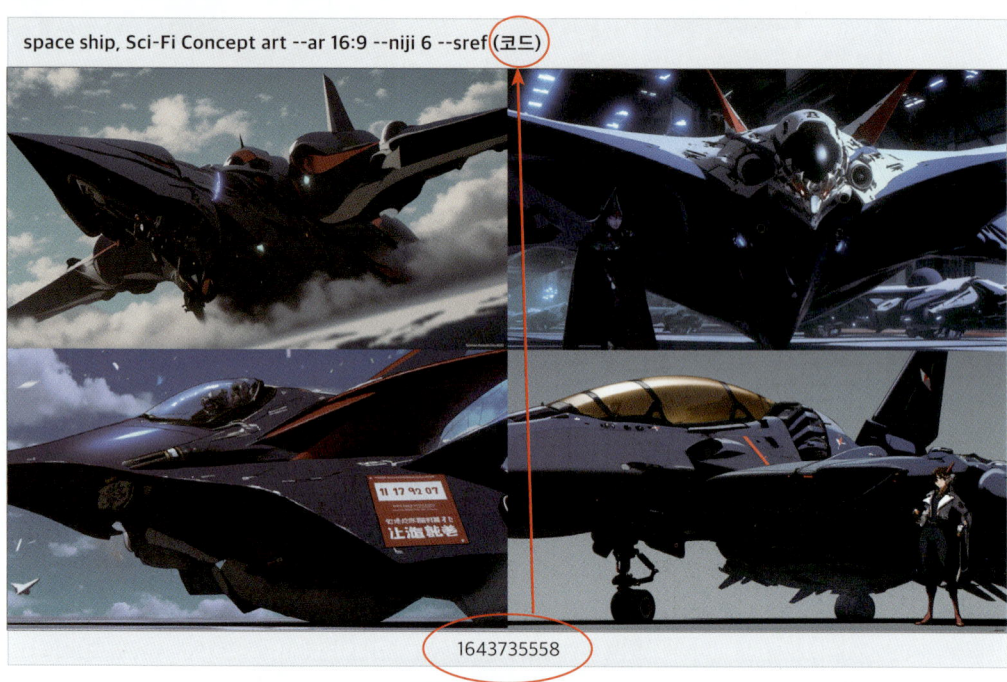

1643735558

3787141075

02. Sref Seed List

1819629321

3589035896

203

Part 03. 미드저니의 고급 활용 1

1643735558

3787141075

02. Sref Seed List

1819629321

3589035896

205

03
Blend(블렌드)의 고급 활용

01. Sref seed를 이용한 Blend(이미지 섞어주기)

01. 기본 사용법

1. Sref Seed Blend

Sref Seed는 Blend를 지원합니다. 방법은 다음과 같습니다.

> cute girl --ar 3:4 --sref 2135176246 1129749498

위와 같이 --sref 뒤에 sref seed를 두 개 적어주면 됩니다. 순서는 상관이 없습니다.

2135176246

2135176246 1129749498

1129749498

섞이는 정도의 가중치를 줄 수도 있는데 가중치는 sref seed 뒤에 :: 를 붙이고 가중치를 적어주면 됩니다. Multi Prompt 의 가중치 문법과 같은 문법이 적용됩니다.
가중치를 따로 표시하지 않으면 1:1로 반반 씩 섞이게 됩니다.

물론 2개 이상의 Sref Seed도 Blend를 지원합니다. 하지만 4개 이상의 Sref Seed를 섞었을 경우는 스타일 핸들링이 힘들어져 권장하지는 않는 사용 방법입니다.

2. Sref Seed , Image Blend

또한 Sref Seed와 Sref Image도 Blend가 가능합니다.

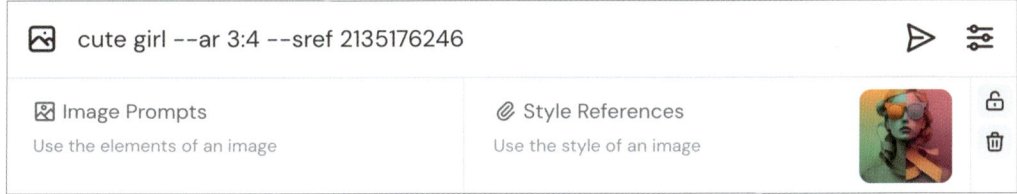

Sref seed 와 Image Blend

위와 같이 Sref Image 를 참조로 첨부하고 프롬프트에 --sref 2135176246 식으로 Sref Seed 를 같이 적어 주시면 됩니다.

Sref Seed + Image 결과물

아래와 같이 Sref Image도 여러 개, Sref Seed도 여러 개를 적어서 스타일을 섞어서 참조 시킬 수 있습니다.

Multi Sref Image와 Seed

하지만 이런 사용은 기능적으로 가능한 것을 이야기한 것이지 예제와 같이 전혀 다른 스타일의 이미지를 Blend 해서 스타일 참조 시키면 결과를 예측하기 힘듭니다. 비슷한 스타일의 이미지나 Sref Seed 스타일을 강화하는 쪽으로 사용할 때 유용한 기능이니 필요에 따라서 응용해 사용해 보세요.

02. 캐릭터 Aging with Sref Seed Blend

Sref Seed에 포함된 Style이 단순히 기법 뿐만 아니라 인물의 연령대도 포함되어 있습니다.

위의 예시에서 프롬프트는 같은 girl이란 단어를 10대와 20대로 Sref Seed 별로 각각 해석되는 것을 알 수 있습니다. 이런 나이가 Sref Seed에 포함되어 있는 점과 Sref Seed Blend를 이용해서 자연스럽게 나이가 들어가는 그림체를 만들 수 있습니다.

03. Blend(블렌드)의 고급 활용

2135176246

2135176246 2118226073

2118226073

일단 1:1로 섞으면 중간 나이대가 나옵니다.

2135176246::7
2118226073::3

2135176246
2118226073

2135176246::3
2118226073::7

Sref Seed Blend Aging

가중치는 비율로 작동해서 0.7:0.3 과 7:3는 같은 효과로 작동됩니다.
이 기법은 예시와 같이 Sref Seed에 나이가 확실히 차이가 나는 Sref Seed 를 사용하셔야 보다 좋은 결과를 얻을 수 있습니다.
이것 이상의 세세한 구분은 Sref Seed 만 가지고는 힘들고 프롬프트에서 10 years old 식으로 나이를 언급해주고 Sref Seed의 그림체까지 함께 활용하면 보다 다양한 나이대의 자연스러운 이미지를 만들 수 있습니다.

02. Profile Code를 이용한 Blend

01. 기본 사용법

Sref Seed 처럼 Profile code blend가 됩니다. 하지만 Sref Seed가 최종 스타일을 표시한다면 Profile code는 시작점의 스타일을 결정하는 것이라 Sref Seed blend만큼 확실한 효과는 나오지 않습니다.

Blend 하는 방법은 Sref Seed와 같은 방법으로 --p or --profile 뒤에 2개 혹은 2개 이상의 Profile Code를 적어주면 됩니다. 순서는 관계가 없습니다.

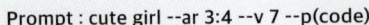

마찬가지로 Blend 시 가중치도 Multi Prompt 문법으로 사용할 수 있습니다.

V6과 V6.1에서 만들어진 Profile code의 경우는 Blend가 되지 않습니다.
하지만 Profile code 만으로 생성 버전을 확인할 방법이 현재까지는 없는 상태입니다.
최신 생성된 Profile code 간에 Blend를 사용하시는 것을 추천합니다.

02. Style Change - Remix(Subtle) with Profile code

Remix(Subtle)의 경우는 전반적인 외곽선은 유지하고 Prompt를 변경 입력해서 좁은 부분에서 프롬프트 변경을 적용시켜 생성하는 기능입니다. 이 기능으로 스타일을 변경한 비슷한 이미지를 만드는 기법을 미드저니 커뮤니티에서 Style Change 기법이라고 소개했는데, Profile code를 이용해서 보다 강력하게 변경하는 방법을 소개하겠습니다.

> Prompt : cute android girl, concept art, white background --ar 3:4 --profile cwxar9w --stylize

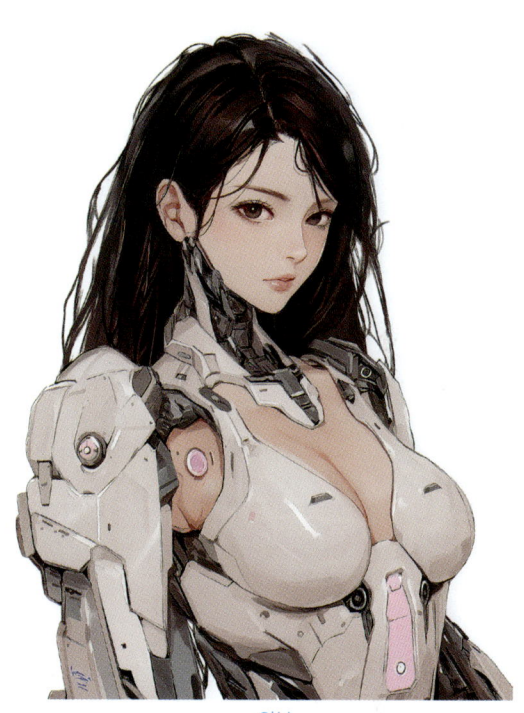

목표는 이렇게 생성된 일러스트를 한국인 소녀의 사진 스타일로 바꾸는 것입니다.

변화의 폭이 작은 경우에는 한번에 변경 할 수 있지만 이 경우에는 변화의 폭(일러스트 스타일 → 사진, 외국인 → 한국인)이 큰 편이어서 두 번에 나누어서 변경하겠습니다.

일단 Profile code는 해당 이미지는 일러스트 스타일이 잘 나오는 Code인데 이것을 실사 스타일이 잘 나오는 Profile code[3j8cglj]를 사용하겠습니다.

Sref Seed 도 같이 사용하면 보다 다양한 결과물이 나오지만 그렇게 되면 변경 사항이 명확하게 눈에 안 들어오는 단점이 있어서 이번 예시에서는 Profile code와 프롬프트 변경만으로 변경합니다.

원본

해당 이미지에서 Remix(Subtle)을 실행시켜 프롬프트를 아래와 같이 변경하고 생성합니다.

> cute android girl, concept art, white background --ar 3:4 --profile cwxar9w --stylize 250 --v 6.1

원본 Prompt

> Remix(Subtle) : cute Korean girl, Leather Suit , white background --ar 3:4 --profile 3j8cglj --stylize 500 --v 6.1

변경 Prompt - 1

이번 단계에서는 android girl 을 Korean girl 로 변경하는 것이 목표입니다. 의상의 디테일이 Android 스타일에서 변화의 목표를 만들어야 해서 Leather Suit 를 추가합니다.

또한 Profile code가 변경되었는데 해당 Profile code의 효과(실사)가 좀 더 많이 반영되게 하기 위해서 --stylize 값을 두 배로 올려줍니다.

이미지를 살펴보면 얼굴은 한국인으로 바뀌었는데 아직도 전체적으로 일러스트 스타일이 남아 있습니다. 이 이미지에서 다시 Remix(Subtle)을 실행시켜 아래와 같이 프롬프트를 변경합니다.

```
cute Korean girl, Leather Suit , white background --ar 3:4 --profile 3j8cglj --stylize 500 --v 6.1
```

```
Remix(Subtle) : photo of cute Korean girl, Leather Suit , white background --ar 3:4 --style raw --profile 3j8cglj --stylize 250 --v 6.1
```

변경 Prompt - 2

1차 Remix(Subtle) 생성 결과물

Prompt와 Parameter를 (photo of, --style raw)를 추가하고 이전 단계에서 두 배 올려둔 --stylize 값을 초기 생성치로 내립니다.

이 부분은 공식은 아니지만 목적이 달성된 파라미터는 일단 초기 생성치로 바꿔주는 것이 보다 안정적인 생성을 이어갈 수 있습니다.

전체적으로 얼굴과 스타일의 변경이 이루어진 것을 확인할 수 있습니다.

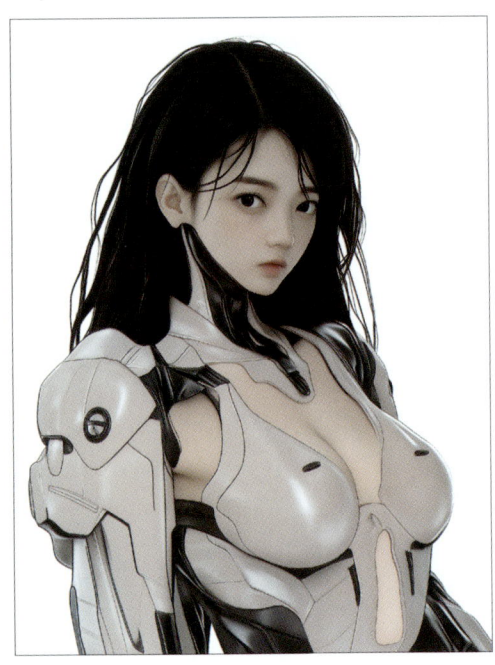

최종 생성 결과물

한 번 실행 될 때 Remix(Subtle)의 변경 한계의 인지가 필요합니다. 한번에 너무 많은 변경사항을 실행시키면 디테일이 망가지거나 변경하려고 하는 목표와 멀어지는 경향이 있습니다. 이렇게 큰 변화가 필요할 때는 변화를 2~3개로 쪼개서 차근차근 프롬프트와 파라미터들을 변경하면서 진행해야 보다 좋은 결과물을 얻을 수 있습니다.

V6.x / V7에서는 예시처럼 외곽선이 95% 이상 유지된 상태에서 Remix(Subtle)이 작동하지만, Niji 모델에서는 같은 기법이 맥락과 전반적인 레이아웃을 유지한 상태에서 변경됩니다. 모델의 특징에 따라 약간 다르게 작동하는 것이라고 이해하시면 됩니다.

경우에 따라서 결과물의 디테일은 Niji쪽에 더 나은 경우가 종종 있습니다. 필요한 상황에 맞는 모델을 선택해서 사용하면 됩니다.

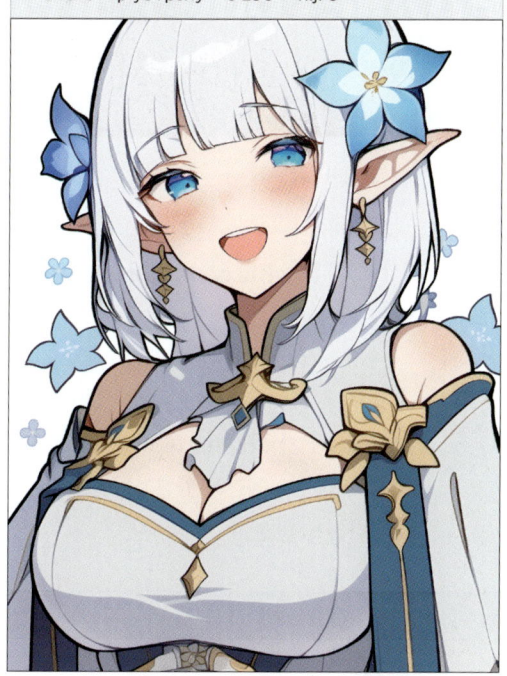

cute elf girl, fantasy concept art, white background
--ar 3:4 --p ybvpsxy --s 250 --niji 6

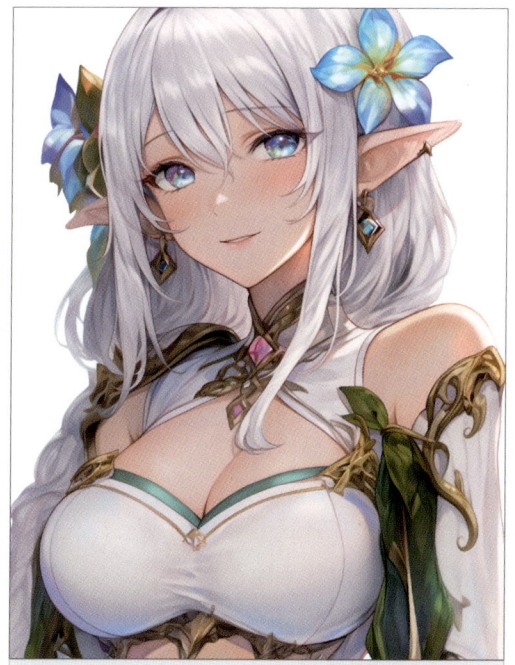

Remix(Subtle) : --p asdawfj --s 500 --niji 6

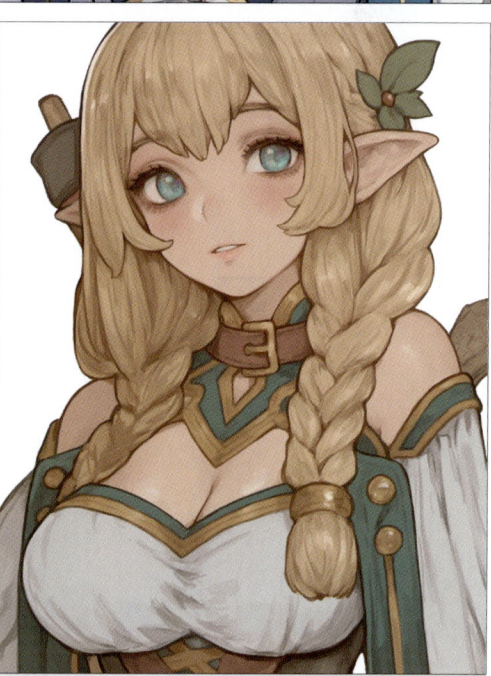

Remix(Subtle) : --p etxeyk8 --s 500 --niji 6

04
Profile code + Sref seed Blend Sheet

지금까지 Sref seed로 생성된 스타일은 Profile code 없이 생성된 스타일입니다.
이렇게 **Profile code 없이 기본으로 생성되는 스타일을 House Style** 이라고 부릅니다.

Profile code와 Sref seed를 같이 사용하게 되면 같은 Sref seed도 Profile code 스타일에 맞춰서 서로 다른 스타일이 나옵니다. 내가 원하는 스타일이라는 최종 목적지를 주소로 비유하자면 Profile code는 국가, 시도에 해당하고 Sref seed는 시/군/구, 동, 번지에 해당합니다. 최종 표현되는 시각적 스타일은 Sref seed에 의해 결정됨으로 Sref seed를 기준으로 다양한 Profile code를 매치하면 보다 다양한 스타일을 얻을 수 있습니다.

스타일 Sheet 만들 때 가이드 이미지의 Prompt는 오른쪽과 같습니다.
예시로 간단한 Prompt를 만들었지만 실제 필요한 상황에 Sheet를 만들 때는 용도에 맞는 Prompt를 작성하셔서 사용하시면 됩니다.

이렇게 Blend Sheet 를 만들어서 사용하는 방법을 소개하고 추천하는 이유는 Profile Code + Sref Seed로 만들어진 스타일은 스타일 일관성 면에서 미드저니에서 사용하는 어떤 기법보다 강력합니다. Profile Code와 Sref Seed의 스타일 시너지까지 더해지면 보다 독특하고 특색 있는 스타일을 강력한 일관성을 가지고 계속 생성할 수 있다는 생산성 측면의 강력한 장점이 있는 방법입니다.

예시에 소개된 조합들은 스타일 면에서 궁합이 좋은 조합만 엄선한 결과물입니다.
간단한 Prompt로 스타일의 특징이 한눈에 들어올 수 있게 만들어진 Sheet지만 여기서 조합을 찾고 내가 필요로 하는 Prompt에 적용을 해서 책의 내용과 같은 Blend Sheet를 미리 만들어 놓으면 이후에 스타일 응용이 매우 쉽고 강력해집니다.

책의 내용은 예시에 불과하니 꼭 자신에 맞는 Prompt로 Blend Sheet 작성을 추천 드립니다.

04. Profile code+Sref seed Blend Sheet

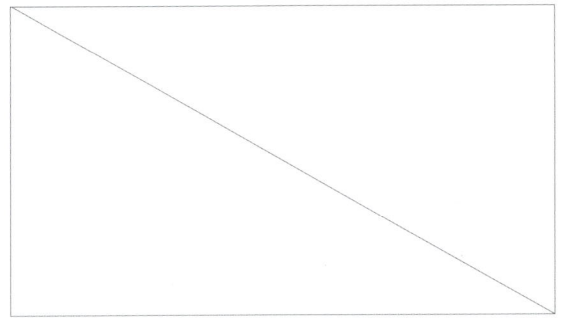

Cute girl --p **2o8as5g** --niji 6 --s 500 --ar 16:9

Cute girl --sref 1201080920 --sw 250 --ar 3:4

Cute girl --p **2o8as5g** --sref 1201080920 --niji 6 --ar 3:4

01. Comics – Niji Profile code + Comics Sref Seed

cute girl --ar 3:4 --niji 6

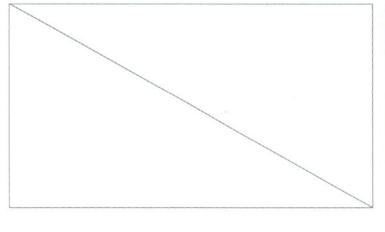
--p 2o8as5g

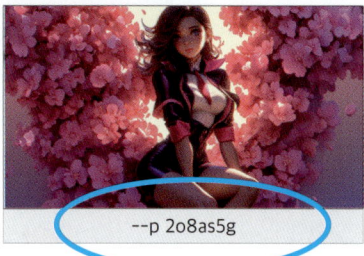

--p svw4ese

--sref 1201080920

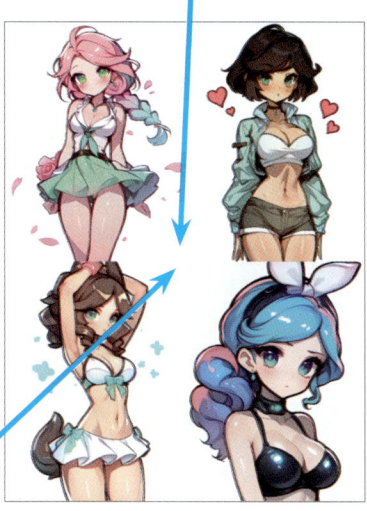

--sref 3286293822

04. Profile code+Sref seed Blend Sheet

--p ynmstuv

--p ee27uib

--p 7znsav4

cute girl --ar 3:4 --niji 6

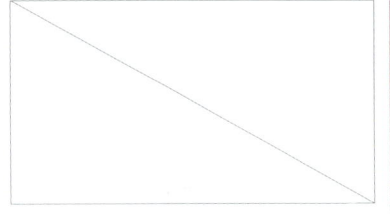
--p 2o8as5g

--p svw4ese

--sref 175039056

--sref 4065291459

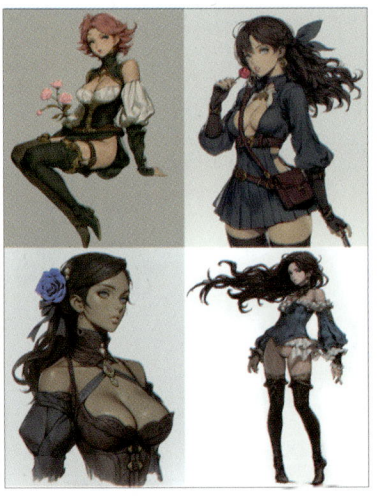

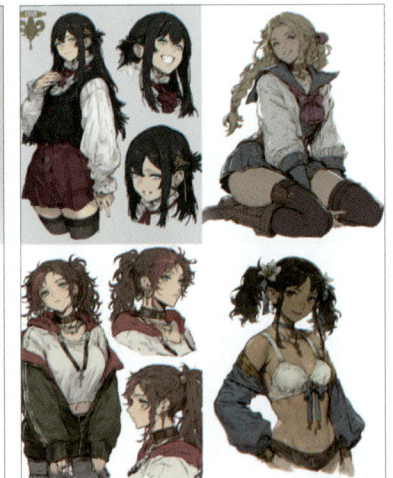

04. Profile code+Sref seed Blend Sheet

--p ynmstuv

--p ee27uib

--p 7znsav4

02. Fantasy

Elf wizard, Fantasy concept art --ar 3:4 --niji 6

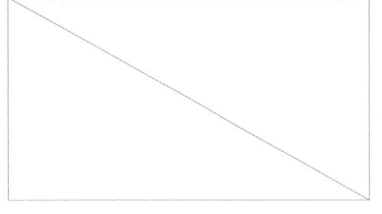
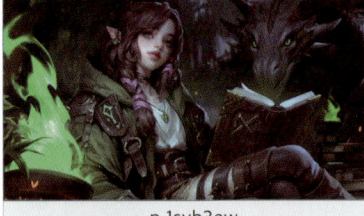
--p 1syb3ew

--p d39rbe7

--sref 2094593995

--sref 3778842373

04. Profile code+Sref seed Blend Sheet

--p upbnrs2

--p hjrx3gl

--p mn26ovx

Elf wizard, Fantasy concept art --ar 3:4 --niji 6

--p 1syb3ew

--p d39rbe7

--sref 2694724947

--sref 7842

04. Profile code+Sref seed Blend Sheet

--p upbnrs2

--p hjrx3gl

--p mn26ovx

03. 일관된 캐릭터 만들기(Cref+Sref seed+Profile code)

스타일을 유지하는데 큰 범위를 Profile code로, 표현되는 범위를 Sref seed로 고정하면 보다 더 일관된 스타일이 유지됩니다. 이런 보다 일관된 스타일이 Cref 의 성능에도 영향을 주어 보다 좋은 성능의 결과물을 만들 수 있습니다.

01. Profile code 와 Sref seed 선정

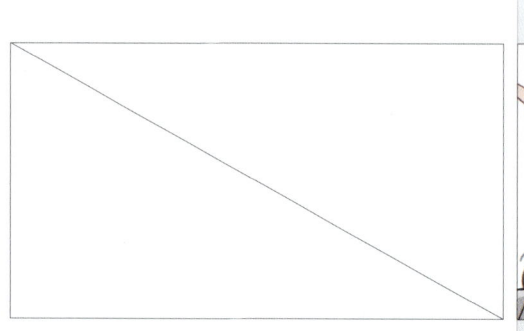

Cute girl --niji 6
--p 3af82gx

--sref 2135176246

--p **3af82gx** --sref 2135176246

만화 스타일의 Profile code [3af82gx]와 Sref seed [2135176246]를 사용하기로 합니다. 다양한 조합이 가능하니 제공해 드린 Profile code 와 Sref seed의 조합 Sheet를 참고하시면 됩니다.

02. Cref 참조 이미지 생성

Cref 참조 이미지를 제작할 때는 흰색 배경(white background)에 만드는 것이 중요합니다.

> cute girl, concept art, white background --ar 3:4 --sref 2135176246 --p 3af82gx --niji 6

Cref 참조 이미지

03. 연속성 유지한 이미지 생성

이제 이 이미지를 참조해서 다양한 배경에 이미지를 생성합니다.

> cute girl in the park --ar 3:4 --sref 2135176246 --p 3af82gx --niji 6

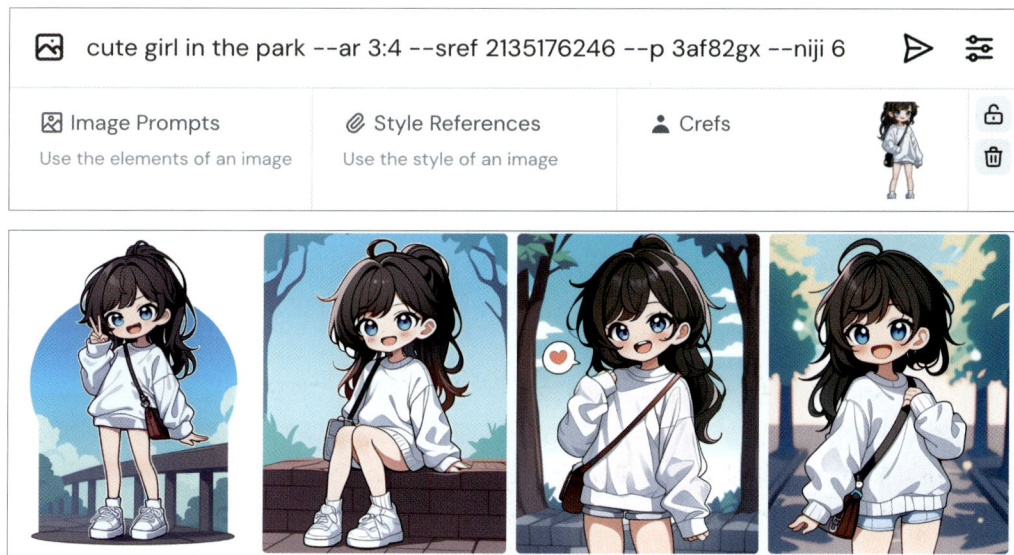

공원에 있는 소녀

핑크 드레스를 입은 소녀

이 예시처럼 의상을 변경하려면 낮은 --cw 값을 사용하셔야 합니다.

Cref 참조 이미지

In the park

In the street

Cref 참조 이미지와 Cref 참조를 사용해서 생성한 두 이미지들(in the park, in the street) 의 인물 유사도는 약간 떨어지는 경향이 있습니다.

하지만 생성된 이미지 두 장의 이미지는 상당한 캐릭터 연속성을 보입니다.
Cref 참조 기능을 참조 이미지와 연속성이 있는 이미지를 만드는 방식으로 사용을 하시면 생각보다 연속성이 떨어지는 편입니다.

이번 예시와 같이 Cref 참조 이미지와의 연속성을 목표로 사용하지 마시고 같은 Cref 참조 이미지와 서로 다른 프롬프트로 생성된 이미지들 간의 연속성을 목표로 사용하시면 보다 높은 연속성이 있는 결과물을 얻을 수 있습니다. Cref만 단독으로 사용할 경우 예시처럼 Profile code와 Sref seed를 고정해서 사용하는 것에 비해서는 연속성의 성능이 떨어집니다.

예시처럼 연속성이 중요한 이미지를 계속 생성을 목표로 한다면 미리 그림체와 스타일을 선정하여 생성 시나리오와 Prompt를 미리 작성해서 실행한다면 보다 빠르게 좋은 결과물을 얻을 수 있습니다.

05 Describe의 고급 활용

01. with self image

Describe의 기본 사용법은 **02.미드저니 웹에서 만나다** 편에 다루어져 있습니다.

이번 장에서는 이렇게 Describe 로 생성된 Prompt와 원본 이미지(Self Image)를 함께 활용해서 보다 정확도가 높은 결과물을 만들어 내는 방법에 대해서 다루겠습니다.

01. Image Prompt

원본이미지

Cute cat, big eyes, cartoon-style, solid-color background, cute pet avatar icon, 3D rendering, high definition

Describe로 생성한 Prompt로 만든 결과물

이전 장에 다루어진 예시를 보면 비슷한 결과물이 나오긴 했지만 원본과 컬러와 외형에는 차이가 많이 나는 것을 확인 할 수 있습니다.

이럴 때는 원본 이미지를 Image Prompt로 추가해서 보다 유사도를 높일 수 있습니다.

Image Prompt + --iw 2

원본이미지

생성이미지

원본과 비교해 보면 유사도가 높은 결과물이 생성되는 것을 확인 할 수 있습니다.
예시에서는 --iw 2를 사용했는데 생성된 Prompt와 원본 이미지(Self Image)의 상황에 따라서 --iw 값은 조정을 해서 사용하면 됩니다.

02. Sref Image

원본 이미지(Self Image)를 Image Prompt가 아니라 Sref Image로 참조 시켜서 생성하는 방법도 있습니다.

Sref Image + --sw 250

원본이미지

생성이미지

이 경우에는 앞장의 Image Prompt를 참조하는 방식과는 다르게 외형은 Text Prompt가 스타일(컬러, 질감 등)은 Sref Image가 담당하는 접근 방식 입니다.

Image Prompt에 비해서는 외형 유사도는 떨어지지만 표면의 질감 배경의 색상 그라데이션등이 좀 더 잘 적용되는 것을 확인할 수 있습니다.

또한 이 방법은 적용 강도 조절을 0~3만 가능한 --iw와 다르게 0~1000까지 범위의 --sw 로 할 수 있어서 좀 더 세밀한 컨트롤이 가능합니다.

03. Cref

인물의 경우에는 목적이 얼마나 유사도를 올리는 것에 초점이 맞춰진 경우가 많기 때문에 Cref 와 Describe로 생성한 Prompt로 최대한 묘사정도를 올리는 것이 중요합니다.

이전 장의 예시에서는 원리를 설명하기 위해서 짧은 Prompt를 사용했지만 인물의 경우는 얼굴에 대한 자세한 Prompt를 선택해서 사용하는 것이 유리합니다.

인물 원본이미지

Describe로 Prompt 생성

Cref 를 사용해서 생성된 이미지

사진에서도 굉장히 유사도가 높은 결과물을 확인할 수 있습니다.

하지만 Cref의 경우 강도 조절을 하는 --cw가 얼굴의 유사도를 높이는 것에 작용하는 것이 아닌 유사도를 반영하는 범위에 작동하는 파라미터라서 예시 이상의 유사도를 올릴 추가적인 방법이 없습니다.

추가적인 유사도가 필요한 경우 Image prompt를 --iw 0.75정도로 추가적으로 함께 사용하는 방법을 권장합니다. 단, 이 방법도 만능은 아닙니다. Image Prompt와 --iw 를 사용하면 얼굴의 유사도는 높일 수 있지만 포즈까지 참조가 되기 때문에 프롬프트에서 참조하는 이미지와 다른 포즈를 지시했다면 이 부분이 잘 반영 안 될 수 있습니다.

이럴 때는 프롬프트가 반영되는 부분을 확인하면서 --iw 값의 조절하는 반복 생성이 필요합니다.

원본이미지

생성이미지

02. 인물 묘사 Keyword

Describe를 이용해서 추가적인 인물을 묘사하는 Keyword를 수집할 수 있습니다. 기본적인 Keyword 리스트를 수록했는데 이것 말고도 다양한 Keyword를 Describe를 통해서 수집할 수 있습니다.

01. 얼굴

얼굴을 묘사하는 단어들을 보면 뭔가 특별한 미용학적 단어들이 아닌 일반적으로 얼굴을 묘사하는 단어들입니다. 하지만, 이런 묘사를 프롬프트에 하는 것과 안 하는 것의 차이는 생성한 이미지의 인물 일관성 면에서 크게 차이가 납니다.

delicate facial features	섬세한 얼굴 특징
double eyelids	쌍꺼풀
natural-looking makeup	자연스러운 메이크업
round face	둥근 얼굴
delicate skin	섬세한 피부
plump lips	도톰한 입술
fair skin tone	고운 피부 톤
defined eyebrows	선명한 눈썹
bright eyes	선명한 눈매
smooth skin texture	매끄러운 피부 결
a perfect skin tone	완벽한 피부 톤
a natural look	자연스러운 룩
stylish frames	스타일리시한 윤곽
soft makeup	가벼운 메이크업

이전 장 들에서 다루는 예시에서는 기능의 설명에 집중하고자 얼굴을 묘사하는 Prompt 부분을 간단하게 사용했지만 Prompt를 상세하게 묘사하면 위와 같이 좀 더 디테일한 결과와 컨트롤이 가능합니다.

Cref / Sref / Image Prompt등의 기능은 아무리 파라미터를 조절하더라도 성능적 한계가 분명합니다. 이를 추가적으로 더 컨트롤 하고 싶다면 Prompt를 상세하게 작성하는 방법 밖에 안 남게 되는데 처음부터 상세하게 만드는 일은 시간과 노력이 많이 필요합니다.

이럴 때 Describe를 사용하면 보다 빠르게 상세한 Prompt를 완성할 수 있습니다.

05. Describe의 고급 활용

02. 헤어 스타일

인물의 일관성을 유지하려면 헤어스타일도 꼭 묘사해줘야 하는 부분입니다.

길이와 헤어 스타일의 종류 등을 Prompt에 포함시키면 보다 일관된 이미지를 연속적으로 생성할 수 있습니다. 전문적인 헤어 지식이 있어야 하는 부분이 아닌 대략적으로 저런 스타일을 뭐라고 부른다 정도만 인지하고 있으면 충분합니다.

1. 길이

Prompt : Front view, A professional studio photo of hair model

with long-length hair

with medium-length hair

with short-length hair

with short hair

길이는 위와 같이 지시할 수 있는데 정확한 길이 보다는 대략적인 길이가 지정된다고 생각하면 됩니다.
헤어 스타일의 길이는 인물이 남자인 경우보다는 여자인 경우에 좀 더 세분화 해서 작동됩니다.

2. 헤어 스타일 Keyword

Bob	단발머리
Bun	올림머리
wavy	파마머리
bangs	일자 앞머리
braid	딴머리

ponytail	뒤로 묶은 머리
straight	생머리
pixie cut	짧은 단발 머리
cornrows	레게 머리
Afro	폭탄 머리

Prompt : A beautiful girl with { STYLE } hair style, with blonde color

bob

bun

braid

cornrows

스타일에 따라서는 Double을 추가해서 컨트롤할 수 있는 헤어스타일 Keyword도 있습니다.

double bun

double braid

실사에서는 표현이 힘든 특이한 헤어 스타일 Keyword의 경우는 Niji 모델로 생성하면 만화적 상상력이 추가된 결과를 확인할 수 있습니다.

double bun

double braid

이상은 미드저니에서 일정한 스타일이 잘 나오는 헤어 스타일 Keyword를 선별 정리한 내용입니다.

위의 내용 말고도 다양한 헤어 스타일 Keyword를 Describe를 통해서 얻을 수 있습니다. 또한 기존에 헤어 스타일의 이름들을 사용할 수도 있습니다. 하지만 전문적인 헤어 스타일의 이름인 경우에는 일정한 스타일이 잘 안 나오는 경우가 많습니다. 일정한 스타일이 안 나오는 헤어 스타일의 이름의 경우는 헤어 스타일 Keyword로 사용할 수 없습니다. 모든 헤어 스타일의 이름이 작동 된다고 오해가 없으시길 바랍니다.

04
미드저니의 고급 활용 2

01. Prompt(프롬프트)의 활용

02. With Parameters

03. Niji-Journey(니지저니)의 활용

04. Editor(에디터)

05. Full Editor 활용하기

06. Retexture(리텍스처)

07. Patchwork(패치워크)

01 Prompt(프롬프트)의 활용

01. 앞뒤 세트를 만드는 Prompt(프롬프트)

01. Keyword

캐릭터나 의상을 생성할 때 앞뒤 모습을 동시에 만들어 내면 이후에 활용하기 좋습니다. 이럴 때는 아래의 키워드가 대표적입니다.

- Rear and front view
- A tier set of

 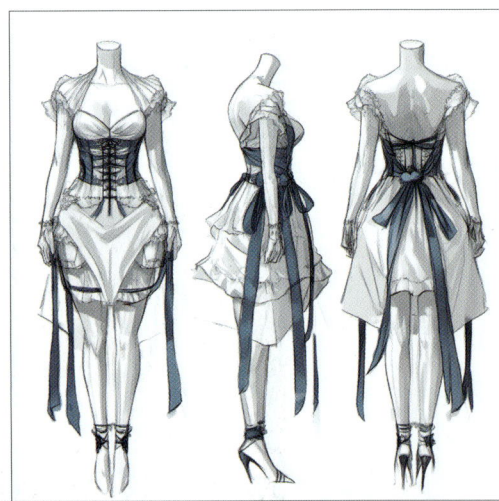

Front and rear view, A white dress with blue ribbons, concept design sheet --v 6.1 --ar 1:1

이미지의 가로 세로 비율은 세로 이미지 두 장이 들어갈 수 있도록 1 : 1 ~ 4 : 3으로 정사각형이나 가로 이미지가 유리합니다.

공간이 남는 경우 2번의 이미지처럼 옆모습도 함께 나오는 경우가 있습니다. 이것은 같이 사용한 concept design sheet의 영향과 공간이 남을 때 나오는 경우입니다. 이런 이미지를 원한다면 이미지를 가로 비율로 설정하고 side view 키워드를 하나 더 추가하면 됩니다.

Tier Set의 경우, 이미지와 같이 장비나 무기가 함께 나오는 경우가 많습니다.

이런 이미지의 경우 캐릭터와 장비를 세트로 생성하고 이후 06.Retexture 편에서 있는 Retexture의 내용을 이용해서 다수의 비슷한 캐릭터 군을 생성하기 유용합니다.

A tier set of elf Wizard, concept art --ar 4:3 --niji 6

02. Prompt 맥락

명시적으로 앞/뒤 이미지를 만들라고 Prompt의 키워드를 사용하는 방법은 간단히 사용하기 좋은데 Prompt가 길어지면 적용이 잘 안되는 경우가 있습니다 이럴 때는 키워드를 사용과 함께 프롬프트의 맥락에 앞뒤면에 대한 묘사를 넣어주면 보다 효과적으로 결과물을 얻을 수 있습니다.

made of를 사용하면 높은 확률로 이미지와 같은 마네킹에 옷만 입혀진 이미지가 생성됩니다. 여기서는 내용에서 앞과 뒤에 (on the front and back)에 장식이 되어 있다는 내용이 있으니 이를 이미지 한 장에 표현하려면 예제와 같은 앞뒤 모습의 이미지를 만들어 내는 원리입니다.

deep blue dress made of silk. embroidered white flowers on the front and back. --ar 4:3 --v 7

02
With Parameters

01. 외부 이미지 활용하기

미드저니에서 외부 이미지를 Prompt에 활용하는 방법은 3가지가 있습니다.

1. Image Prompt
- 참조 이미지 또는 이미지 참조 또는 커뮤니티에서는 iref 라고도 합니다.
- 구도, 주제 및 일부 스타일을 캔버스에 대략적으로 반영합니다.
- 구도(캔버스에서 사물이 서로 관계를 맺고 있는 위치) + 피사체 + 일부 시각적 스타일이 프롬프트 자체로 캔버스에 대략적으로 반영됩니다.
- --iw(이미지 가중치)로 영향력을 적은 경우 1.0 이하, 큰 경우 최대 3.0까지 조절할 수 있습니다.

2. Style Reference (Sref)
- 대략적으로 미적 스타일을 캔버스에 반영합니다.
- Text Prompt와 --sw(스타일 가중치)에 의해 영향력이 적은 경우 100 미만, 영향력이 큰 경우 최대 1000까지 조절됩니다.

3. Character Reference (Cref)
- 대표적인 캐릭터 속성과 캐릭터의 일부 스타일이 캔버스로 반영됩니다.
- Text Prompt는 캐릭터 세부 사항을 반영하는데 도움이 될 수 있지만, Text Prompt가 참조 캐릭터와 충돌이 나지 않게 사용해야 합니다.
- --cw(Character Reference Weight - Cref 참조 강도)를 사용할 수도 있지만 얼굴의 유사도의 정도를 제어하는 것이 아니라 범위가 얼마나 반영되는 지를 제어합니다. 100은 얼굴과 의상, 헤어스타일들이 반영되고 0으로 갈수록 얼굴만 반영됩니다.

이렇게 정리할 수 있는 이 기능들을 이번 장에서는 이 3가지를 함께 사용할 때 어떤 결과물이 나오는지를 비교하겠습니다.

a man in the empty meadow 라고 프롬프트를 입력해 주고,
아래 참조 이미지를 Image Prompt로 넣고 실행시켜줍니다.

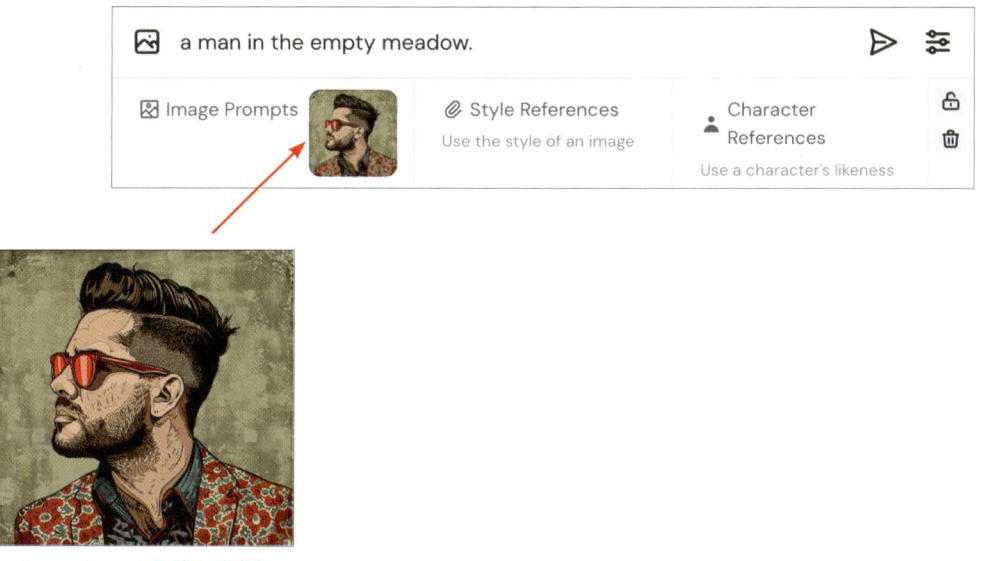

Image Prompt 용 참조 이미지

실행 결과를 보면 구도와 스타일이 대략적으로 참조된 것을 확인 할 수 있습니다.

Image Prompt 실행 결과

이번에는 Style Reference(Srefs)와 Character Reference(Crefs)에 각각 참조 이미지를 적용시켜 보았습니다.

Sref에는 참조 이미지의 스타일이 반영되었고, Cref에는 인물의 디테일이 반영되었습니다.

참조 이미지가 Sref에 적용된 결과

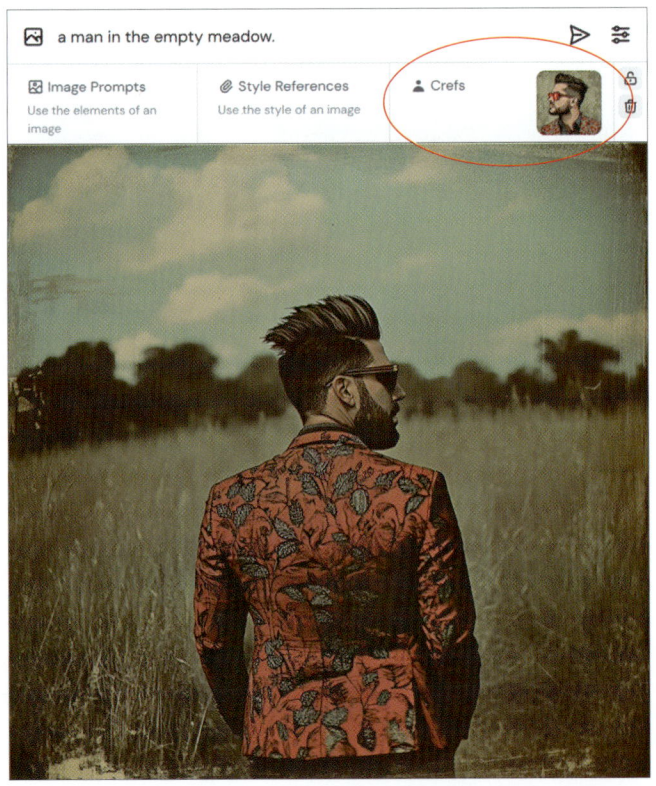

참조 이미지가 Cref에 적용된 결과

3가지 Prompt를 모두 적용해보았습니다.

구도와 스타일, 인물이 전체적으로 반영된 결과를 확인 할 수 있습니다.

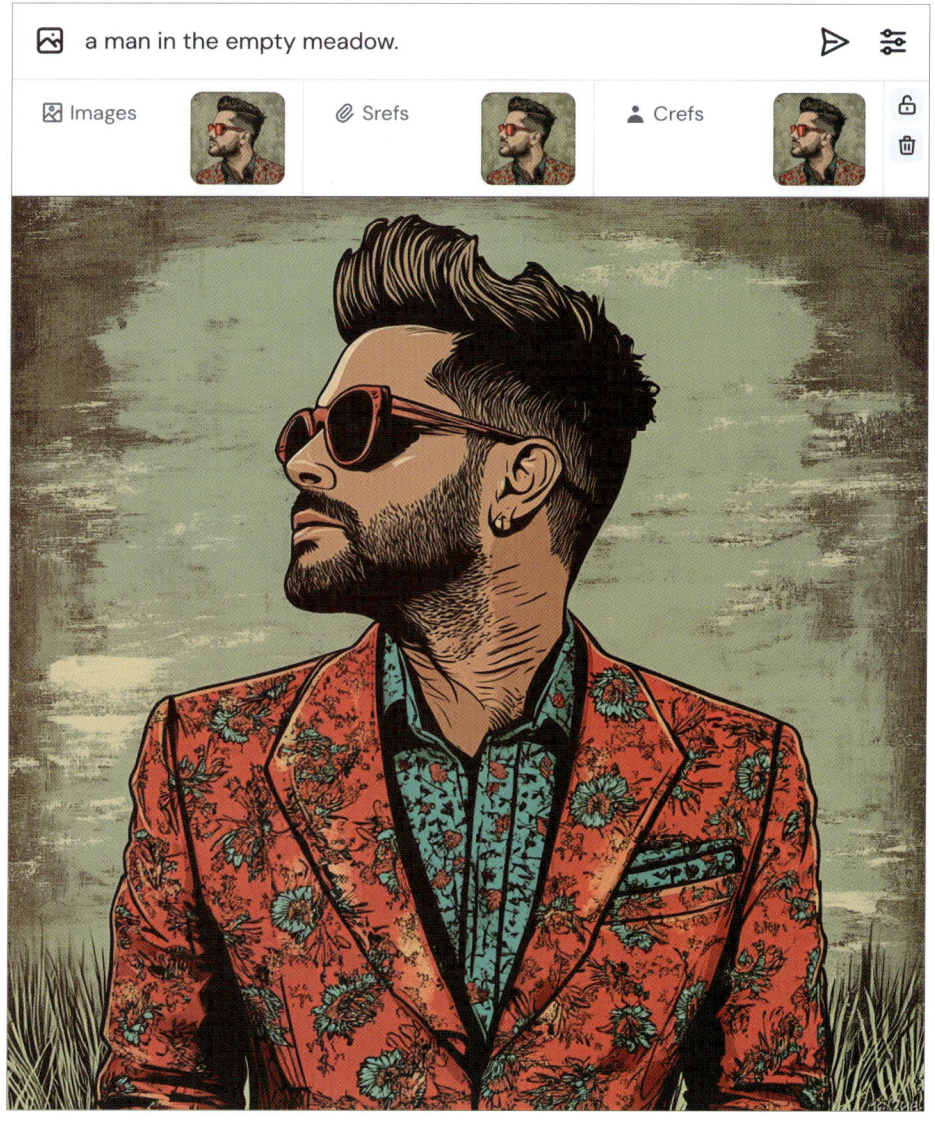

Image Prompt + Sref+ Cref

다시 정리하면, 미드저니에서 외부 이미지를 참조하는 3가지 방법의 가장 핵심은 '대략적' 입니다. 80%정도의 반영이 이루어지는 기능이고 이 기능의 용도가 '대략적 반영' 입니다. 이 점을 미드저니의 한계라고 말하시는 분들도 있지만 이 부분을 역으로 활용하면 20%의 창작을 할 수 있고 또한 가중치를 조절해서 창작의 범위를 넓힐 수 있습니다.

외부 이미지의 정확한 반영과 추가 생성 등은 이 기능이 아닌 외부 이미지 업로드가 가능한 Edit(Full Editor) 메뉴를 사용하면 됩니다. 기능의 용도에 맞게 사용하면 원하는 결과물을 좀 더 쉽고 빨리 얻을 수 있습니다.

02. 연속된 인물 생성하기

01. Cref base Image 생성하기

Cref 참조에 쓸 Base Image를 생성하는데 이때는 Well made Personalize Code 중에 실사가 잘 나오는 코드 [5z8oomw] 를 사용해서 생성합니다.

photo of cute Korean girl , white background --style raw --profile 5z8oomw --s 250 --v 6.1

이렇게 생성된 이미지를 Editor를 이용해서 상반신을 확장 생성합니다.

Editor로 확장

확장 생성 결과물

이렇게 두 장의 이미지를 Cref Base로 준비합니다. 이렇게 같은 이미지를 확장해서 한 장 더 준비하는 이유는 최초 생성한 이미지처럼 얼굴 부분이 큰 비율로 들어간 이미지만을 사용하면 다양한 상황을 연출할 때 얼굴 비율이 크게 반영된 이미지가 나옵니다. 이것을 막기 위해서 같은 얼굴의 다른 비율 이미지도 한 장 더 생성해서 참조를 시키면 보다 자연스러운 비율의 이미지를 생성할 수 있습니다.

02. 연속된 인물 생성하기

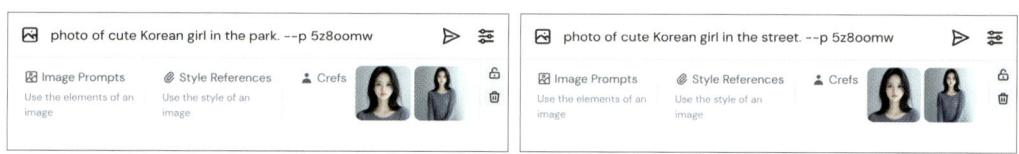

위와 같이 Cref로 참조시키고 Cref base 생성했을 때와 같은 Personalize Code를 사용해서 이미지를 생성합니다.

Cref base와 비교하면 유사도가 많이 떨어집니다. 하지만 생성된 이미지 간의 유사도는 높습니다. 가상의 고정된 인물이 필요하면 위와 같이 Cref Base와의 유사도가 아닌 결과물 간의 유사도를 목표로 이미지를 생성하면 95% 이상의 유사 인물을 계속해서 생성할 수 있습니다.

이전 장의 Image Prompt / Sref / Cref 에서 설명한 핵심이 "대략적 반영"의 이유로 이후에 기능이 발전해도 Cref Base와의 유사도는 크게 개선을 기대하기는 힘들어 보입니다. Cref base와의 유사도가 아닌 결과물들 간의 유사도를 유지하는 방향으로 이미지 생성 시나리오를 잡는다면 가상 인플루언서, 모델등은 충분히 생성이 가능합니다.

03. Sref with Color

01. 생성에 직접 참조

Sref를 사용하면 참조 이미지의 스타일과 컬러, 분위기 등이 참조되는데 이를 응용해서 Solid Color 이미지나 Color Pattern 이미지를 참조 이미지로 활용하면 직관적으로 다양한 결과를 만들어 낼 수 있습니다.

Modern interior living room --ar 16:9 --v 6.1

다양한 패턴과 색상 이미지를 참조 이미지로 활용하면 컬러톤이 반영된 이미지를 쉽게 얻을 수 있습니다.

주의 : 대략적인 컬러톤이 반영됩니다. 정확한 컬러 코드가 반영되는 것은 아닙니다.

마지막 예시처럼 컬러뿐만 아니라 이미지의 스타일에도 일러스트적인 느낌이 들어가서 결과물의 사진 질감에까지 영향을 줄 때는 --sw 스타일 가중치 Parameter를 이용해서 조절하시면 컬러가 반영된 보다 사실적인 사진 결과물을 얻을 수 있습니다.

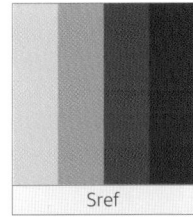

Modern interior living room --ar 16:9 --v 6.1 --sw 100

Modern interior living room --ar 16:9 --v 6.1 --sw 50

아래와 같이 기본 구조는 비슷하게 유지하고 컬러톤을 바꾸는 것은 Retexture에 Sref 로 컬러 이미지를 사용하시면 됩니다. 이 내용은 Retexture장에 자세하게 다루어져 있습니다.

04. Cref with Outfits

Cref로 참조를 시키면 얼굴뿐 아니라 의상, 헤어스타일까지 참조해서 생성된다는 점을 이용해서 아래와 같이 생성하면 비슷한 분위기의 의상을 입고 있는 결과물을 생성할 수 있습니다.

dress made of silk , white background , fashion concept design --ar 3:4 --v 6.1

Cref Base

photo of Fashion model with dress --ar 3:4 --style raw --v 6.1

생성 결과물

의상의 디테일이 "대략적 반영"됩니다.
이 기능을 사용해서 나오는 결과물의 포커스를 비슷한 스타일의 다양한 베리에이션으로 사용하기를 권해드립니다.

제품의 정확한 디테일에 인물을 추가하는 방법은 외부 이미지 업로드가 가능한 Edit(Full Editor) 메뉴를 사용하시면 가능합니다. 해당 내용은 Full Editor 편을 참고하세요.

05. Remix + Cref

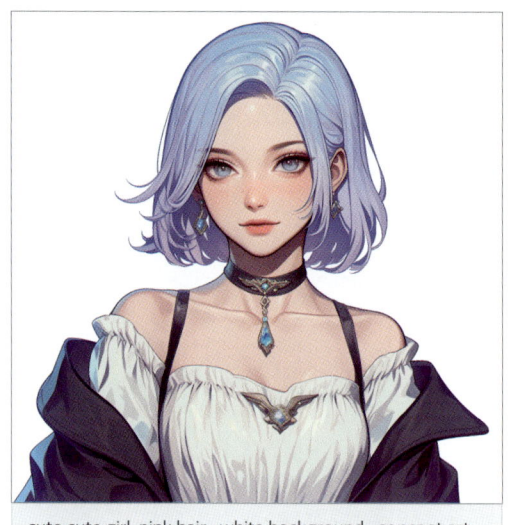

원본 이미지   Cref Base

왼쪽 이미지를 이미 생성했고 그 생성된 이미지에 cref로 일관된 얼굴을 반영하는 방법입니다.

이 방법은 처음 생성했을 때 cref로 이미지를 참조해서 생성하는 방법에 비해서는 유사도가 떨어지지만 이미 생성해 놓은 이미지에 포즈나 상황이 필요할 때 거기에 맞춰서 얼굴의 변형을 적용시킬 필요가 있을 때 유용합니다.

Remix(Subtle/Strong)을 사용한 방법인데 원본 이미지의 이미지 보기(Image View) 페이지에서 Remix(Subtle/Strong)을 실행 시키고 아래와 같이 Cref로 이미지를 첨부해서 실행 시키면 됩니다.

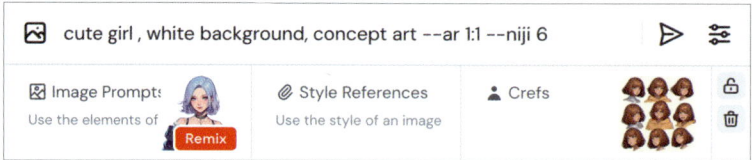

원본과 비교해 보면 Remix(Subtle)의 경우 변화의 정도가 얼굴과 헤어스타일 정도가 반영되고 Remix(Strong)의 경우는 의상의 색까지 변경된 것을 확인할 수 있습니다. 의상이 반영되지 않도록 하려면 Cref Base 이미지를 편집할 수도 있고 --cw 를 낮게 설정해서 의상의 반영 정도를 조절할 수 있습니다. --cw 값이 낮추다 보면 의상 > 헤어 순으로 적용됩니다.

헤어스타일은 유지한 채 의상이 반영 안 되는 범위는 이미지의 상황마다 다양하게 적용되니 약간의 반복 확인이 필요한 부분입니다. 변화의 범위를 인지해서 필요한 변화의 정도에 따라서 두 기능을 선택해서 사용하면 됩니다.

02. With Parameters

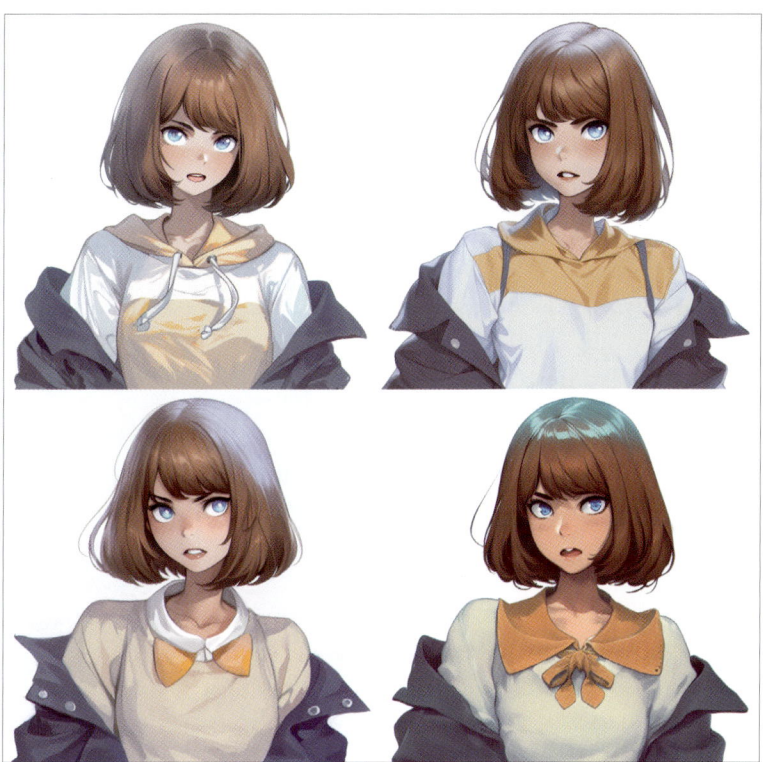

Remix(Subtle)

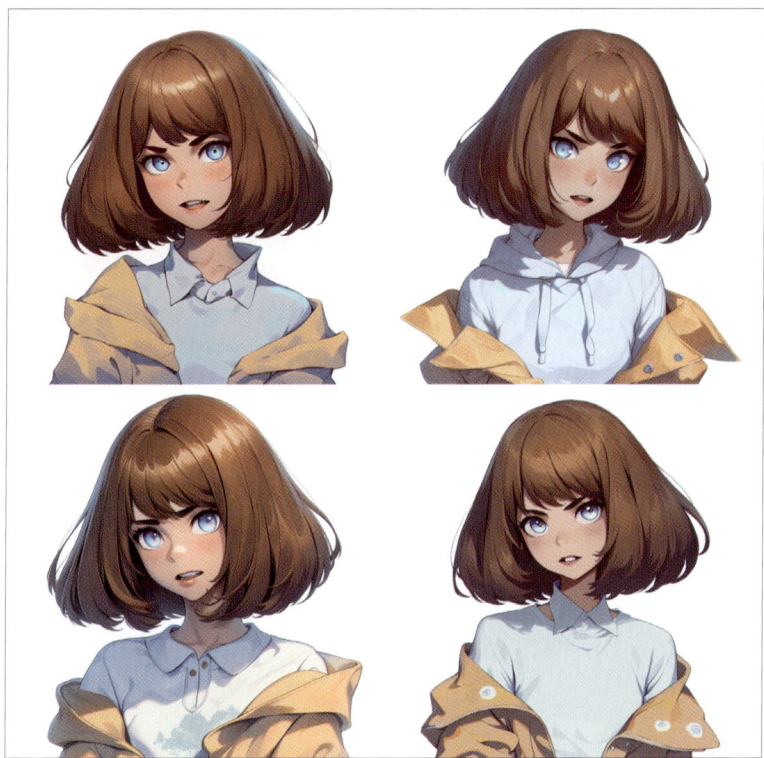

Remix(Strong)

03
Niji-journey(니지저니)의 활용

Niji(니지)는 기존에 미드저니 생성 모델(--V)을 기반으로 애니메이션에 부분을 보강해서 개발한 애니메이션 특화 모델의 이름입니다. 이 Niji 모델 작업은 일본의 Spellbrush(https://spellbrush.com/)와 협업으로 이루어졌고 그런 이유로 일본 애니메이션의 반영 비율이 높은 편입니다.

Niji 모델의 주 대상 사용자들이 한/중/일을 중심으로 한 아시아 사용자인 이유에서 각국의 다양한 애니메이션 스타엘에 대한 추가 학습이 진행되고 있고 이런 이유로 한복 등의 한국적 요소들의 생성은 미드저니 기본 생성 모델(--V)에 비해서 좀 더 잘 나오는 편입니다.

Niji 모델을 사용하는 방법은 파라미터 선택창에서 Model > Version에서 Niji 4/5/6을 선택하거나 Prompt 입력시에 Text로 --niji 6을 입력하면 됩니다.

파라미터 선택 창에서 Version 선택

Prompt에 Text 로 입력

01. Nijijourney.com

Niji 모델을 사용하는 전용 웹사이트가 존재합니다. Midjourney.com 과 99% 똑같은 사이트입니다. Midjourney의 계정으로 로그인이 가능하고 Midjourney.com에서 생성한 이미지들을 모두 확인할 수 있고 이미지 생성 사용법도 똑같습니다.

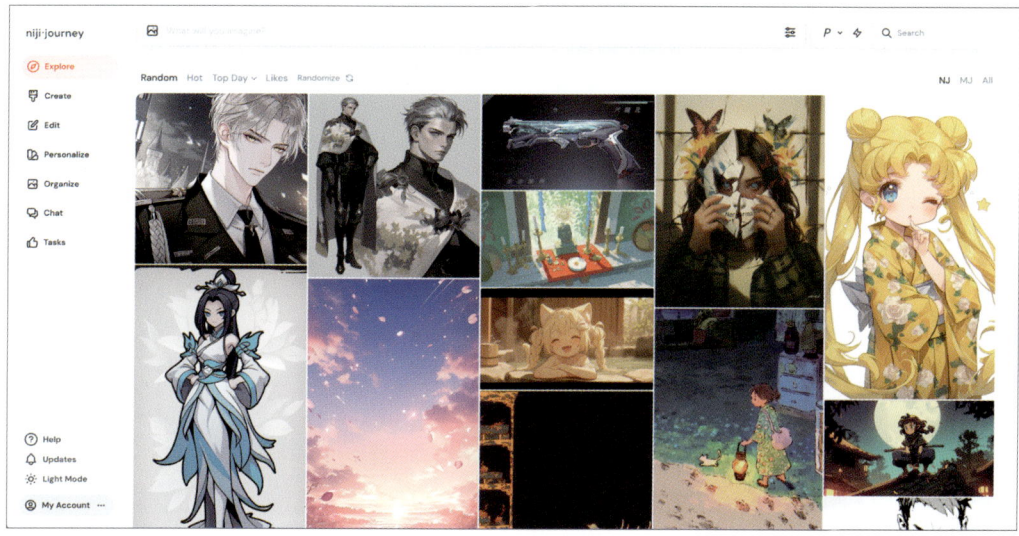

https://nijijourney.com/

02. 파라미터 기본값

파라미터 창을 열어보면 Version의 기본값이 Niji 6으로 설정되어 있습니다.

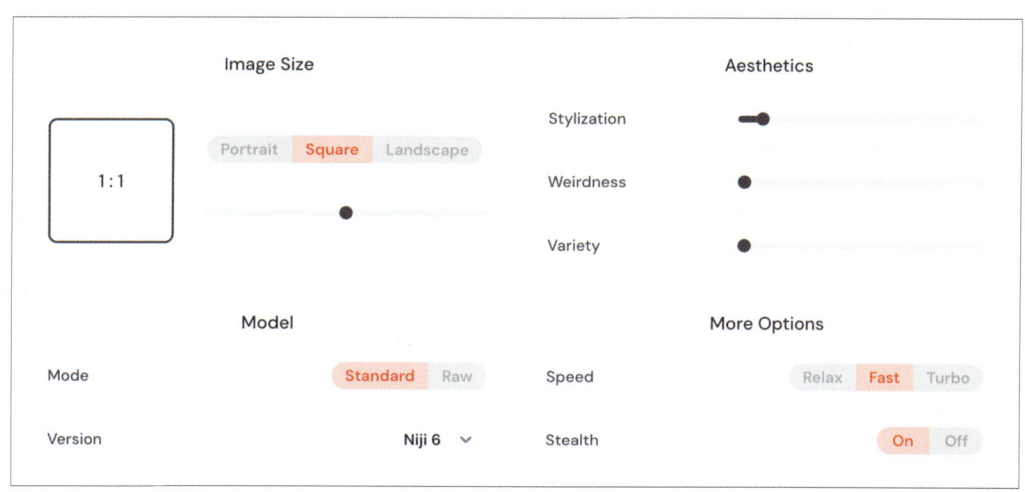

Nijijourney.com Parameter 창

03. 다국어 메뉴 및 Prompt 지원

한글 / 일본어 / 중국어 / 영어(기본값) 메뉴 선택 가능

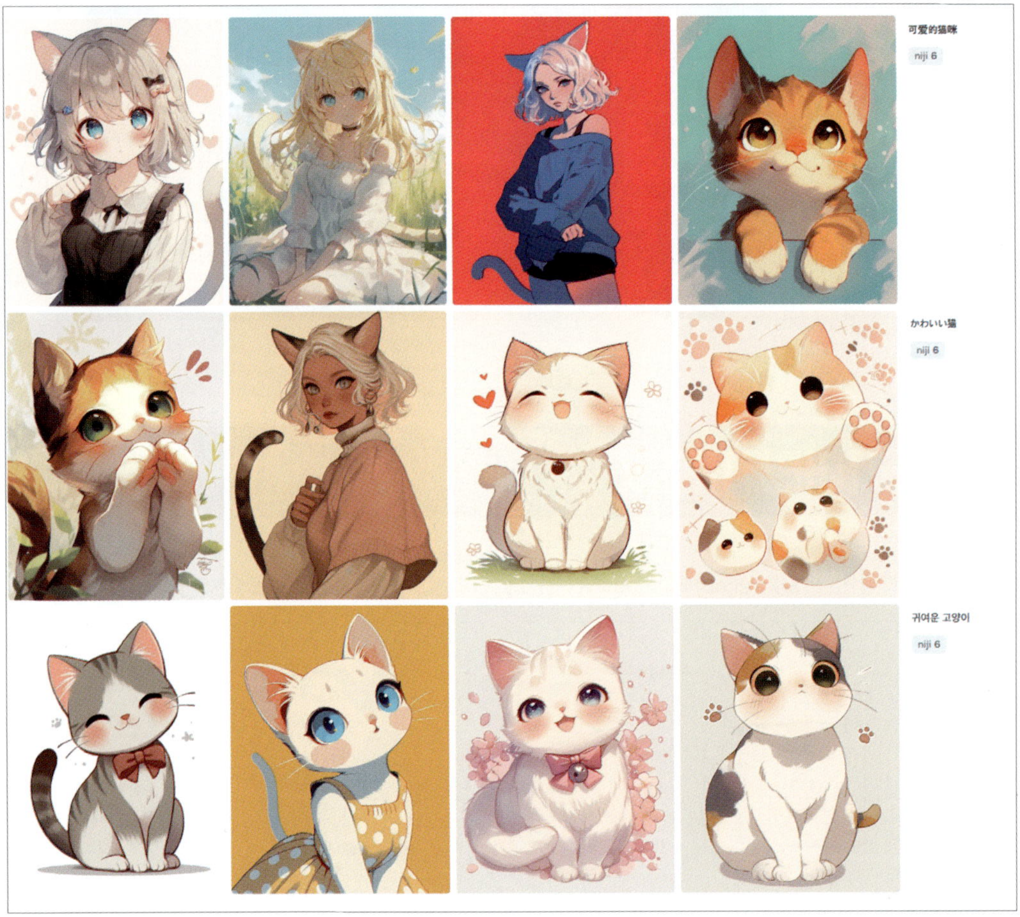

한글 / 일본어 / 중국어 Prompt 입력 가능

프롬프트를 한글/일본어/중국어로 입력할 수 있습니다. 하지만 이것은 생성 모델에 최종적으로 입력되는 것이 아니라 번역기가 작동해서 최종 입력은 영어로 됩니다. 내부 번역기가 이미지 생성 프롬프트에 최적화가 어느 정도 이루어져서 일반적인 번역기 보다 품질이 우수한 결과를 얻을 수 있습니다.

04
Editor(에디터)

01. Cref로 원하는 인물을 추가하는 방법

Editor를 사용하면 이미지 영역을 확장할 수 있습니다.

이 확장 영역에 만들어지는 인물을 Cref를 사용해서 원하는 인물을 추가하는 방법을 설명하겠습니다.

기본 생성 이미지

Cref로 추가된 캐릭터

Cref로 참조 시킬 Base 이미지를 미리 준비합니다.

Cref Base 이미지

그리고 기본 원본 이미지를 생성합니다.

원본 이미지 생성

Editor를 클릭해서 Edit로 들어가서 Move / Resize 메뉴에서 Aspect Ratio을 4:3으로 바꾸고 이미지 위치를 이동합니다.

비율 변경

위치 이동

이렇게 위치를 이동해서 다른 캐릭터가 들어갈 공간을 만들고 나서,

프롬프트를 cute girl in the street → cute girl and boy in the street로 수정합니다. 그리고 Cref 참조 Base 이미지로 만들어 두었던 이미지를 Cref 로 첨부합니다.

프롬프트 변경 및 Cref 참조

이렇게 실행을 시키면 아래와 같은 이미지를 얻을 수 있습니다.

최종 결과물

추가된 이미지와 Cref 참조 이미지 사이에 약간의 디테일 차이는 있지만 비교적 비슷한 디테일로 추가 생성 되는 것을 확인할 수 있습니다.

02. Cref로 의상을 교체하기

Cref가 얼굴 뿐만 아니라 의상까지 참조하는 점을 응용해서 Editor에서 영역을 설정하고 의상을 Cref 로 참조 시키는 방식으로 기존 이미지를 수정하는 방법을 설명하겠습니다.

원본 이미지에서 Editor 모드로 들어가서 의상이 생성된 공간을 선택합니다.

참조하려는 의상이 볼륨이 있는 스타일의 드레스인 것을 감안해서 여유 있게 공간을 선택해 주셔야 합니다. 너무 타이트하게 공간을 설정하면 생성 품질이 떨어집니다.

그림과 같이 Cref Base 이미지를 Cref 참조로 추가합니다.
첨부 종류를 꼭 Image Prompt가 아니라 Character Reference에 참조시켜야 합니다.

아래의 두 결과물을 비교해 보면 Cref로 참조한 의상이 '대략적 반영'된 것을 확인할 수 있습니다.
해당 기능을 이용해 정확한 디테일의 제품을 추가하려는 문의가 많은데, 이 기능은 '대략적 반영'이라는 한계가 명확한 기능이라는 점을 참고해 다양한 베리에이션의 이미지를 만들 때 활용하시기 바랍니다.

생성 결과물

03. Crop 및 확장하기

미드저니 자체에는 생성된 이미지를 Zoom In 이나 Crop을 해서 확대하는 기능은 없습니다.

Edit의 기능을 활용해서 Crop과 확장을 통해 유사 Zoom In기능을 구현할 수 있습니다.

원본 / Prompt : smiling, A beautiful Korean actress in cherry blossom street. face focus, photo

원본 이미지

원본 이미지를 Edit > Move / Resize에서 그림과 같이 캔버스 조절바로 Crop을 하고 이미지를 이동해서 확장될 영역을 확보합니다.

그림처럼 이미지를 자르고 여백 부분을 추가 생성합니다.

Crop과 확장 목표

캔버스 세로 축소 / 이미지 이동

이때 이미지 비율을 바꾸는 Aspect Ratio를 사용하게 되면 캔버스 비율에 맞춰서 이미지가 축소되어 Image Scale 100% 이상으로 변경할 수 없습니다. 캔버스 바를 이용해서 세로를 줄이고 이미지를 이동시키면 상대적으로 이미지가 확대되는 효과를 얻을 수 있습니다.

생성 결과물

원본과 비교해 보면 인물의 얼굴이 확대된 것을 확인할 수 있습니다.

이 방식의 한계는 가로와 세로를 모두 줄이는 Full Crop 방식은 직접적으로 지원하지 않는다는 점입니다. Full Crop이 필요하다면, 먼저 가로 방향으로 자른 뒤, 그 결과물을 같은 방식으로 세로 방향으로 한 번 더 자르면 원하는 결과를 얻을 수 있습니다. 단, 이 경우 새롭게 생성된 영역을 제외한 기존 이미지 부분에는 추가적인 화질 개선이 이루어지지 않습니다. 따라서 이 과정 중간에 Upscale(Subtle) 기능을 활용해 화질을 먼저 개선한 후, 다음 작업을 이어가는 것을 권장합니다.

05
Full Editor 활용하기

Edit 메뉴에서는 외부 이미지를 업로드해 편집할 수 있는 Full Editor를 기능을 제공합니다.

01. 기본 활용

01. 초상화 만들기

초기 미드저니 사용자들이 가장 많이 시도하는 것이 Image Prompt로 자기 자신의 이미지를 첨부시켜 Pencil sketch와 같은 Prompt를 사용해서 자신의 초상화를 만들려는 것입니다. 물론 Image Prompt를 첨부하는 것이나 Cref를 첨부해서는 원하는 유사도의 결과물을 얻기는 힘듭니다.

그러나 외부 이미지 업로드 기능이 생기면서 드디어 이것이 가능해졌습니다. Edit 메뉴에서 이미지를 첨부합니다. URL을 이용하거나 파일을 직접 업로드하면 됩니다.

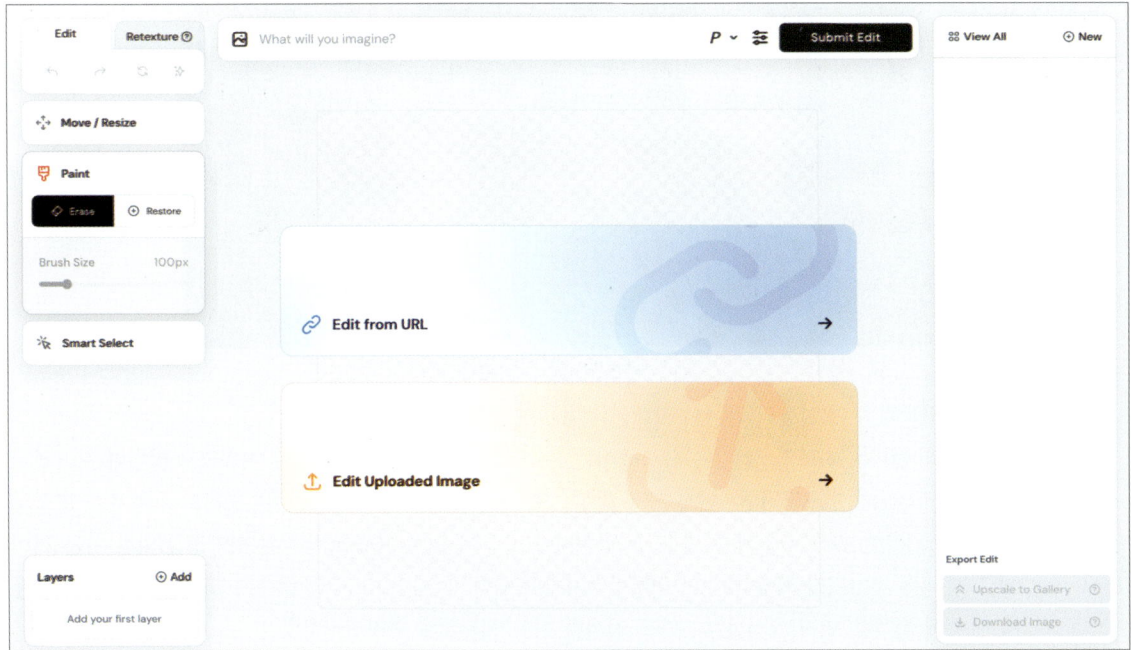

Edit > Edit New Image

이미지를 업로드합니다.

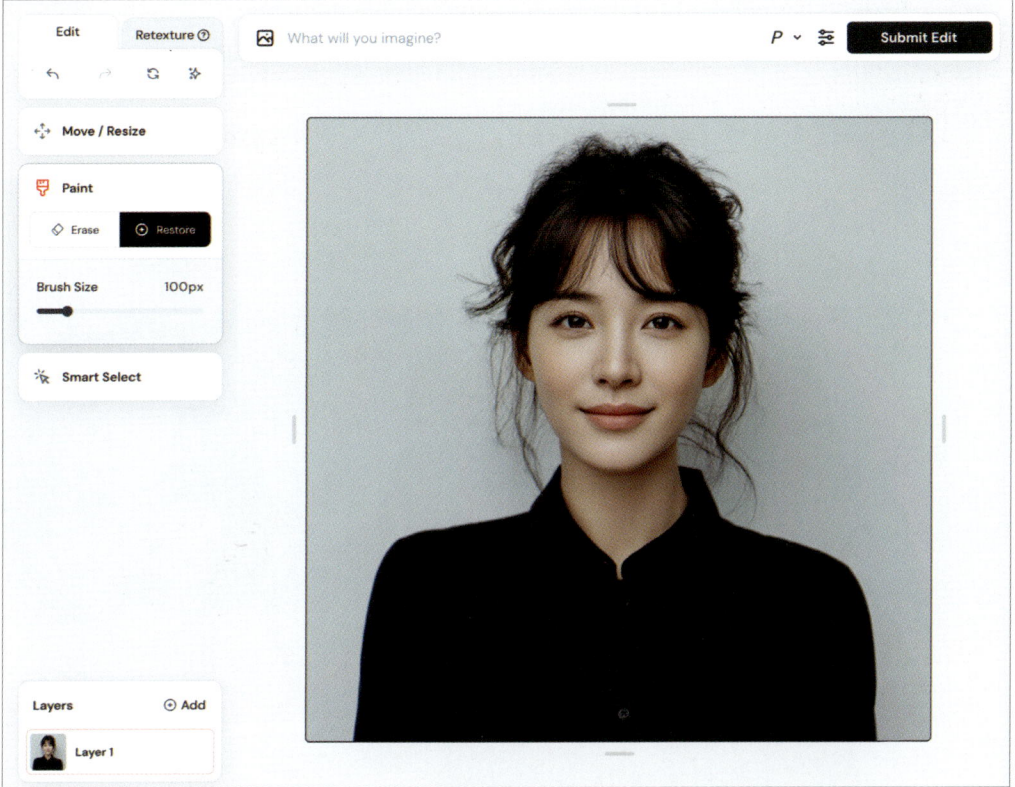

이미지 업로드

위와 같이 이미지를 업로드 후 Aspect Radio를 2 : 1로 바꾸고 이미지를 왼쪽으로 이동시켜 오른쪽에 생성될 공간을 확보해 줍니다.

캔버스 비율 변경과 이미지 이동

Edit Prompt는 생성 될 부분에 대한 내용만이 아닌 완성된 전체 이미지를 묘사해 작성해 줍니다.

> same Korean girl , left photo, right pencil sketch on white background

Edit Prompt 입력

다음과 같은 생성 결과물이 나왔습니다. (한 번에 원하는 결과가 나오지 않을 수 있으므로 반복 생성이 필요할 수 있습니다.) 윤곽선, 눈매, 입술의 형태, 헤어스타일 등을 각각 비교해 보면 전반적으로 비슷한 결과물이 생성되긴 했습니다. 그림 실력이 조금 부족한 사람이 그린 듯한 느낌이 오히려 더 자연스럽게 느껴지는 부분도 있습니다.

생성 결과물

좀 더 유사도를 높이고 싶다면 원본 이미지를 Cref 로 참조 시키면 됩니다.

Cref로 원본 참조

위와 같이 자신의 이미지를 Cref / Sref에 참조시키는 것을 Self 참조라고 부릅니다.

Cref로 Self 참조를 시키면 유사도가 좀 더 올라가는 것을 확인할 수 있습니다. Cref를 Self 참조하면 유사도는 올라가지만 약간 어색하고, Cref를 사용하지 않으면 자유도가 좀 더 올라가서 유사도가 다소 떨어지더라도 좀 더 자연스러운 결과물을 얻을 수 있습니다.

이 두 가지 방법 중에 필요한 유사도와 자연스러움에 따라 선택해서 사용하면 됩니다.

02. 인테리어 구성하기

외부 이미지를 업로드해 수정할 수 있는 Full Editor의 기본 기능을 응용해서 가상 인테리어 이미지를 만들어 볼 수 있습니다.

원본 이미지

원본 이미지를 업로드하고 Edit 모드에서 원하는 곳의 선택하고 들어갈 내용을 Prompt에 추가합니다.
이 이미지에 창가에 소파를 만들어 넣어 보겠습니다.

◇ Erase 를 선택해서 브러시로 소파가 들어갈 영역을 여유 있게 선택하시는 것이 생성 품질이 좋습니다.

영역 선택

선택 영역에 들어갈 내용을 Prompt 입력 창에 입력하고 생성을 실행하면 아래와 같은 결과물이 생성됩니다.

생성 결과물

선택된 생성 결과물을 오른쪽 History 창에서 선택한 이미지를 `Erase` 로 추가 영역을 선택합니다.

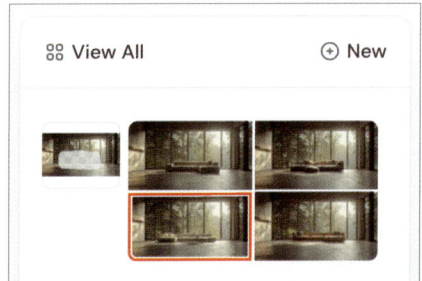

History에서 선택

영역 추가 선택

이곳에는 창가에 블라인드를 추가해 보겠습니다.

프롬프트 입력

최종 결과물

두 번째 추가 작업할 때 유의할 점은 유리창 전 영역을 최대한 영역으로 잡아야 적용이 잘 됩니다. 영역을 선택하고 생성 할 때 너무 좁은 영역의 작은 물건은 생성이 잘 되지 않습니다.

원본

최종 결과물

이 기능은 선택 범위와 만들어지는 프롬프트 사이에 연습이 좀 필요합니다. 연습의 포인트는 생각보다 넓은 영역을 선택하는 것이 생성이 더 잘 된다는 점입니다.

이때 오른쪽 History에 이전 작업들이 표시됩니다.
원본에서 다른 곳을 영역 선택해서 추가 작업을 할 수 있습니다.

같은 영역을 프롬프트만 바꿔서 변경하면 그룹이 생성되어 묶여서 한 번에 확인할 수 있습니다.

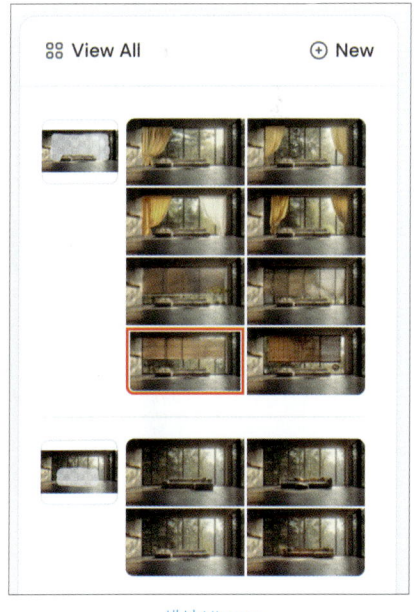

생성 History

03. Rear view(뒷모습 생성하기)

예시와 같이 정면의 메카닉 이미지가 있다면 이 이미지를 업로드해서 뒷모습을 만들어 보겠습니다.

원본 이미지

이미지를 업로드하고 해당 이미지의 가로 두 배 사이즈로 캔버스를 확대해 줍니다. 뒷모습이 가로형으로 표현될 것이 많기 때문에 충분히 가로 공간을 확보해야 합니다.

캔버스를 충분히 늘려주고 `Move / Resize`로 이미지를 왼쪽으로 이동해줍니다. 이미지의 오른쪽 끝이 중앙의 캔버스 조절 버튼 가운데 혹은 보다 왼쪽으로 위치해야 합니다. 가로가 모자라면 캔버스 가로 조절을 해서 충분히 공간을 확보합니다. 이론상으로 정확히 반이 좋지만 모자라는 것 보다 10%쯤 더 넓은 것이 생성에 유리합니다.

오른쪽에 충분한 생성 공간이 확보 됐다면 프롬프트를 입력합니다.

간단한 캐릭터의 경우에는 Rear view 만으로 뒷모습을 잘 만들어 주지만 예시처럼 조금 복잡한 이미지의 경우에는 최종 완성된 이미지를 기준으로 Prompt를 작성하는 것이 좀 더 성공률이 높은 편입니다.

최종 생성 이미지

이번 예시를 만들기 위해 최종 생성 이미지를 만들기까지 7번의 반복 생성을 하고 나온 결과물입니다. 한번에 생성은 힘든 방법입니다. 이 방법은 앞면 이미지의 복잡도가 높을 수록 많은 반복 생성이 필요하다는 점을 주의하세요.

04. 네일 아트 만들기

한 손 사진을 업로드해서 다양한 네일 아트 디자인 시안을 만드는 방법입니다.

이미지를 업로드한 후 를 클릭하고 브러시로 손톱 부분을 선택합니다. 이때 손톱의 남은 부분이 없도록 꼼꼼하게 선택하셔야 합니다. 너무 넓게 선택하면 손톱부분이 이상하게 변형되는 경우가 있으니 브러시의 사이즈를 줄여서 꼼꼼하게 손톱 부분을 선택해줍니다.

원본 이미지

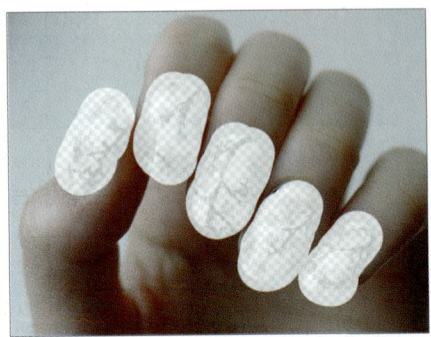

손톱부분만 선택

Prompt에 컬러 정도만 입력하고 생성하면 미드저니가 입력한 컬러 톤으로 네일아트 디자인을 생성합니다. 너무 복합하게 생성된다면 마지막 Prompt처럼 Simple을 추가하면 됩니다.

red color nail art

green color nail art

rainbow color nail art

Blue color simple nail art

05. Full Editor 활용하기

02. 투명한 배경 이미지를 활용하기

01. 상품의 배경을 생성하기

배경이 투명한 이미지를 Full Editor에 업로드하면 투명한 부분을 투명하게 인식합니다.

배경을 지우는 작업은 미드저니에서도 가능하지만 Photoshop이나 배경을 제거해 주는 프로그램을 이용하는 것이 좀더 깔끔한 원본 이미지를 얻을 수 있습니다. **투명 이미지의 경계 부분이 깔끔해야 좋은 결과의 이미지를 얻을 수 있습니다.**

이미지를 업로드하면 배경이 투명으로 인식 되는 것을 확인 할 수 있습니다.

배경이 투명한 제품 이미지

Move / Resize 를 이용해서 위치와 크기를 조절해 배경이 생성될 공간을 확보해 줍니다.
이때 원본 이미지를 너무 작게 줄이면 제품 이미지 주변에 추가적인 부분이 생성되어서 원본 제품 이미지가 변형이 생길 수 있습니다.

Prompt : ad photo, hand bag on podium

blue mood background

white mood background

yellow mood background

green mood background

Prompt에는 광고 이미지를 의미하는 ad photo 정도와 제품 밑에 생성된 저런 단을 podium이라고 합니다. 그리고 배경에 COLOR mood background를 입력하면 색상을 반영한 적당한 분위기의 배경을 생성해 줍니다.

업로드한 가방의 영역에는 전혀 변화가 없는 것을 확인 할 수 있습니다. 특정 브랜드나 로고가 포함된 이미지의 경우에도 그대로 유지된 상태로 배경만 생성됩니다. 제품이 화면에서 차지하는 비율을 줄이고 싶다면 아래와 같이 배경이 생성된 이미지를 Editor에서 선택해서 Move / Resize로 이미지 사이즈를 줄이고 배경 부분을 추가적으로 생성하면 제품이 비율이 작은 이미지를 얻을 수 있습니다.

05. Full Editor 활용하기

사이즈/위치 조절

최종 결과물

한 번에 투명 이미지 비율을 작게 줄이면 이미지와 연결된 추가적인 부분이 생성됩니다. 예시처럼 두 번에 나눠서 생성하는 방법을 추천합니다.

02. 모델과 배경 합성하기(Layer 활용)

Full Editor에서 아래와 같은 이미지를 쉽게 합성하는 방법을 알아보겠습니다.
아래와 같은 배경이 투명한 인물과 배경 이미지를 준비합니다.

인물 원본

배경 이미지

미드저니 Editor의 Smart Select를 사용해도 배경을 제거할 수 있지만 아직까지는 예시와 같은 실사 이미지의 경계 부분(특히 머리카락)이 깔끔하게 선택되지 않습니다. 포토샵이나 배경 제거 프로그램을 사용하는 것을 권장합니다.

이번에는 Edit에서 Layers에 이미지 두 장을 추가합니다.

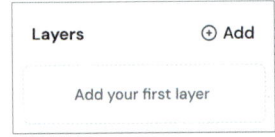
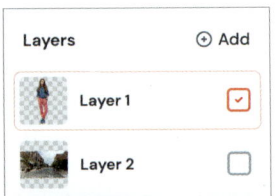
Layers 에 이미지 추가

⊕ Add 버튼을 이용해서 한 장씩 추가할 수도 있지만 두 장의 이미지를 드래그 해서 Layers 박스에 드랍하면 한꺼번에 두 장의 이미지가 각각의 레이어로 업로드 됩니다.

Layers로 업로드된 이미지

Layer 1을 선택해서 합성이 될 위치와 피사체의 크기를 잡아서 위치시켜 줍니다.

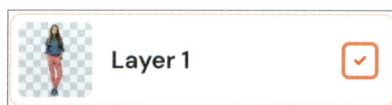

Layer 2를 선택해서 Layer 1이 들어간 부분의 뒷부분을 지워줍니다.

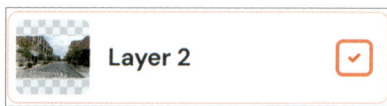

이렇게 합성이 되는 Layer 1의 주변에 여백을 주면 미드저니가 인물과 배경을 자연스럽게 합성해 줍니다. Edit Prompt는 합성될 결과물을 묘사해 주면 됩니다.

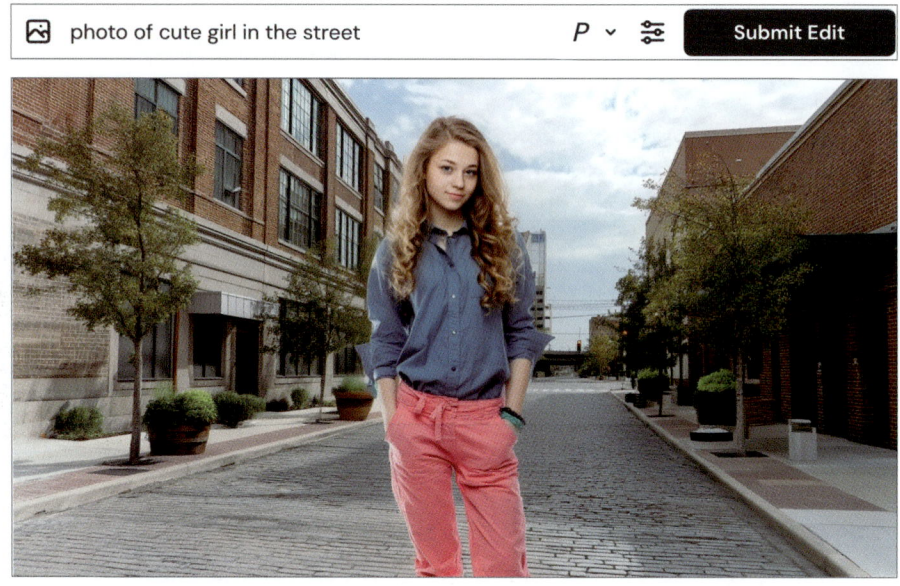

생성된 결과물

배경과 자연스럽게 합성은 됐지만 아직도 약간 어색한 부분이 있습니다.

이럴 때는 생성된 이미지를 같은 Prompt로 Retexture를 실행 시키면 보다 자연스러운 결과물을 얻을 수 있습니다. 단, 이 경우에는 인물과 의상의 디테일이 최초 원본과 달라지고 구도와 구성만 일치한 자연스러운 결과물을 얻을 수 있습니다.

Retexture 결과물

인물의 포즈와 배경을 적당히 합성하고 그것을 기초로 자연스러운 결과물을 얻고 싶다면 Retexture까지 활용하여 좀 더 쉽게 원하는 구도와 구성의 결과물을 얻을 수 있습니다.

03. 의상에 모델 생성

아래와 같은 배경이 투명한 의상의 배경이 투명한 이미지를 준비합니다.

입고 찍은 볼륨감이 있는 이미지(착장 이미지)가 좀 더 생성의 결과물이 좋습니다.

배경을 투명하게 처리할 때 목부분을 잘 따내야 인물의 목 부분이 추가적으로 자연스럽게 생성됩니다.

배경이 투명 이미지 의상 이미지
(by Photoshop)

Move / Resize 를 클릭하고 이미지 사이즈와 위치를 조정합니다. 인물이 들어갈 예정이니 넉넉하게 자리를 잡아주세요.

아래와 같은 Prompt로 생성하면 배경과 모델이 생성됩니다.

Prompt : man with red shirt , in the street

실내 스튜디오의 사진도 연출할 수 있습니다.

Prompt : man with Red short-sleeved shirt , in the studio , ad photo, simple red background

광고 사진 같은 연출을 위해서 ad photo를 Prompt에 추가하면 좀 더 깔끔한 이미지를 얻을 수 있습니다. 이렇게 생성하면 반팔 셔츠 아래 부분에 토시 같이 이어서 생성되는 경우가 있는데 이럴 때는 의상의 디테일을 short-sleeved shirt 와 같은 Prompt를 추가해 주면 됩니다.

04. 소파 제품 배경 생성

배경이 투명한 소파 이미지를 업로드합니다.

Move / Resize 를 이용해서 크기와 위치를 조정해서 배경이 생성될 공간을 확보합니다.

blue background

Yellow and orange background

소파 제품의 투명 배경 이미지를 이용해서 인테리어 배경을 생성하는 방법입니다. 이런 작은 객체들이 모여 있는 소파와 같은 이미지로 배경을 생성했을 때의 단점은 비슷한 작은 객체들이 주변에 필요 이상으로 생성되는 확률이 높다는 점입니다.

NG Cut

이럴 때는 앞장의 핸드백 제품을 배경을 생성할 때처럼 제품의 원본 크기를 최대한 크게 만들어서 일부 배경을 생성하고 이후에 줄여가는 방법을 사용할 수 있고 다음 장에서 다루어진 Blocker 작업으로 추가 생성되는 부분을 막는 방법이 있습니다.

업로드 이미지를 사용해서 제품의 배경이나 인물을 생성하는 것에서 정확한 제품 외곽과 디테일의 유지가 필요한 경우에는 한 가지 정답이 있기 보다는 원하지 않은 추가 생성을 막을 다양한 방법을 상황에 따라 활용하는 것이 필요합니다.

05. 건물 배경 이미지 만들기

1. 거리 배경 만들기

스케치업 등과 같은 3D 프로그램에서 메인 건물을 디자인하고 그 외의 배경들을 확장해서 생성하는 방법입니다.

스케치업 건물 이미지 + 투명 배경
이미지 제공 : 조지훈

스케치업에서 배경을 투명하게 만들어서 적당한 앵글로 이미지를 준비합니다.

이미지를 업로드하고 Aspect Ratio에서 2:1을 눌러서 캔버스 사이즈를 가로로 길게 만들어 줍니다. 이미지는 캔버스 사이즈에 맞게 높이가 맞춰집니다.

캔버스 비율 변경 (1 : 1 → 2 : 1)

위치/크기 조정

Move / Resize를 클릭해서 크기를 줄이고 위치를 잡아줍니다. 예제에서 보는 것처럼 이미지의 외곽선이 캔버스 밖으로도 이동이 가능합니다.

업로드한 건물이 들어간 길거리 풍경을 만화 스타일로 만들어 보겠습니다.
만화 스타일의 이미지를 생성하기 위해서 --niji 6로 Niji 모델을 사용합니다.
위와 같이 입력해서 실행을 하면 아래와 같은 배경이 생성됩니다.

추가 배경 생성

이후에 건물의 앞쪽 모습을 추가로 더 생성해 보겠습니다.

이미지 아래쪽의 캔버스 조절 버튼을 클릭하고 아래로 당겨 내립니다.

캔버스 확장

그럼 위와 같이 캔버스가 확장됩니다.

이렇게 캔버스 사이즈를 늘려서 같은 프롬프트로 다시 생성을 실행 시킵니다.

배경 연장 추가 생성

이번에는 Aspect Ratio에 있는 1:1 버튼을 눌러서 캔버스를 위아래로 확장을 시킵니다.
을 눌러서 이미지의 위치를 아래와 같이 조정해서 같은 Prompt로 생성을 다시 실행 시킵니다.

위치 조정

생성 결과물

 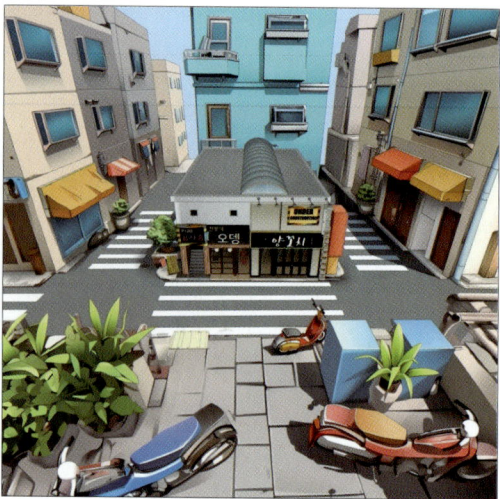

업로드 이미지 　　　　　　　　　　　　　　　　　최종 이미지

업로드한 이미지가 최종 이미지에 자연스럽게 자리를 잡은 결과물을 확인할 수 있습니다.
첫 생성부터 이미지를 절반으로 줄이고 배경을 한 번에 생성할 수도 있습니다. 하지만 한 번에 생성할 경우에는 한 번에 마음에 드는 이미지를 얻기 힘듭니다. 위의 방법과 같이 필요한 방향으로 현재 이미지의 1/2 이하를 생성하는 것이 그림 스타일이 안정적으로 유지됩니다.

2. Blocker 사용하기

위와 같이 설정을 해서 생성을 하면 아래와 같은 이미지가 만들어집니다.

배경이 추가 생성된 이미지

여기서 문제는 원본 이미지를 양옆으로 건물이 생성되는 것은 의도와 맞지만 건물 위로 추가적인 이미지가 생성이 되어서 원본 이미지에 변형을 줍니다. 자연스러운 생성이 좋다면 이 방법을 사용해도 되지만 지붕 부분은 건물이 추가 생성이 안 되고 양 옆으로만 생성이 필요하다면 Blocker를 만들어서 사용해 주시면 됩니다.

상단 Blocker

상/하/좌 Blocker

위와 같이 투명 이미지에 건물 외곽을 기준으로 50px정도의 테두리를 만들어 주면 그 부분을 제외하고 빈 공간에 생성을 하기 때문에 업로드 된 이미지의 원형을 유지하면서 원하는 방향으로 추가 생성을 할 수 있습니다.

오른쪽 이미지의 하단의 경우 검은색으로 Blocker를 만들어 놨는데 이것은 건물 아래쪽에 길이 추가 생성 될 것을 예상하고 작업이 된 것입니다.

가독성을 위해서 흰색으로 표시해 놨지만 추가 생성할 상황에 맞춰서 컬러를 정해 Blocker를 추가해 주시면 됩니다. 이것을 Prompt에도 한번 더 입력해 주면 자연스러운 이미지를 얻을 수 있습니다.

상단 파란색 Blocker

위와 같이 Blocker를 파란색으로 상단에 만들어 두고 Prompt에서 blue sky with cloud 를 추가해서 건물 상단이 자연스럽게 하늘이 추가 생성되게 유도를 한 것입니다. 중요한 것은 Blocker의 컬러와 Prompt의 상황이 어느 정도 유사해야 좀 더 좋은 결과를 얻을 수 있습니다.

배경이 추가 생성된 결과물

3. 가로 배경 추가 생성하기

이전 장에서 얻어진 자연스러운 하늘로 이어지는 이미지를 처음 업로드한 메인 건물 이미지를 중심으로 가로 스크롤이 가능한 배경 이미지를 만들어 보겠습니다.

그런데 지금 문제가 이미지의 양쪽 끝이 건물이 없이 끊겨진 상태입니다. 이렇게 되면 이어진 추가 생성이 건물들이 안 나오거나 그림 스타일이 다른 톤으로 바뀌는 경우가 있습니다. 이럴 때는 `Move / Resize`를 클릭해서 이미지를 오른쪽으로 이동 시키고 `Erase`를 클릭해서 브러시로 끊긴 부분을 지워줍니다. 같은 방식으로 오른쪽 부분이 지워진 이미지도 만들 수 있습니다.

왼쪽 부분이 지워진 이미지

오른쪽 부분이 지워진 이미지

두 이미지의 이동 범위는 업로드한 메인 건물이 잘리지 않는 범위까지만 이동하셔야 합니다.
이렇게 이동하고 추가 생성된 부분을 지워 놓은 상태에서 같은 Prompt로 생성을 하면 아래와 같은 이미지를 얻을 수 있습니다.

메인 건물을 중심으로 연속되는 가로 스크롤 배경

이렇게 생성된 두개의 이미지를 Photoshop에서 메인 건물을 중심으로 겹쳐서 합성을 하면 아래와 같은 이미지를 만들 수 있습니다.

이런 방식의 배경 제작 기법은 컷 애니메이션의 스크롤 배경이나 가로 스크롤 게임의 배경에 활용할 수 있습니다.

03. Comics – Niji Journey

01. 배경 추가하기

1. 단순 배경 추가하기

투명한 배경 이미지로 피사체와 어울리는 자연스러운 배경을 생성하는 방법을 이용해서 만화 컷을 생성할 수 있습니다.

우선 흰색 배경에 캐릭터를 생성합니다.
이때 중요한 포인트는 Profile Code와 Sref Seed를 사용하면 좀 더 일관된 스타일의 결과물을 얻을 수 있습니다. 다양한 스타일 조합은 이전 P-code + Sref Seed Blend Sheet 장에 자세히 다루고 있으니 참고하세요.

여기에서는 Profile code [ynmstuv] 와 Sref Seed [2135176246]를 사용합니다.

캐릭터를 흰색 배경으로 생성하고 Photoshop을 이용해 흰색 배경을 제거해 줍니다. 배경을 꼼꼼하게 잘 제거해주어야 추가 생성하는 결과물의 품질이 좋아집니다.

```
cute girl, white background, concept art, full body
--sref 2135176246 --p ynmstuv --niji 6
```

생성 이미지

배경제거

배경이 제거된 이미지를 Full Editor에 업로드하고 아래와 같이 실행합니다. 생성에 사용된 Profile Code와 Sref Seed를 동일하게 입력해서 생성해야 스타일이 유지되면서 배경이 생성됩니다.

`cute girl in the street --sref 2135176246 --p ynmstuv --niji 6` **Submit Edit**

배경의 묘사만 변경해서 다양한 배경의 이미지를 생성할 수 있습니다.

in the park

in the school room

2. 인물 배경 생성

> cute boy and girl, white background, concept art, full body --sref 2135176246 --p ynmstuv --niji 6

이번에는 위와 같이 소년과 소녀를 생성합니다.
각각 생성하셔도 되는 작업입니다.

이번에는 Photoshop을 이용해서 배경을 제거한 후 캐릭터를 따로 오려서 새로운 사이즈의 파일에 배치합니다.

이번에 만들 결과물은 길거리에서 이야기하고 있는 소년, 소녀의 모습을 만들기 위해서 적당한 거리와 입과 눈 부분을 지워서 투명으로 처리합니다.

편집된 이미지를 업로드하고 아래와 같이 Prompt를 입력하고 생성을 합니다.

> A boy and a girl are talking on the street. --sref 2135176246 --p ynmstuv --niji 6

그러면 아래와 같은 적당한 배경이 생성되고 눈을 맞추며 대화하는 장면이 연출됩니다. 다양한 캐릭터를 생성해서 배치하고 배경을 투명으로 편집해서 Full Editor를 이용하면 어울리는 배경을 생성할 수 있습니다.

02. 스케치 활용하기

1. 스케치 실루엣의 활용

대략적인 스케치를 Full Editor에 업로드 합니다.

 Erase 를 사용해서 대략적인 실루엣을 선택해 줍니다. 이때 주의해야 할 점은 내부까지 모두 선택해서 외곽 실루엣이 보이게 선택해야 한다는 것입니다.

대략적 스케치

실루엣 선택

실루엣을 선택하고 아래와 같이 Prompt를 입력해서 생성합니다.

> boy holding a spear, with white outfits, white background --niji 6   Submit Edit

그러면 우측과 같은 결과물을 얻을 수 있습니다.

이 방법은 대략적인 공간을 선택해서 그 공간 안에 들어갈 내용을 Prompt로 입력해서 생성하는 방법입니다. 이런 이유에서 라인 정보가 정확히 반영되지 않고 전반적인 실루엣이 반영되어 생성이 됩니다.

원하는 그림 스타일이 있다면 Profile Code나 Sref Seed를 같이 입력해주면 좀 더 자연스러운 결과물을 얻을 수 있습니다.

> boy holding a spear, with stylish outfits, white background, Fantasy concept art --personalize lpttu5i --stylize 500 --niji 6

예시의 경우는 Profile Code의 특징을 보다 잘 나타나게 하기 위해 --stylize 500을 사용하였는데 이것은 원하는 특징에 맞춰서 조절하면 됩니다.

스케치

생성

생성 + Personalize Code

3장의 이미지를 비교해보면 실루엣이 일치하는 것을 확인할 수 있습니다.

2. Niji Retexture

이전 장의 스케치 이미지를 다시 업로드하고 이번에는 Retexture를 선택하고 같은 프롬프트를 입력합니다.

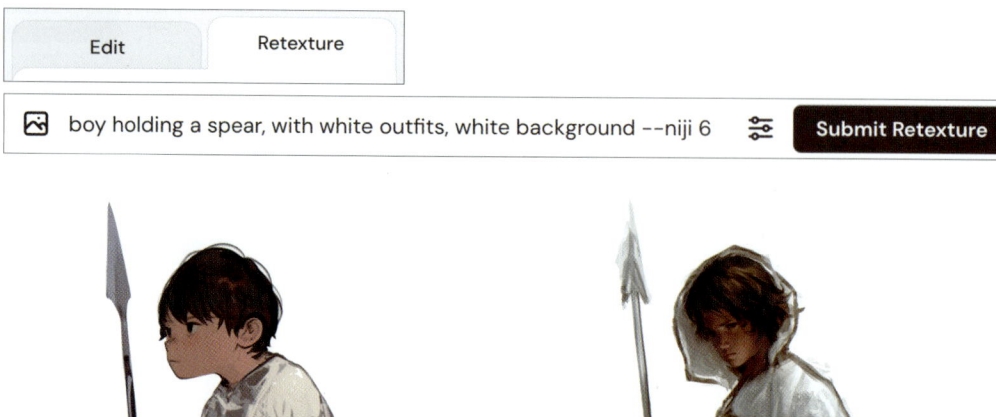

--niji 6 결과물　　　　　　　　　　　　--v 6.1 결과물

--v 6.1로 실행한 결과와 비교하면 --niji 6이 그나마 좀더 나은 결과물로 나옵니다.

하지만 원하는 스케치가 제대로 된 이미지라고 하기에는 많이 부족합니다. 이런 부족한 결과는 스타일(신체 비율, 그림 스타일 등)을 만들어 내는데 정보가 부족하기 때문입니다. 이럴 때 이용하는 것이 Sref Seed나 Profile Code입니다. 이때 주의해야 할 점은 그림 스타일이 너무 복잡한 Sref Seed나 Profile Code보다는 간단하고 깔끔한 스타일로 나오는 코드가 품질이 좀 더 좋습니다.

이러한 조건에 맞는 Sref Seed는 [1201080920] 입니다.
스타일 확인은 **Sref Seed List** 편을 참고하세요.

지금의 경우는 스타일 정보가 부족해서 제대로 못 만들어 내고 있습니다. 이를 생각해서 Sref Seed 참조 강도(--sw)를 기본 값보다 높게 사용하면 Sref Seed의 스타일이 많이 반영되어 좀 더 좋은 결과물을 얻을 수 있습니다. 스케치의 스타일과 Sref Seed나 Profile Code의 스타일이 안 맞는 경우에는 제대로 된 결과물을 생성할 수 없습니다. 계속 제대로 안 나오는 경우는 Sref Seed나 Profile Code를 변경해서 시도해보세요.

Sref Seed의 스타일이 반영되어서 처음 이미지보다는 잘 나왔지만 아직도 이미지가 좀 어색합니다. 어색한 이유는 왼쪽 팔 부분이 없기 때문입니다.

이럴 때는 생성된 이미지를 Edit 모드로 가져가서 어색한 팔 부분을 선택합니다. 그리고 창을 쥐고 있는 손도 어색하니 그 부분도 함께 선택합니다.

동일한 프롬프트로 Edit를 실행합니다.

> boy holding a spear, with white outfits, white background --sref 1201080920 --niji 6   **Submit Edit**

Submit Edit 버튼을 꼭 확인하고 실행을 시키셔야 합니다. 현재 실행되고 있는 것이 Edit 인지 Retexture인지를 프롬프트의 실행 버튼으로 확인할 수 있습니다.

어색했던 팔 부분과 창을 잡고 있는 손부분이 보강이 돼서 생성된 것을 확인 할 수 있습니다.

이렇게 완성된 이미지를 선택하고 Retexture 메뉴를 클릭해서 를 클릭해서 다시 한번 Retexture를 실행 시킵니다.

Edit 생성 결과물

스케치

1차 Retexture

Edit 후 2차 Retexture

예시의 스케치처럼 신체 정보가 부족한 경우에는 한번의 Retexture로 결과물이 잘 안 나옵니다.
이럴 때는 Edit 메뉴에서 실루엣으로 생성한 방법을 응용하여, 부족하거나 어색한 부분을 추가로 수정 후에 다시 Retexture를 실행하면 좀 더 완벽한 결과를 얻을 수 있습니다.

3. Niji Retexture + Cref

이번에는 다른 두 개의 스케치 이미지를 이용해서 인물의 연속성을 만들어 내는 방법에 대해서 알아보겠습니다.

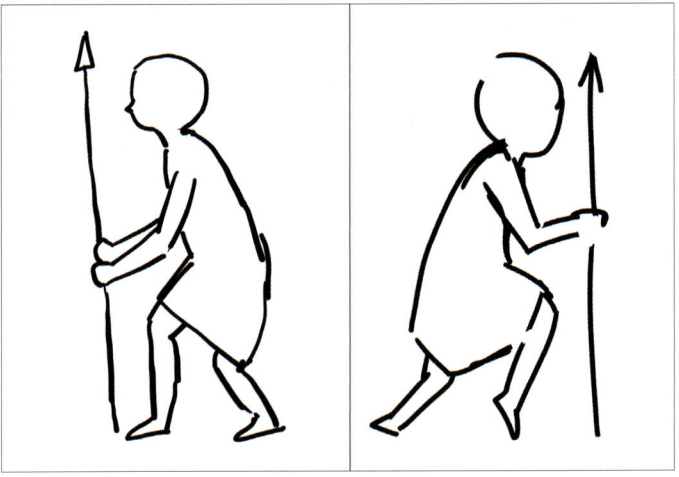

간단한 스케치

인물의 연속성을 Cref를 이용하는데 Cref에 이용한 Base 이미지를 만들어 줍니다.

```
cute boy , fantasy concept art , white background , full body --profile ynmstuv --stylize 500 --niji 6 --ar 3:4
```

이번에는 Profile Code를 사용해서 Retexture 할 때 부족한 스타일을 보강해 줍니다.
이때 주의해야 할 점은 Cref Base 이미지를 만들 때도 스케치의 Retexture에 사용할 동일한 Profile Code를 사용해서 생성해야 한다는 점입니다.

첫 번째 스케치를 업로드 후 아래와 같이 Prompt를 작성하고,
Cref Base 생성에 사용된 Profile Code를 사용하고 Cref Base를 첨부해서 Retexture를 실행합니다.

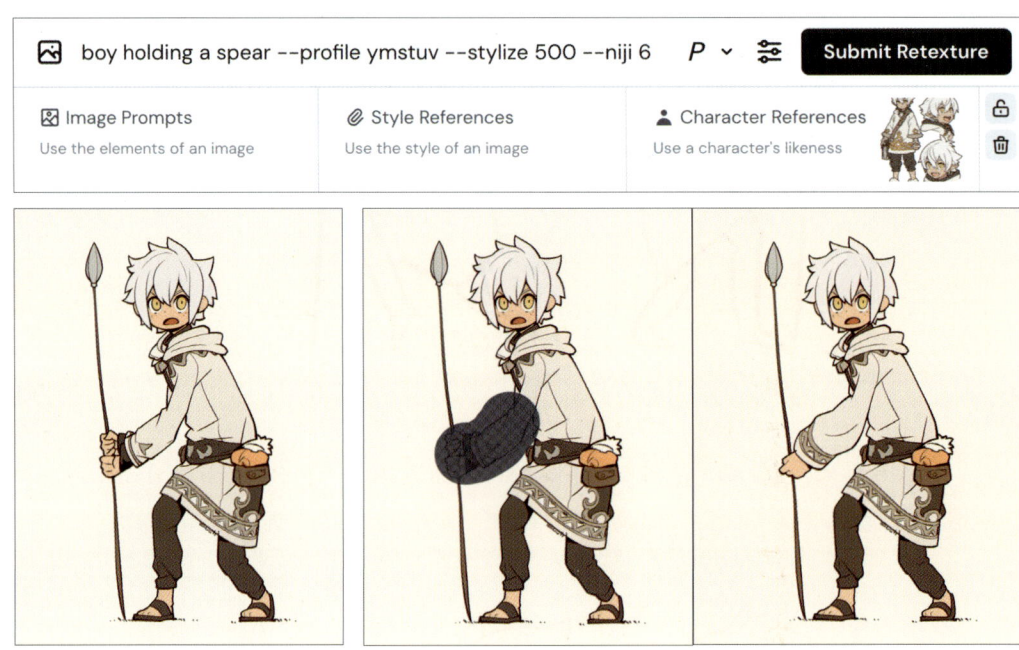

1차 Retexture   Edit 손 수정

2차 Retexture

두 번째 스케치를 업로드 후 이전과 같이 Prompt를 작성하고 마찬가지로 같은 Profile Code를 사용해서 실행합니다.

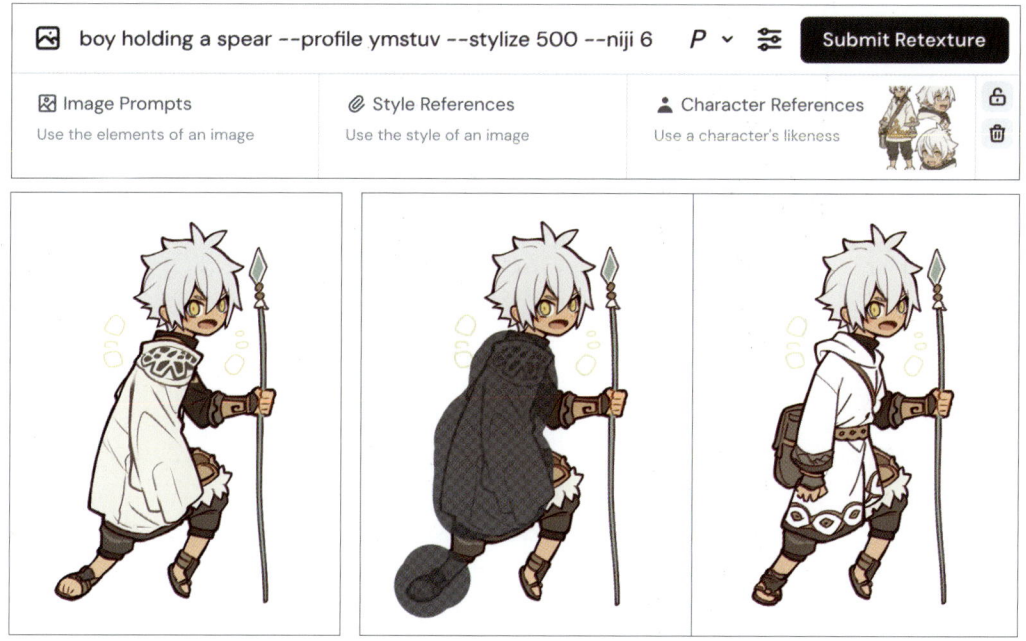

1차 Retexture
Edit 등과 발 수정

2차 Retexture

Retexture만으로 형태 변화는 한계가 있으니 Edit를 적절히 활용해 주세요.

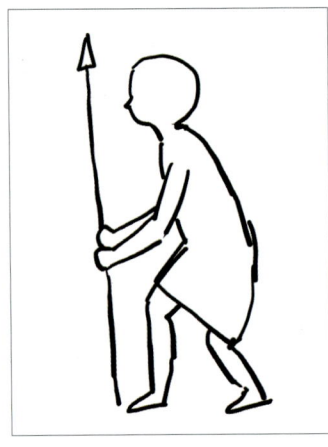  

스케치   1차 Retexture   2차 Retexture

4. Edit + Retexture + Cref

이번에는 이와 같은 스케치를 이용해서 칼을 들고 있는 소년을 생성하겠습니다.

스케치

이전 장과 마찬가지 Profile Code와 Cref Base를 사용하고 Prompt만 boy holding a sword로 바꿔서 계속 하나의 Prompt만 사용해서 과정을 실행합니다.

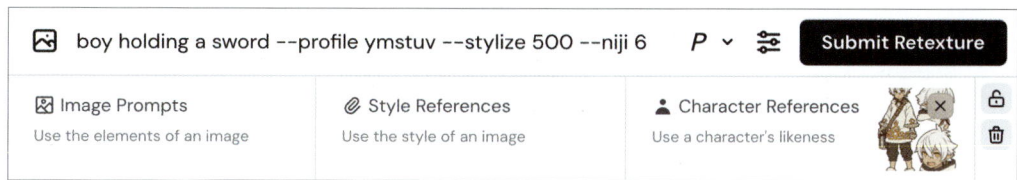

실행 Prompt

이 스케치는 팔의 한쪽 팔의 길이가 너무 길어서 팔을 먼저 Edit로 생성합니다.
팔이 생성된 이미지를 Retexture를 같은 프롬프트로 실행합니다.

팔 수정 영역 선택

팔 수정

1차 Retexture 결과물

이렇게 생성된 이미지에서 팔 부분과 필요 없는 부분을 다시 선택하고 추가 생성을 실행합니다.

팔과 불필요한 부분 선택

추가 생성

불필요한 부분이 지워지고 팔과 칼 부분이 생성된 이미지를 다시 Retexture를 2번 더 실행합니다.

2차 Retexture 결과물

3차 Retexture 결과물

Retexture를 추가로 진행할수록 머리와 몸의 비율이 안정화 되는 것을 확인할 수 있습니다.
Edit와 Retexture를 상황에 따라 적절히 섞어서 사용하면서 한 부분씩 완성해가는 것이 한꺼번에 많은 부분을 동시에 실행하는 것보다 안정적인 결과물을 얻을 수 있습니다.

05. Full Editor 활용하기

5. 아웃라인 스케치 활용 - 1

좀더 정교한 스케치를 이용하면 더 좋은 결과물을 얻을 수 있습니다.

아웃 라인 스케치 (제공 : 김한재)

두 장의 스케치 이미지를 최대한 유지되는 결과를 위해 Sref Seed를 사용해서 Cref Base를 만듭니다.

```
concept art, full body anime girl wearing a short pink dress , medium-length hair --ar 3:4
--sref 2135176246   --niji 6
```

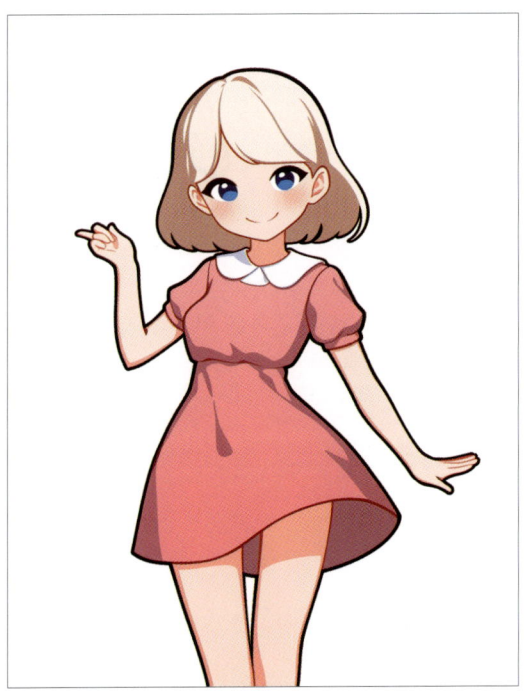

Cref Base 이미지와 스케치의 머리 길이가 많이 차이가 나면 머리 부분이 잘 나오지 않는 경향이 있으니 medium-length hair 정도로 길이만 Prompt에서 제어해 줍니다.

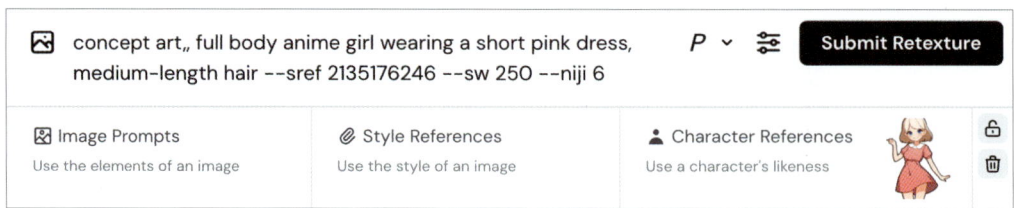

Prompt + Cref 첨부

위와 같이 Prompt를 작성하고 Cref Base를 첨부하여 계속 사용해서 실행합니다.

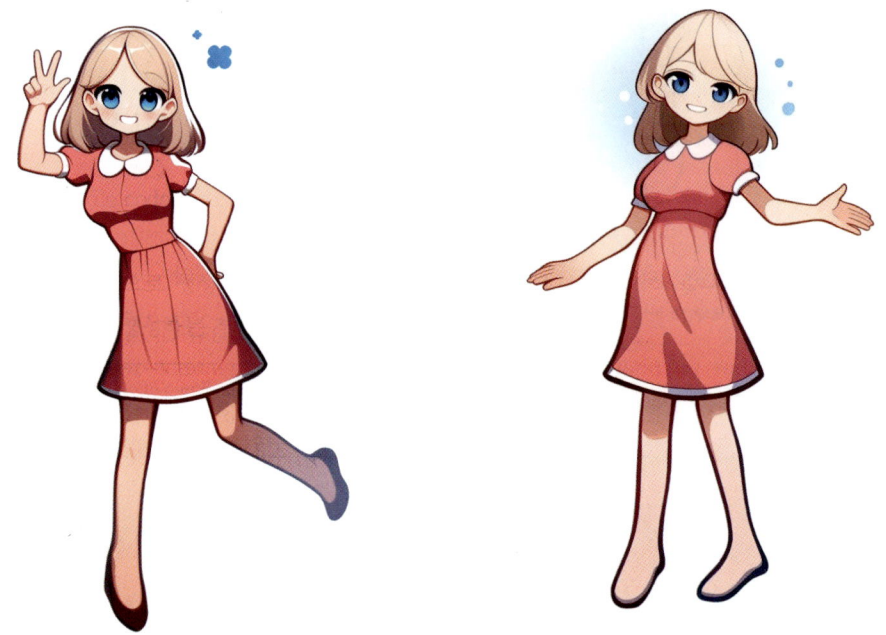

Retexture 결과물

아웃라인 스케치가 정교한 경우 Retexture 한 두번으로 좋은 결과를 얻을 수 있습니다.
같은 스케치 파일을 이용하고 Sref Seed와 Cref Base를 변경해서 다시 시도해서 다른 캐릭터도 생성할 수 있습니다.

```
concept art, full body anime girl wearing a short pink dress , medium-length hair --ar 3:4 --sref
1201080920 --niji 6
```

위와 같은 이미지를 Cref Base로 사용해서 같은 Prompt를 Sref Seed를 변경해서 Retexture를 실행합니다.

Retexture 결과물

위와 같이 헤어스타일이 스케치와 다른 경우에는 Cref Base를 반영하지만 Retexture가 실행된 결과물이 디테일의 차이가 나와서 생성한 이미지 간의 유사도가 떨어지게 됩니다. 디테일한 스케치를 사용했을 때는 Cref Base도 비슷한 헤어 스타일을 만들어서 사용하는 것이 효과적입니다.

6. 아웃라인 스케치 활용 - 2

아웃 라인 스케치 (제공 : 김한재)

```
concept art,, full body anime girl wearing a short pink dress , medium-length hair --ar 3:4 --sref 1201080920 --niji 6
```

이전 장과 같은 Cref Base와 Sref Seed를 사용합니다. 이 경우는 Cref Base의 헤어스타일에 맞춰 아웃 라인 스케치를 그린 경우입니다.

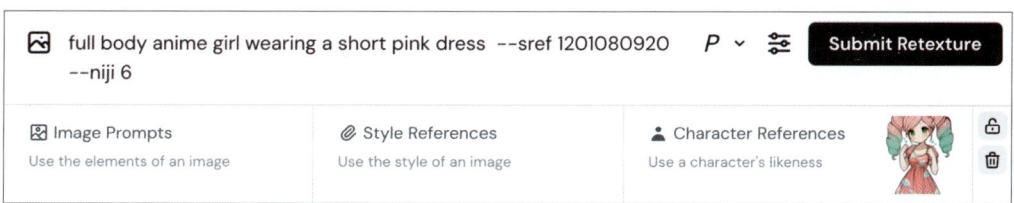

같은 Sref Seed를 사용하고 Cref Base를 첨부해서 Retexture를 실행합니다.

Retexture 결과물

스케치의 헤어스타일과 Cref Base의 헤어 스타일이 이 정도만 일치되어도 어렵지 않게 유사성이 높은 Retexture 결과물을 얻을 수 있습니다. 이전 장의 같은 Sref Seed와 Cref Base를 사용해서 나온 결과물과 비교해 보면 스케치와 Cref Base의 헤어스타일이 어느 정도 일치한 이 결과물이 디테일이나 유사도가 높은 것을 확인 할 수 있습니다.

하지만 스케치와 외곽선 디테일을 비교해 보면 약간의 변형이 이루어진 것을 확인할 수 있습니다. 이것은 Niji Retexture의 자유도가 높아서 발생하는 현상입니다. 이런 자유도보다 스케치를 좀 더 따라가게 하고 싶다면 V Retexture를 사용하시면 됩니다.

--v 6.1을 사용하고 Prompt에 anime style을 추가하고 Sref Seed와 Cref Base는 동일하게 첨부해서 Retexture를 실행합니다.

Retexture 결과물

이렇게 하면 라인은 정확하게 유지하지만 이런 만화 캐릭터 스타일의 경우 Niji 모델이 V 6.1에 비해서 품질이 우수합니다. 라인은 최대한 유지하고 Niji의 품질을 얻는 방법이 필요하다면, 우선 라인을 덜 유지하는 이유가 Niji Retexture의 높은 자유도에 있다는 점을 기억해야 합니다.

이 이야기를 뒤집어서 생각하면 Niji Retexture의 성능 즉 품질이 너무 좋아서 나오는 문제라고 할 수 있습니다. 이럴 때는 이미지 품질을 조절하는 --quality Parameter를 사용해서 품질을 떨어뜨리면 Niji 모델의 이미지 품질과 라인을 최대한 유지하는 두가지 필요를 모두 충족할 수 있습니다.

--quality Parameter를 0.5로 주고 같은 조건으로 Retexture를 실행합니다.

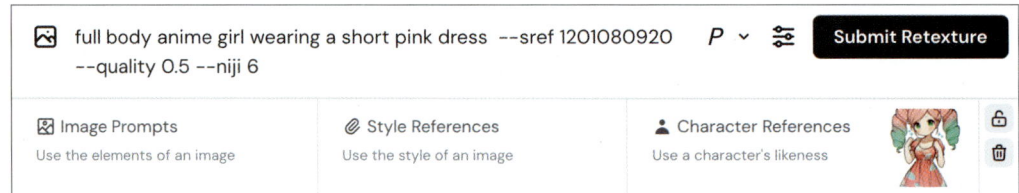

--quality 0.5 Retexture 결과물

--quality Parameter는 Niji 6에서는 0.25/0.5/1(기본값)을 사용할 수 있는데 0.25를 사용할 경우 결과물의 품질이 너무 떨어지는 단점이 있습니다.

--quality 0.5로 다른 Sref Seed를 사용한 결과물을 비교해보면 라인이 정확하게 유지되는 것을 확인할 수 있습니다. 이때 다른 Sref Seed를 사용할 때 아래와 같이 Cref Base로 새로 생성해서 참조로 사용하셔야 정확한 결과를 얻을 수 있습니다.

 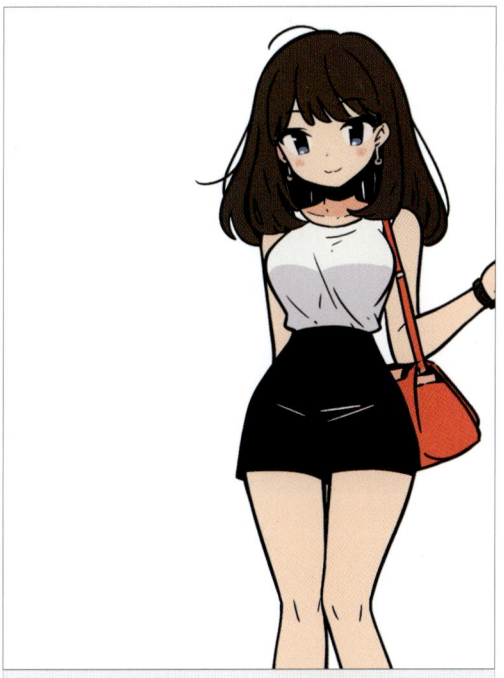

cute girl, white background, concept design , full body --sref 2135176246 --niji 6

cute girl, white background, concept design , full body --sref 3778842373 --niji 6

Sref Seed에 맞는 이미지를 Cref Base로 사용하셔야 합니다. 그리고 Prompt에 wearing a dress로 변경해서 옷의 색깔은 Cref Base를 참조하게 변경해줍니다.

스케치 원본

--sref 1201080920

--sref 2135176246

--sref 3778842373

Cref Base 이미지의 헤어 스타일을 비교해 보면 --quality 0.5로 생성했을 때는 형태가 스케치의 헤어 스타일로 유지되면서 머리색만 반영되는 것을 볼 수 있습니다. 같은 테스트를 --quality 0.5 / 1로 각각 실행해 보시면 반영되는 차이를 확인하실 수 있습니다.

지금까지 설명한 방법들을 상황에 맞게 활용하면 스케치를 이용해 결과물을 생성할 수 있습니다.

03. 배경 생성하기

이번 장은 Retexture에 관한 내용이지만 만화와 연결되는 내용이여서 흐름상 여기서 다루었습니다.
좀 더 다양한 Retexture의 활용은 다음 Retexture 편에서 자세히 다루고 있습니다.

1. 피사체와 함께 배경 생성

다음과 같이 배경과 조합될 피사체를 준비합니다.

기사

용

여기서는 용과 싸우는 기사를 연출하는데 Photoshop을 이용해서 스토리에 맞게 배치해 줍니다.

기사 이미지를 약간 회전시켜서 칼의 방향이 용을 향하게 만들어 줍니다.

Retexture를 이용해서 배경을 함께 생성하기 위해서는 배경을 투명이 아닌 흰색으로 만들어서 준비해야 합니다.

흰색 배경

이렇게 준비된 이미지를 업로드 후 상황으로 Prompt로 작성해서 Retexture를 실행 시킵니다.

기존 배치된 이미지와 배경이 Prompt에 입력한 상황에 맞춰서 변경되는 것을 확인 할 수 있습니다.

배경을 Prompt에서 바꿔주는 것만으로 다양한 연출이 가능하며, 자리를 잡고 있는 피사체도 Prompt를 통해서 변경할 수 있습니다.

in a castle

in the mountains

blue dragon

white dragon

2. 3D 파일을 이용한 배경 생성

스냅툰(https://www.snaptoon.co.kr)을 이용하면 배경 3D 화일에서 Line과 Depth Map을 간단하게 추출할 수 있습니다. 이렇게 추출된 결과물을 이용합니다.

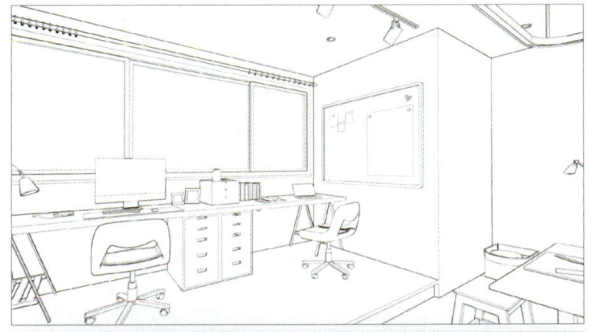
배경 Line

배경 Depth Map

Line과 Depth Map 이미지를 번갈아 가면서 사용한 예시를 보여드리지만 해당 예시가 해당 스타일의 이미지에 더 잘 작동하는 것은 아니고, 기술의 이해가 더 눈에 잘 들어오게 이미지를 사용했습니다. 두 형태 모두 비슷한 결과물이 나옵니다.

생성 모델만 다르게 --v 6.1과 --niji 6으로 같은 Prompt로 Line 이미지를 Retexture로 생성합니다.

이렇게 실행을 시키면 --v 6.1의 경우에는 실사 이미지가 --niji 6의 경우는 애니메이션 스타일의 이미지가 나와서 형태의 직접 비교가 힘듭니다. 이럴 때는 --v 6.1 Prompt에 anime style을 추가해 다시 실행합니다.

이렇게 실행을 하면 위와 같은 애니메이션 스타일의 --v 6.1 결과물을 얻을 수 있습니다. --niji 6의 경우는 애니메이션 특화 모델이어서 Prompt에 특별히 anime 관련 Keyword가 없어도 애니메이션 스타일의 결과물을 만들어 줍니다. --v 6.1을 사용해서 애니메이션 결과물을 원하실 때는 Prompt에 스타일을 지정해 줘야 좀 더 안정적으로 생성됩니다.

원본 이미지를 모델 별 결과물과 비교해 보면 --v 6.1의 경우가 보다 구조를 충실히 따라가서 이미지가 생성된 것을 확인 할 수 있습니다. 배경 이미지를 생성할 때 원본의 반영의 정도 여부에 따라서 필요한 모델을 선택해서 사용하시면 됩니다.

원본 배경 Line

--v 6.1

--niji 6

3. Depth Map 파일을 이용한 배경 생성 with Sref Seed

배경의 스타일을 Prompt로도 설정할 수 있지만 보다 여러 장의 배경에서 필요한 경우가 있습니다.

배경 Depth Map

05. Full Editor 활용하기

원본과 비교하면 두 이미지 모두 원본을 잘 반영해서 생성이 됐습니다. 하지만 생성된 두 이미지를 비교해 보면 그림의 스타일이 전혀 다르게 생성이 됐습니다.

하나의 스타일로 두 개의 이미지를 Retexture 한 결과물을 생성하기 원한다면 Sref Seed를 사용하면 됩니다. 이전 장에 다루어 둔 Sref Seed List에서 Comics Sref Seed를 사용해서 배경을 생성해 보겠습니다.

옆의 그림과 같은 만화 스타일의 Sref Seed [3778842373]을 사용해서 두 이미지를 Retexture로 실행합니다.

`modern office --sref 3778842373 --niji 6`   Submit Retexture

cute girl --sref 3778842373 --niji 6

같은 스타일의 배경이 생성된 것을 확인 할 수 있습니다.
Sref Seed List 〉 Comics 스타일이 잘 나오는 Sref Seed의 경우 인물을 만들면 디테일이 올라가고 이와 같은 배경을 생성할 때는 대략적인 생략이 많이 일어납니다.

이 점을 응용하면 인물과 배경을 같은 Sref Seed로 각각 생성해서 합성할 경우 인물에 좀 더 포커스가 맞춰지는 결과물을 얻을 수 있습니다.

05. Full Editor 활용하기

여기서 사용한 Sref Seed [3778842373]로 앞장에서 배운 아웃라인 스케치 Retexture를 이용해서 캐릭터를 생성합니다.

이렇게 생성된 이미지를 Photoshop을 이용해서 생성된 배경에 합성합니다.

합성 결과물

합성된 결과물을 보면 배경의 그림 스타일과 인물의 그림 스타일이 같아서 자연스럽게 합성되는 것을 확인 할 수 있습니다.

325

이런 배경에 이미지를 새로 생성해서 다음과 같은 장면을 연출 할 수 있습니다.

```
cute girl, side view, smiling, finger pointing to top, white background --sref 3778842373 --niji 6
```

캐릭터 이미지

인터넷 강의 스타일의 화면 구성

이렇게 구성된 화면에 Sref Seed만 바꾸어 배경과 캐릭터를 다시 생성하면 다양한 스타일의 결과물을 얻을 수 있습니다.

--sref 2118226073

Edit를 활용해서 얼굴 움직임을 추가로 만들어서 활용하면 보다 다양한 연출이 가능합니다.

원본

Open mouth

Closed eyes

--sref 2694724947

06 Retexture(리텍스처)

미드저니의 Retexture(리텍스처)는 이미지의 기본 구조나 형태를 유지한 채, 표면의 질감이나 재질, 스타일만을 변경할 수 있는 이미지 변환 기능입니다. 기존 이미지 위에 새로운 텍스처를 덧입히는 방식으로 작동하며, 오브젝트나 캐릭터의 구성 요소는 그대로 유지하면서 시각적 분위기와 스타일을 완전히 다르게 보여주는 매우 강력한 기능입니다.

Retexture는 단순한 스타일 변환 기능을 넘어, 동일한 컨셉 안에서 시각적 다양성을 확보할 수 있도록 도와줍니다. 한 이미지에 여러 가지 재질이나 질감을 실험해봄으로써, 하나의 아이디어를 다양한 버전으로 확장할 수 있는 기반을 마련해 주는 것입니다. 특히 조형물, 캐릭터, 제품, 건축, 패션 등 형태가 중요한 영역에서 Retexture는 본질을 해치지 않으면서도 새로운 느낌을 부여하는 이상적인 도구가 됩니다.

미드저니의 기존 기능인 Remix나 Vary가 이미지의 전체 구도나 구성을 변화시키는 데 중점을 둔 것과 달리, Retexture는 **형태를 유지하고 스타일만 바꾸는 것**에 특화되어 있습니다. 이로 인해 아이디어의 일관성을 유지하면서도 재질, 재료, 표현 기법을 다양하게 탐색할 수 있어 다채로운 스타일을 빠르게 테스트해 볼 수 있습니다. 컨셉 아트에서는 동일한 캐릭터의 다양한 텍스처 버전을 제작할 수 있고, 제품 디자인에서는 하나의 형태에 여러 소재를 적용한 시안을 비교해볼 수 있습니다. 또한 건축 시각화, 인터페이스 디자인, 영상 기획, 패션 일러스트 등에서 텍스처 질감의 변화를 통해 시각적인 아이디어를 넓히는 데에도 유용합니다.

결과적으로 Retexture를 이용하면 창작자는 아이디어를 처음부터 새로 만들 필요 없이, 하나의 형태에 다양한 스타일을 자유롭게 덧입히는 방식으로 상상력을 구현할 수 있게 됩니다. 단순한 이미지 생성 기능이 아닌, 창작자의 사고를 확장하는 하나의 창작 도구로 활용하면 좋습니다.

Retexture의 활용 예

06. Retexture(리텍스처)

Retexture(리텍스처)는 좌측 메뉴의 Edit 〉 Edit New Image 〉 상단의 Retexture 탭을 선택하면 됩니다. 기본적인 운용법은 앞서 알아본 Full Editor와 동일합니다.

상단의 Prompt 창의 우측 버튼으로 Full Editor 모드와 Retexture 모드를 쉽게 구분할 수 있습니다.

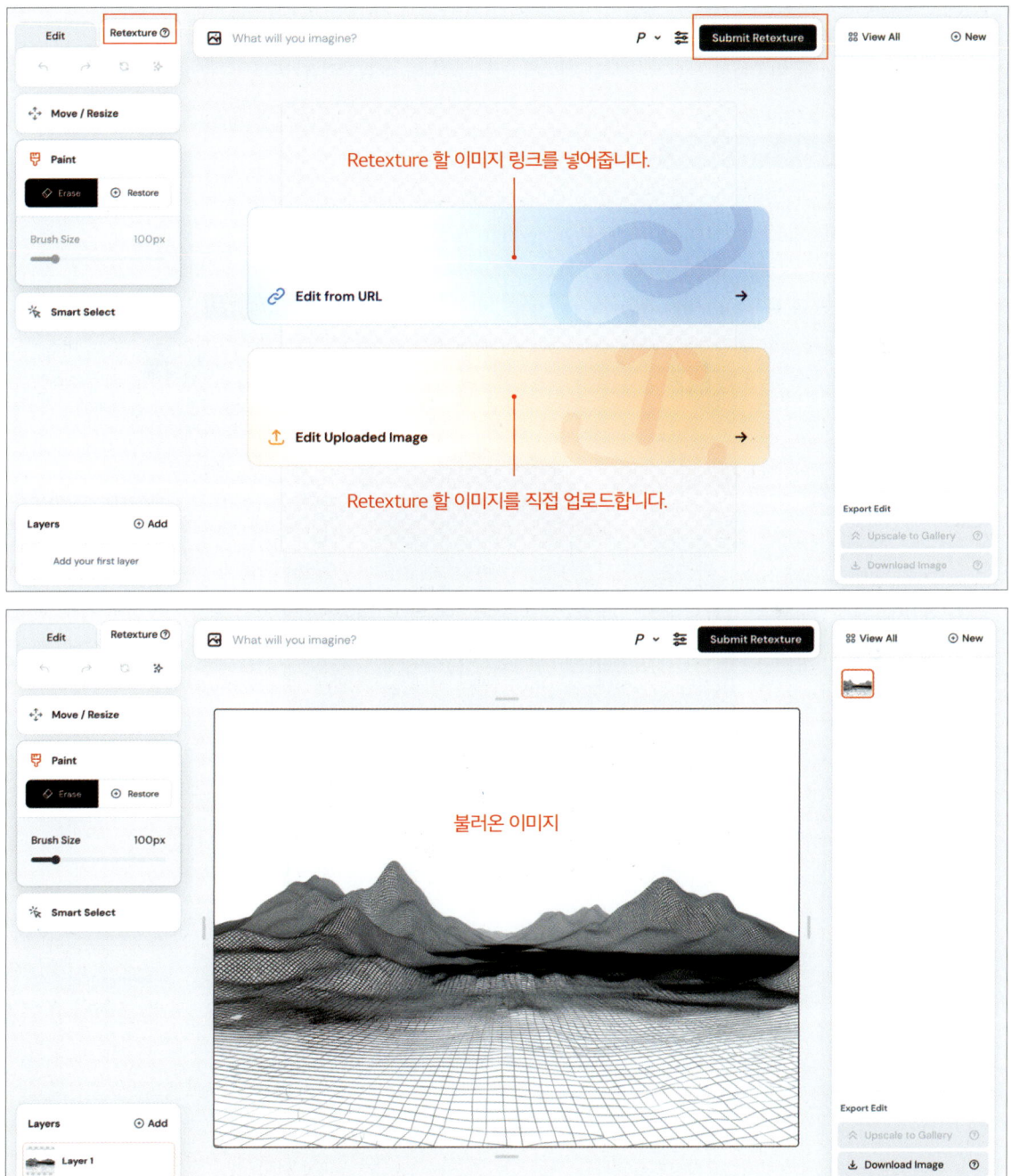

이제 본격적으로 Retexture의 활용 방법에 대해서 알아보겠습니다.

329

Part 04. 미드저니의 고급 활용 2

01. Style Change (스타일 바꾸기)

01. 사진을 애니메 스타일로 바꾸기

Retexture를 이용해서 사진 이미지를 애니메이션 스타일로 바꿔보겠습니다.

1. Prompt + Sref Seed

Retexture 모드에서 예시와 같은 실사 이미지를 업로드합니다.

그리고, Prompt를 아래와 같이 입력한 후 Retexture를 실행합니다.

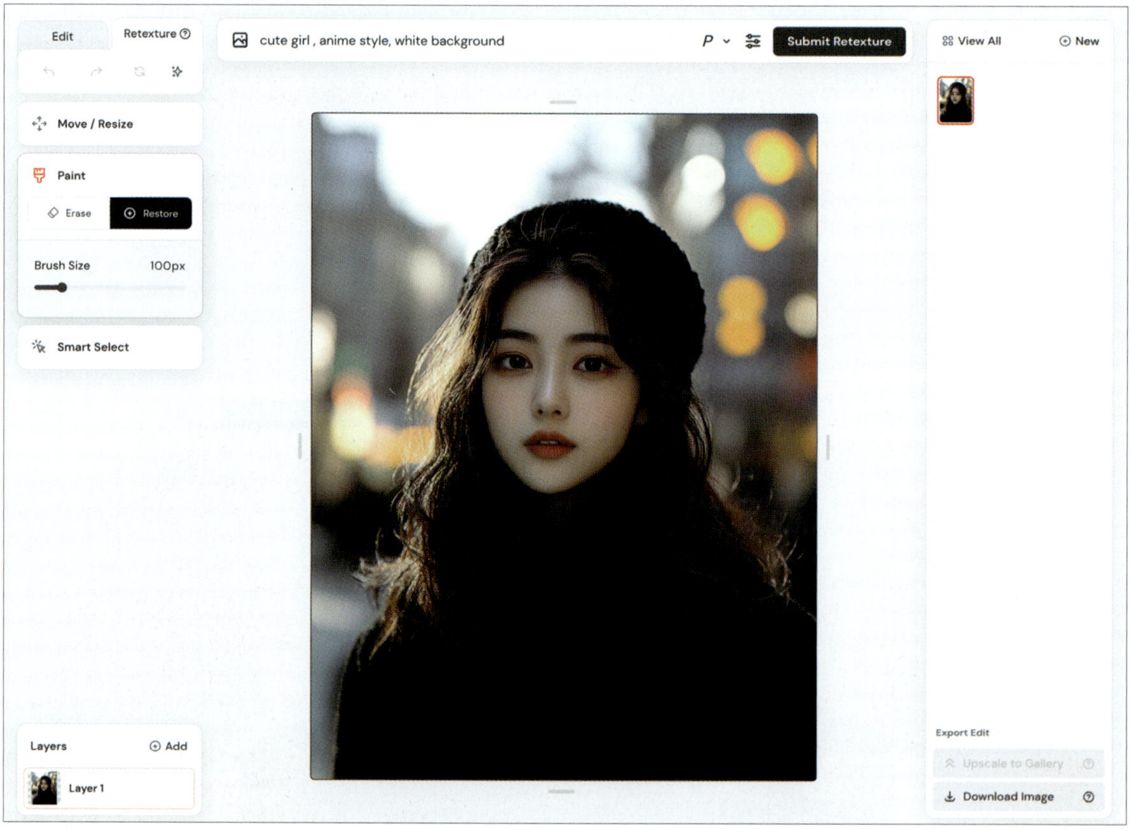

결과를 보면 --v 7의 경우가 원본의 이미지 구조에 충실하게 따라가는 것을 확인 할 수 있습니다.

--v 7

--niji 6

--v 7로 이미지를 3번 더 생성을 실행합니다.

다양한 스타일의 이미지들이 생성됩니다.
이런 같은 구도의 다양한 이미지들이 필요하신 경우에는 이 방법을 사용하면 됩니다.

하지만 동일한 스타일의 Retexture 결과물들이 필요할 때는 Sref Seed를 사용하여 Retexture 결과물의 스타일을 고정할 수 있습니다.

원본 이미지

이번에 사용할 Sref Seed는 [2970454611] 입니다.

Sref Seed의 스타일적 특징이 좀 더 분명하게 표현돼서 Retexture 결과물의 스타일 일관성을 만들어 내기 위해서 --sw 250으로 Sref Seed의 참조 강도를 높여줍니다. 그리고 두 이미지 모두 한국인의 이미지가 반영될 수 있도록 Prompt에도 cute Korean girl을 추가합니다.

Retexture + --sref 2970454611 결과물

두 결과물의 Sref Seed가 반영돼서 스타일의 유사성이 보이고 Prompt의 Cute Korean girl도 반영돼 검은 머리색을 유지하는 결과물이 나왔습니다.

2. Prompt + Profile Code

이번에는 이전 장의 결과물을 실사가 잘 나오는 Profile Code를 사용해서 실사 이미지로 변경하겠습니다. 실사가 잘 나오는 Profile Code는 이전 장의 Well made Profile code List에서 확인 하실 수 있습니다.

원본 이미지

그림 스타일의 이미지를 실사 이미지로 만들기 위해서 실사 Profile Code [**hpbsn8d**]를 사용하고 Prompt에도 photo of 를 추가해 줍니다. 또한 Profile Code의 작용 강도를 높이기 위해 --s 250으로 올려 사용합니다. 실사가 잘 안 만들어질 경우에는 --style raw 를 추가하는 것도 실사 이미지를 잘 만들기 위한 방법입니다.

`photo of cute Korean girl --p hpbsn8d --s 250 --v 7`

Retexture + --p hpbsn8d 결과물

주의!

연속적인 이미지의 흐름을 보여주기 위해서 앞장을 이미지를 사용하지만 이때 이미지를 다운로드 받아서 다시 업로드해서 Retexture를 실행해야 합니다.

아래 이미지처럼 이전 장을 실행했던 화면에서 오른쪽 History에 아래와 같이 해당 이미지를 선택하고 Retexture를 실행한다고 해서 선택된 해당 이미지에 Retexture가 적용되는 것이 아니고, 원본인 실사 이미지에 Retexture가 실행되는 것입니다. 이후 예시에서도 연속적인 이미지가 사용될 때 특별히 이어가는 언급이 없으면 같은 이미지라도 다운로드를 받아서 새로 업로드해서 새로운 작업에서 진행되는 내용이니 착오 없으시길 바랍니다.

Retexture History

3. 인물 연속성을 유지하는 방법 with Cref

이전 장에서는 기본적인 구도를 유지한채 스타일을 변경하는 것을 다루었습니다.

이번 장에서는 이런 스타일이 변경되는 가운데 인물의 연속성을 유지하는 방법을 다루어 보겠습니다.

이번에는 Retexture를 하려는 실사 이미지를 Cref Base로 첨부합니다. 이런 원본과 같은 이미지를 Image Prompt / Sref / Cref 첨부 이미지로 첨부하는 것을 Self 첨부라고 합니다.

원본   Retexture   Retexture + Cref

이전 장의 결과와 비교해 보면 확연한 유사도를 확인할 수 있습니다. 이 두 이미지의 Retexture Prompt 는 anime style, white background로 동일할 것을 확인할 수 있습니다.

Cref가 참조가 인물 유사도 뿐 아니라 헤어스타일, 의상까지 참조되어 헤어스타일, 헤어 칼라, 의상 스타일까지 비슷하게 반영된 것을 확인 할 수 있습니다.

02. 인형 만들기

원본 이미지

Retexture 결과물

위 원본을 간단한 Prompt(photo of teddy bear --style raw)로 Retexture를 실행하면 간단하게 곰 인형의 실사 이미지를 만들 수 있습니다. 여기에서 --Stylize Parameter를 조절해서 Retexture 를 다시 실행합니다.

--s 10

--s 100 (기본값)

--s 250

--s 750

결과물을 비교하면 --stylize 값에 관계 없이 Prompt가 충실하게 반영된 결과물임을 알 수 있습니다. 차이는 질감을 좀 더 정교하게 표현하는 표현의 차이가 납니다. Retexture에서 --stylize Parameter는 원본을 반영의 강도에 영향을 미치는 것이 아닌 정해진 반영 강도 이후에 표현의 정도에 영향을 미칩니다.

Parameter의 작용 범위가 최종 결과 이미지 생성에서 어느 부분에 영향을 미치는지를 인지하고 있어야 생성시 부족하거나 과한 부분의 조절이 필요할 때 알맞는 Parameter를 조절해 원하는 결과물을 얻을 수 있습니다.

03. Lighting 변경

원본 이미지

위의 이미지를 Retexture를 사용해서 조명을 바꿔보겠습니다. 인물 유사도는 최대한 유지한 상태에서 조명만 바꾸는 것이 원하는 것이기 때문에 Cref Self 첨부로 원본 이미지를 사용해서 실행합니다.

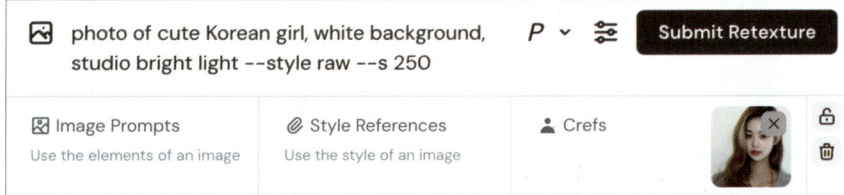

Prompt는 원본 이미지를 간단히 묘사해서 작성하면 됩니다. 사진 이미지를 좀 더 잘 유지시키기 위해서 --style raw를 사용했고 조명의 효과를 좀 더 잘 표현하기 위해 --stylize 값은 약간 높게 설정합니다.

studio bright light

neon back light

vivid color light

golden hour

pin light

Black and white film look

다양한 Lighting과 사진관련 키워드가 작동을 합니다.
하지만 인물과 디테일의 연속성이 조금 떨어지는 점, 실제 Lighting 관련 키워드들이 정교하게 작동하지 않는 점이 한계가 있는데 그 한계의 지점을 좀 더 정확하게 보여주기 위해서 한국인의 실사 이미지를 사용해서 예시를 만들었습니다.

성능의 한계를 인지하고 있어야 정확한 사용범위에 사용할 수 있습니다. 모델의 성능은 매주 내부 업데이트가 진행돼서 꾸준히 향상되고 있습니다. 예시의 결과보다 더 좋은 결과를 얻을 수도 있으니 실제 사용에 앞서 예시와 같은 테스트를 통해 현재 모델의 한계 성능을 꼭 확인하시기를 권장 드립니다.

04. 자연스러운 합성

아래와 같은 이미지를 합성하게 되면 가장 큰 문제는 배경은 사진이고 합성해야 할 피사체들은 애니메이션 스타일이라는 문제가 가장 큽니다.

합성 소스

일단 아래와 같이 Photoshop을 이용해서 적당히 합성을 합니다.

합성 이미지

위와 같이 상황을 Prompt로 입력시키고 실행을 시키면 다음과 같은 결과물을 얻을 수 있습니다.

생성된 결과물

일단 애니메이션 스타일의 객체와 사진 스타일의 배경이 스타일이 맞춰서 결과물을 만들어 내는 것을 확인 할 수 있습니다.

하지만 상세 디테일은 차이가 있다는 것을 확인할 수 있습니다. 이 방법은 톤이 안 맞는 객체들을 적당히 합성한 후 해당 상황을 Prompt로 컨트롤해서 객체의 덩어리만을 사용해서 톤이 맞는 결과물을 얻어내는 방법입니다. 디테일이 중요한 이미지의 경우는 Full Editor > 투명 배경 이미지를 참고해서 활용합니다.

합성 원본

A creature with the body of a flamingo and the head of a horse

Alien Lifeforms

위의 예시와 같이 합성된 이미지로 Retexture Prompt를 사용해서 만들어 낸 결과물입니다.
합성 시 주의할 점은 연결 부위를 깔끔하게 사이즈를 맞춰야 한다는 것입니다. 그렇게 만들어진 이미지는 하나의 외곽 모양을 가진 덩어리로 사용되며 생성되는 이미지는 Prompt를 통해서 조절할 수 있습니다.

02. 3D Mesh 활용하기

01. 스타일

1. 변경하기

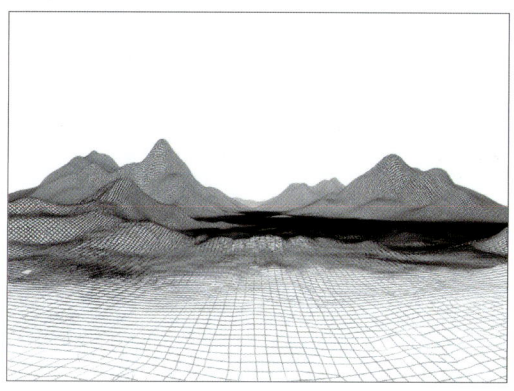

3D Mesh 이미지

위와 같은 지형이 있는 Mesh 이미지를 업로드하고 다음과 같은 Prompt로 Retexture를 실행합니다.

3D Mesh 이미지를 지형으로 인식하고 표면을 Prompt에 맞춰 바뀌는 것을 확인 할 수 있습니다.

2. 구조 연속성 유지

이런 지형 이미지를 가지고 생성을 할 때 지형을 유지한 상태에서 밤 이미지로 바꾸는 것과 같은 구조의 연속성이 필요한 경우가 있습니다.

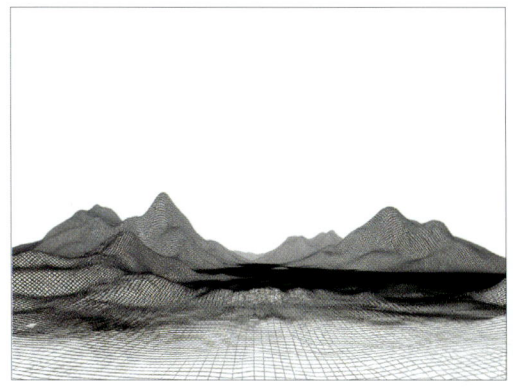
3D Mesh 이미지

Valley of the Wizards, fantasy concept art
--seed 127

이럴 때는 최초 Retexture로 이미지를 만들 때 Seed 번호를 강제로 부여해서 이미지를 생성합니다. 예시에 있는 --seed 127은 랜덤하게 아무 숫자나 넣은 것입니다. Seed에 자세한 내용은 Parameter > Seed 부분을 참고해 주세요.

> **주의!**
> Sref Seed와 Seed는 전혀 다른 Parameter입니다. 이름이 비슷하다고 비슷한 거라고 오해하시면 안됩니다.

원본 Mesh 이미지를 Retexture를 아래와 같이 실행합니다.

동일한 Seed 번호를 사용하고 이미 생성된 이미지를 Image Prompt로 첨부해서 --iw 0.5로 이미지를 참조 시킵니다. Prompt에는 같은 Prompt에 at the night 를 추가합니다.

Image Prompt 원본

Image Prompt + --iw 0.5 생성 결과물

예시의 이 이미지의 경우는 --iw 값을 더 높이면 Prompt에 입력한 at the night 가 반영이 안돼서 0.5 를 사용했습니다 상황에 따라서 --iw 값은 0.5 ~ 0.75 사이의 값을 사용하시면 어느 정도 구조가 반영됩니다. 이 방법은 미드저니에서 지원하는 파라미터 seed의 기능을 정식으로 사용한 것이 아닌 약간의 편법적 사용입니다.

--seed 와 Image Prompt , --iw를 모두 사용해서 구조를 유지하는 최대치를 예시에 보여드렸습니다. 예시 이상의 구조 유지는 현재로서는 한계인 지점입니다. 또한 결과물이 부족하다고 생각해서 다시 실행을 시켜도 같은 이미지가 생성됩니다. Seed 값을 고정되고 프롬프트가 같으면 같은 이미지가 생성됩니다. Image Prompt 의 구조 참조만을 사용해 다양한 이미지 생성을 원하신다면 --seed Parameter 부분을 삭제하시고 실행하시면 됩니다.

02. 합성

지형 Mesh 이미지에 건물을 합성해서 Retexture로 결과물의 스타일을 바꿀 수 있습니다.

지형 Mesh 이미지

Leaning Tower of Pisa,
quick sketch, white background
--ar 3:4

위와 같이 지형 Mesh 이미지와 Prompt로 생성한 피사의 사탑 이미지를 준비합니다. Mesh 이미지와 스타일을 비슷하게 맞추기 위해서 quick sketch, white background 을 Prompt에 사용해서 비슷한 선 이미지를 생성합니다.

두 이미지를 Photoshop으로 아래와 같이 합성합니다.

합성 이미지

> Leaning Tower of Pisa, Valley of the Wizards, at the night, fantasy concept art, anime style

이미지의 피사의 사탑 같은 경우 굉장히 복잡한 구조물로 인식해서 지형 Mesh와 다르게 이상한 결과물로 변형시키는 경우가 있으니 Prompt에 Leaning Tower of Pisa을 포함시켜서 실행해야 제대로 된 결과물을 생성할 수 있습니다.

생성 결과물

03. 재질 변경

Mesh 이미지

위와 같은 Mesh 이미지를 아래의 Prompt로 Retexture를 실행합니다.

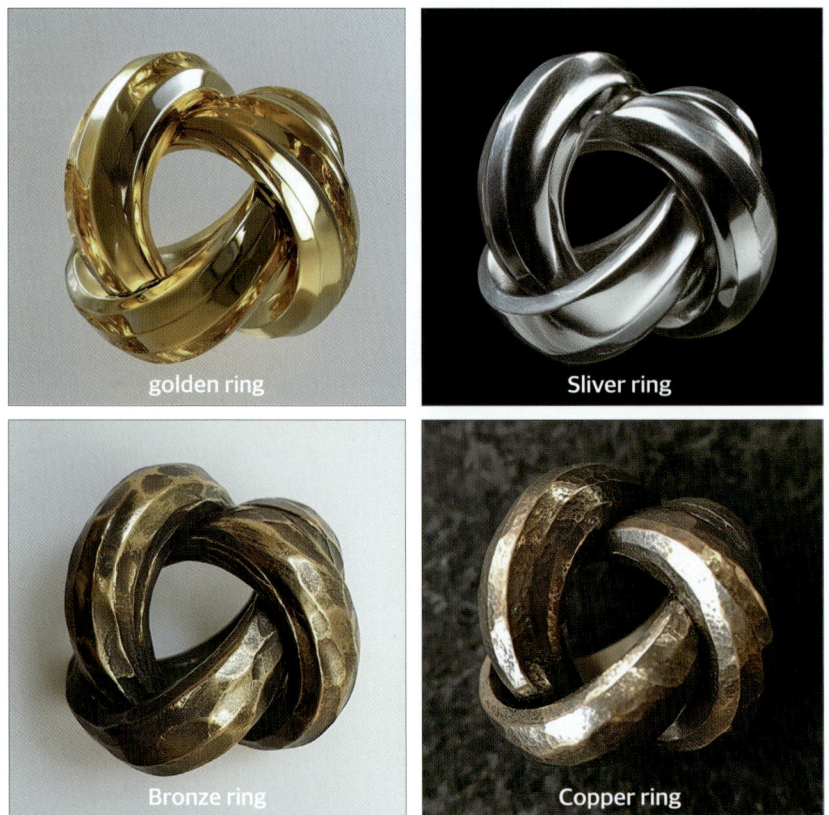

Mesh 이미지의 디테일이 유지되고 재질이 다른 결과물을 확인할 수 있습니다. 이와 같은 방식으로 장신구 디자인의 Mesh 이미지를 이용하면 다양한 재질을 적용한 결과물을 쉽게 생성할 수 있습니다.

04. 구글 어스 활용

earth.google.com 파리 에펠탑

3D 소스가 필요하시면 구글 어스(earth.google.com)의 스크린샷을 Retexture의 소스로 사용할 수 있습니다.

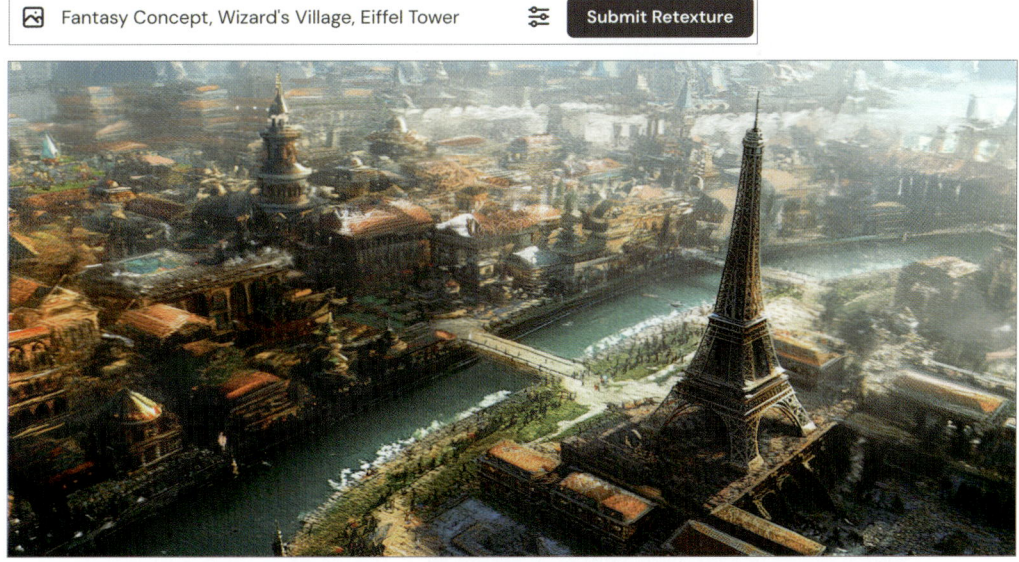

이럴 경우 Eiffel Tower를 Prompt에 포함시켜주면 보다 건물의 디테일이 유지된 상태로 결과물을 만들어 낼 수 있습니다.

05. 3D 모델 - Style Variation

1. 컬러

3D 모델링 파일 - 1 (제공 : 장동진)

| blue hair color, 3D style | Submit Retexture |

머리색을 Prompt에 지정해주고 3D style 등의 3D관련된 키워드를 프롬프트에 포함시키는 것이 원하는 결과물을 얻을 수 있습니다.

여기서 확인이 가능한 점은 이런 캐릭터 시트 스타일의 이미지도 하나의 인물로 인지한다는 것입니다. 좀 더 복잡한 다양한 각도의 경우에 잘 인식이 안될 경우 Prompt에 Character (turn around) sheet 등의 키워드를 추가하면 보다 확실한 결과물을 얻을 수 있습니다. 하지만 나온 결과물을 확인해 보면 하나의 인물로 인지해서 변경 되기는 했지만 생성되는 이미지 간의 연관성이 떨어집니다.

3D 원본의 인물의 연속성을 유지하고 싶다면 원본 이미지를 Cref 로 Self 참조 시키면 연속성이 어느 정도 유지된 결과물을 얻을 수 있습니다. 예시처럼 머리색을 변경하거나 피부색을 변경하기를 원한다면 --cw 0으로 조절해줘야 프롬프트가 적용됩니다. 그렇지 않은 경우 원본의 이미지를 회색 머리색으로 인지해서 제대로 된 결과물을 얻을 수 없습니다.

2. 다양한 스타일의 인종 바꾸기

3D 모델링 파일 - 2 (제공 : 장동진)

예시와 같은 전신 3D 모형의 이미지를 활용하면 다양한 인종으로의 베리에이션을 얻을 수 있습니다.
이 경우에는 인종 별 인물의 다양한 결과물을 만드는 것이 목표였기 때문에 Cref Self 참조를 사용하지 않았습니다.

Cute Korean boy, 3D style

Cute African boy, 3D style

06. Retexture(리텍스처)

Cute Arab boy, 3D style

Cute American boy, 3D style

인물의 연속성이 필요한 경우에는 Cref Self 참조를 사용하면 인물 연속성을 얻을 수 있습니다. 이때 주의해야 할 점은 --cw 값을 낮게 사용해야 인물, 의상, 칼라 관련된 Prompt가 제대로 작동합니다.

3. Lighting 조명 효과 추가하기

Lighting 키워드도 작동을 합니다. 단 예시에서 보시는 것과 같이 인물, 의상의 연속성을 유지한 상태로 변경하는 것은 한계가 있으니 스타일 레퍼런스 차원에서 사용을 권장합니다.

Cute Korean boy, dark hair color, 3D style
Mid light | Pin light | Back light

351

4. 스타일 변경하기

3D 스타일로의 변화도 가능하지만 당연히 2D 스케치 스타일도 변경이 가능합니다.

원본

simple Sketch, simple line, anime style, white background --style raw

이렇게 간단한 스케치 스타일로 만든 이미지를 다시 Retexture를 이용해서 채색도 가능합니다.

anime style , white background --style raw --cw 0 --cref 원본_URL

Webtoon AI Painter

Retexture를 활용해서 채색도 가능하지만 예시의 첫 번째 이미지가 Cref Self 참조를 사용해도 인물 연속성에는 한계가 있습니다.

원본을 그대로 유지하고 채색만이 필요한 경우에는 미드저니 자체로는 한계가 있습니다. 이런 경우에는 Webtoon AI Painter (https://ai.webtoons.com)를 활용하면 클릭 2~3번으로 채색을 할 수 있습니다.
필요한 용도에 맞추어 선택해서 사용하시면 됩니다.

5. 도색

도색 느낌을 표현해보겠습니다.

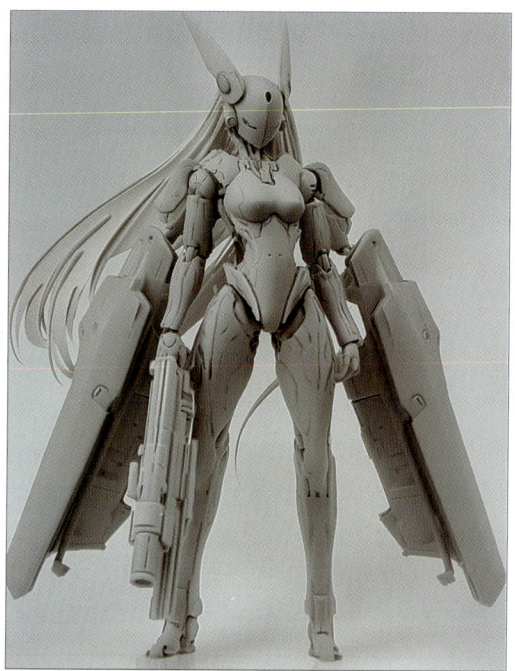

원본

원본에서 Retexture Prompt만으로는 아래와 같은 예시의 결과물을 얻을 수 없습니다.

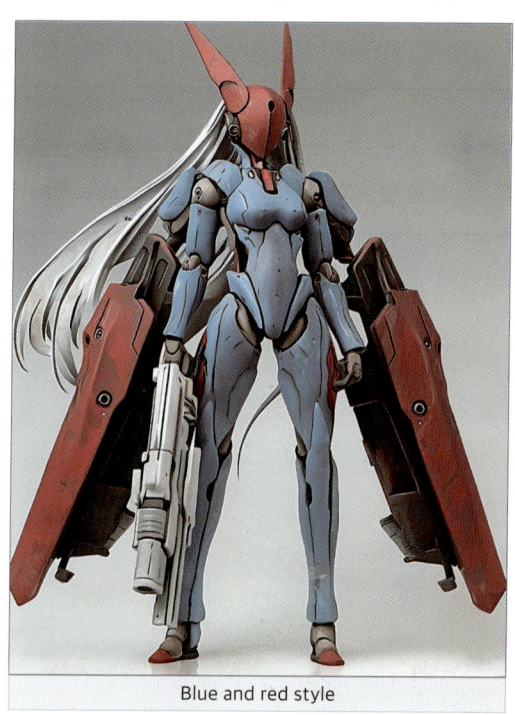

Blue and red style

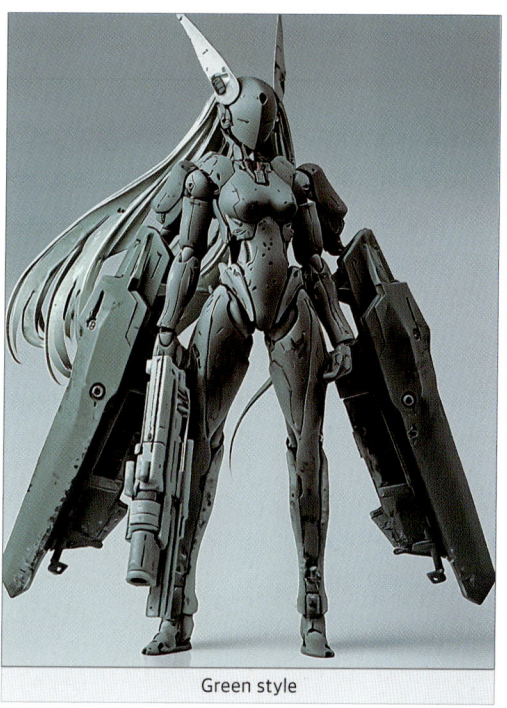

Green style

일단 공통적으로 mecha museum, no face, mechanical body, FRAME ARMS, robot, mechanical parts 의 Prompt가 필요합니다. 적당한 Prompt를 만들기 힘든 경우에는 Suggest Prompt 를 활용하면 좀 더 쉽게 이미지에 맞는 Prompt를 얻을 수 있습니다. 생성된 Prompt를 Base로 필요한 부분을 추가하거나 삭제하면 됩니다.

위와 같이 적절한 공통 Prompt를 작성하고 표면의 재질에 관련된 Prompt를 추가해서 실행을 하면 일관성이 조금 부족한 결과물이 나옵니다.

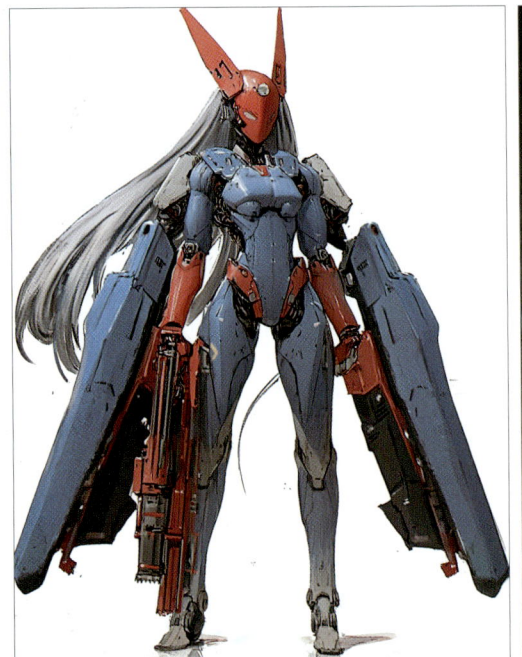 

Seed를 고정해서 유사도를 높인 결과물

이런 경우 Cref Self 참조를 이용하는 방법도 있지만 이 경우에는 로봇 메카닉 스타일이라 Cref Self 참조의 성능이 떨어집니다.

이렇게 원본과 디테일을 비슷하게 유지한 상태로 다양한 결과물을 만들고 싶을 때는 Random Seed를 추가하는 방법이 있습니다. Retexture의 경우에도 내부적으로는 Seed가 존재하지만 해당 Retexture Seed를 확인할 방법은 없음으로 무작위로 Seed를 지정해서 실행시킵니다.

위의 요소들을 모두 포함한 프롬프트는 아래와 같습니다.

Blue and red style, mecha museum, no face, mechanical body, FRAME ARMS, robot, mechanical parts --seed 253292520

Green style, mecha museum, no face, mechanical body, FRAME ARMS, robot, mechanical parts --seed 253292520

Seed는 생성 시작 지점을 의미하는 값으로 Retexture의 시작점을 고정함으로써 변화하는 범위를 최대한 비슷한 결과물을 생성할 수 있도록 만드는 방법입니다. 가장 좋은 방법은 Retexture의 Seed를 알아내서 그 값을 사용하는 것이 좋지만 Retexture의 Seed를 알아낼 방법이 없음으로 무작위로 지정하는 방법으로 우회해서 사용하는 방법입니다. Image Prompt , Sref Self 참조, Cref Self 참조, Random Seed 고정 등의 방법들은 필요한 결과물의 유사도 정도에 따라서 선택해서 사용하시면 됩니다.

유의해야 할 점은 모든 방법을 사용하더라도 완벽히 똑같은 이미지에 색만 추가하거나 재질만 변경하는 것은 미드저니 생성 특성상 어렵습니다. 미드저니의 생성 한계 지점을 확인하고 필요에 따라 적당한 외부 프로그램의 사용을 권장합니다.

03. 건축

01. 디자인 Variation

건물 원본

건축물의 벽면과 전체 분위기를 Retexture Prompt만으로 변경된 결과물을 생성할 수 있습니다.

Modern house, **gray style,** white background

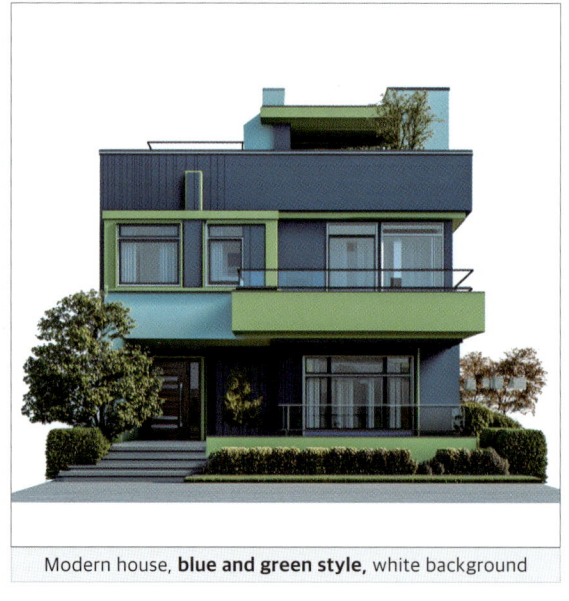

Modern house, **blue and green style,** white background

02. 재질 변경

Modern house, **wood wall,** white background

Modern house, **Red Brick Wall,** white background

컬러 뿐 아니라 다양한 재질로 변경도 가능합니다. 하지만 이런 재질이 변경되는 경우 구조(창, 문의 디테일)가 잘 반영되는 경우도 있지만 예시처럼 변경되는 경우가 많습니다.

이럴 때는 원본 이미지를 Image Prompt로 사용하고 --iw 0.25 ~ 0.75 정도로 사용해 주면 구조를 유지한 상태에서 Prompt를 반영한 결과물이 생성됩니다.

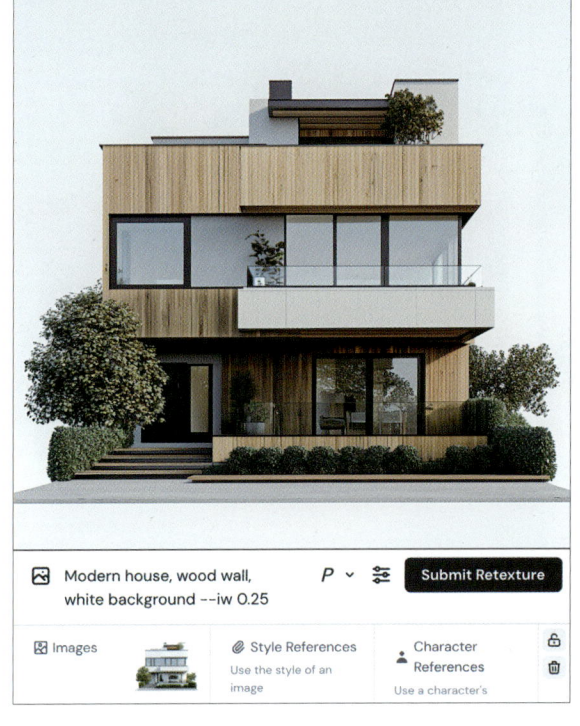

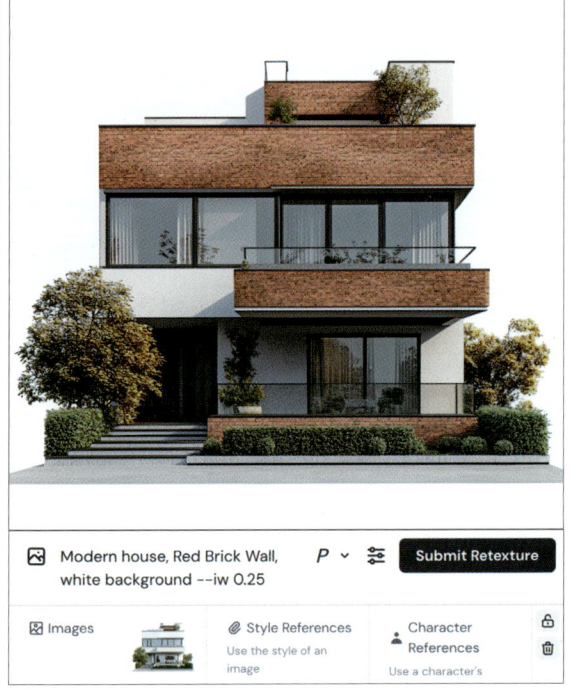

이때 주의해야 할 점은 예시처럼 Image Prompt 로 사용하는 이미지가 백색의 이미지인 경우 --iw 값을 올리면 Prompt의 반영과 벽면의 흰색이 충돌이 나서 제대로 된 결과물을 얻기 힘듭니다.

원본 이미지와 변경을 주려는 정도, 구조 등을 고려해서 --iw 값을 조절해서 생성하기를 권장합니다.

03. Lighting

원본

Modern house , house design, Golden hour, sunset, white background

원본_URL in the night, Stars twinkling in the sky, Modern house, house design, white background **--iw 0.5**

첫번째 예시처럼 약간의 Lighting 키워드인 경우는 Image Prompt를 사용 안 해도 되지만 두번째 예시처럼 배경과 전체 분위기를 바꾸실 경우에는 Image Prompt로 원본을 추가하고 --iw 0.5 ~ 0.75 정도로 사용하시면 보다 구조가 잘 유지된 결과물을 얻을 수 있습니다.

04. 스케치업 활용

스케치업의 도면을 활용하면 조감도 스타일의 이미지를 만들 수 있습니다.
건물 이미지를 이용하는 경우보다 도면을 이용하면 구조가 좀 더 안정적으로 반영된 결과물을 얻을 수 있습니다.

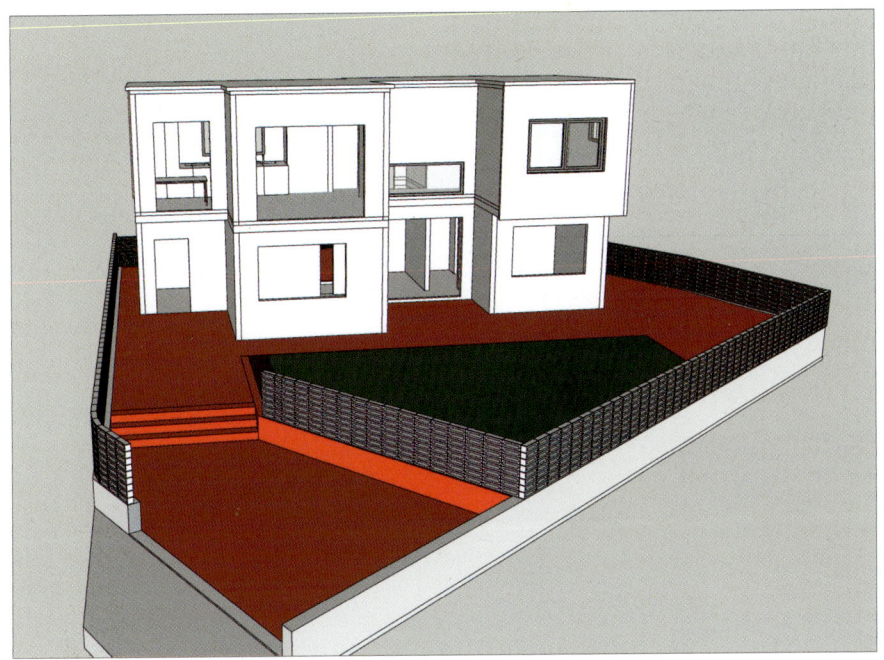

스케치업 도면 스크린샷 (제공 : 우암건설)

Modern house , **Red Brick Wall**

Modern house , **wood Wall**

건물의 재질과 구성 뿐 아니라 배경을 Prompt에 추가해 주면 여기에 맞는 배경도 생성이 가능합니다.

Modern house , Red Brick Wall, **in the woods**

Modern house, wood Wall, **in the city**

05. 인테리어 Style - Sref color image reference

원본

Retexture를 할 때 Prompt로 분위기, 재질, 스타일, 컬러 등을 지정해주는 것도 반영이 잘됩니다.

Interior design, **orange color**

하지만 이 방법은 약간의 한계가 있습니다.
예시처럼 확실한 컬러의 경우는 잘 반영되지만 좀 애매한 컬러의 경우는 정확한 Prompt 키워드를 찾기 힘들다는 점이고 또 하나는 적용 강도를 적용하기 힘들다는 점입니다.

이런 경우에는 Sref에 컬러 패턴을 참조 시켜 활용하면 애매한 컬러 키워드의 문제와 적용 강도 조절의 문제를 한번에 해결이 가능합니다. 아래 예시와 같은 컬러 패턴을 사용해도 되고 컬러 지정이 애매한 컬러의 솔리드 이미지를 사용해도 됩니다.

Sref Image

Interior design --sw 100

Interior design --sw 50

구조의 유지와 스타일의 변경을 동시에 원하면 이때도 Image Prompt로 원본을 참조할 수 있습니다.

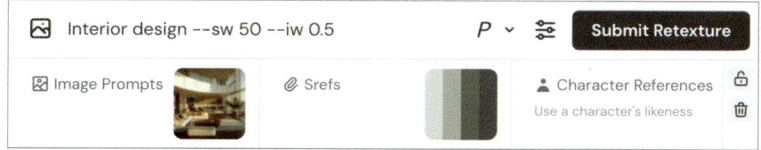

Sref Image / Image Prompt 동시 사용

위와 같은 경우에 --sw 와 --iw 를 사용해서 컬러의 반영과 구조의 유지를 컨트롤 할 수 있습니다.

이 두 값을 컨트롤 할 때는 구조 유지의 --iw 값을 먼저 찾고 이 값을 고정하고 스타일의 반영을 위한 --sw 값을 조정하는 순서로 사용하시는 것이 보다 쉽게 원하는 결과물에 도달할 수 있습니다.

04. 패션

> **01. 스케치 to 실사**

의상 스케치를 실사 이미지로 만들 때는 --niji 6 보다는 --v 6.1(기본값) 과 함께 --style raw 를 함께 사용하는 것이 좀 더 사실적인 이미지를 얻을 수 있습니다.

스케치 원본

스케치 원본과 같은 형태의 모델이 없고 의상만 있는 형태의 결과물을 만들 때는 made of 키워드를 사용하면 인물 없는 의상 결과물을 쉽게 얻을 수 있습니다.

orange dress made of silk ,
real photo --style raw

blue dress made of silk ,
real photo --style raw

02. 제품 컬러 베리에이션

하나의 의상 이미지로 다양한 컬러 베리에이션의 결과물을 생성할 수 있습니다.

의상 원본

이때 Prompt에 **mockup, ad photo**를 추가하면 인물이 추가적으로 생성하지 않고 원하는 컬라만 변경된 결과물을 얻을 수 있습니다.

03. 제품 + 모델 컬러 베리에이션

패션 모델의 원본을 가지고 다양한 베리에이션의 결과물을 생성할 수 있습니다.
이제 인물의 연속성은 예시처럼 원본과 결과물 간에는 연속성이 떨어집니다. 결과물의 연속성에 포인트를 맞춰 사용하시는 것을 추천 드립니다.

원본

06. Retexture(리텍스처)

--iw의 수치를 0.25 ~ 0.75 사이에서 활용하시면 의상의 디테일을 유지 할 수 있습니다. 이 경우에는 Cref는 모델의 얼굴을 유지하는 데만 사용하기 위해서 --cw 값은 0으로 의상은 참조가 안되게 설정하고 사용하셔야 합니다.

04. CLO 3D -> 실사화

전문 의상 제작 프로그램인 CLO의 3D 렌더링 이미지를 활용하면 의상 디자인을 실사 사진이나 일러스트 스타일의 결과물을 손쉽게 생성할 수 있습니다.

CLO 3D 원본 (제공 : 하진주)

Fashion model illustration, simple background

photo of Korean fashion model, simple background

05. CLO 3D -> 실사화 - Detail 유지

CLO 3D 원본 (제공 : 하진주)

photo of Korean fashion model, simple background

위와 같이 의상이 실사 이미지를 쉽게 만들 수 있지만 의상의 디테일이 달라지는 문제가 있습니다.
이럴 때는 원본 이미지를 Cref Self 참조를 하면 의상의 디테일을 유지한 실사 이미지를 얻을 수 있습니다.

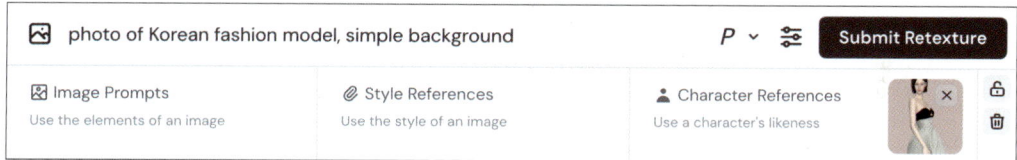

옆의 그림은 의상 디테일을 Cref 참조로 유지하고 만들어 낸 결과물인데 Cref의 특성상 --cw의 값을 낮추면 의상과 헤어스타일의 참조를 버리고 얼굴의 연속성에 포커스가 맞는다는 한계가 있습니다.

디테일은 유지하고 컬러 베리에이션의 결과물이 필요할 때는 Image Prompt를 사용해서 디테일을 유지하게 하고 프롬프트로 다양한 결과물을 만들 수 있습니다.

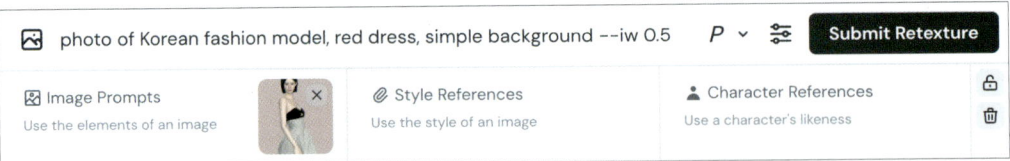

Red

Blue

Purple

Yellow

06. CLO 3D + Mesh

Mesh 지형 이미지와 CLO의 3D 렌더링 이미지를 합성한 결과물을 원본으로 사용해서 Retexture로 패션 화보 스타일의 결과물을 얻을 수 있습니다.

CLO 3D + Mesh (제공 : 하진주)

photo of Korean fashion model,
Ice Sculpture background

photo of Korean fashion model,
Desert background

photo of Korean fashion model,
Mountain ranges background

photo of Korean fashion model,
Green woods background

07. CLO 3D + Mesh - Detail 유지

이 경우에 의상 디테일을 유지하는 방법은 Cref 참조와 --cw 70와 Prompt를 사용합니다.
Cref 참조 파일의 경우 배경이 합성되기 전의 의상 디자인만 포함된 이미지를 사용합니다.

Cref Base

06. Retexture(리텍스처)

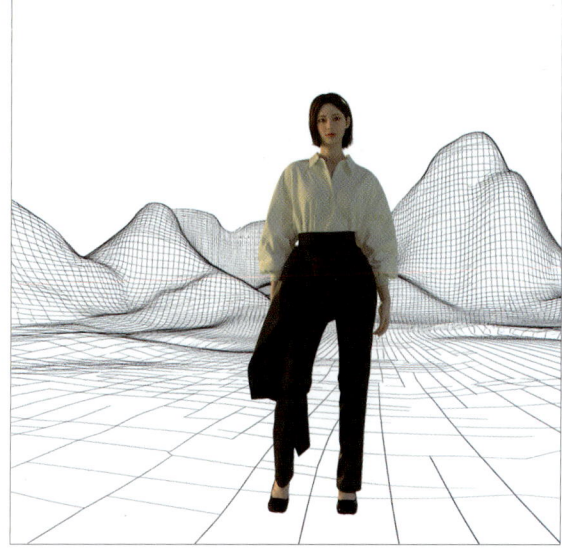

Retexture 원본

Yellow shirt

Blue shirt

Prompt 의상 디테일을 변화하는 범위에 따라서 --cw 값은 50~70 사이에서 Prompt에 맞는 값을 찾아서 사용하셔야 합니다.

05. 헤어 스타일

01. 스케치 베리에이션

간단한 헤어 스타일 스케치를 다양한 느낌으로 변형이 가능합니다.

원본

photo of cute girl, orange hair color, white background

3D anime style, cute girl, orange hair color, white background

anime style, cute girl, orange hair color, white background

Anime style의 경우 Niji 를 사용할 경우 아래와 같이 변화의 폭이 큰 결과가 나옵니다.

anime style, cute girl, orange hair color, white background **--v 6.1**

anime style, cute girl, orange hair color, white background **--niji 6**

02. 컬러 베리에이션

헤어 스타일을 바꾸는 것은 Editor를 사용해서 변경할 수 있지만 같은 모델을 유지하면서 헤어 컬러 변경은 Retexture가 효과적입니다. 이때는 인물 연속성은 Cref를 사용하고 헤어 컬러를 Prompt로 변경하는데 이 경우 --cw 값을 0으로 설정하셔야 합니다.

Cref의 참조는 --cw 값에 따라서 얼굴 〉 헤어 〉 의상 순으로 참조합니다. 0을 사용하시거나 30 이하 값 사용을 추천합니다.

원본

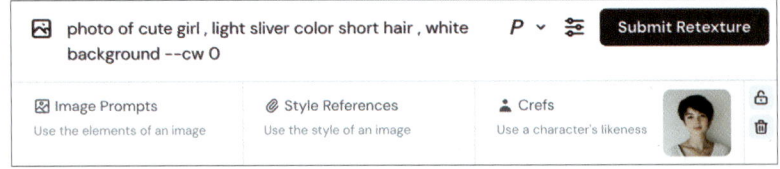

light sliver color short hair

light blue color short hair

Bright red color short hair

Blue black color short hair

예시처럼 시작이 검은색인 경우 Bright나 Light 와 같이 밝은 느낌을 내는 키워드를 같이 사용해야 보다 효과적으로 생성할 수 있습니다.

06. 애니메이션

01. 사진으로 애니메이션 배경 만들기

사진을 업로드해 Retexture를 사용해서 애니메이션 배경을 손쉽게 만들 수 있습니다.

원본

이때 애니메이션 스타일의 Sref Seed나 Profile Code를 활용하면 보다 일관된 스타일의 이미지를 만들 수 있습니다.

원본

House, anime style --sref 3288434270

House, anime style --profile jfwx1l9 --niji 6

Prompt(anime style)뿐만 아니라 Sref Seed 나 Profile Code를 사용하게 되면 여러 장의 이미지를 비슷한 톤으로 계속 생성할 수 있고 --sw , --s 를 사용해서 적용 강도를 조절할 수 있는 장점이 있습니다.

또한 Niji 의 경우 주 피사체의 외곽선을 어느 정도 반영하고 배경의 경우는 자유도가 높은 결과물을 만들어 냅니다. 원하는 결과물의 변화 정도에 맞추어 Parameter의 강도 조절과 생성 모델을 선택해서 사용하면 됩니다.

02. 배경 인물 합성하기

원본

사진을 업로드해 Retexture를 사용해서 애니메이션 배경을 손쉽게 만들 수 있습니다.

포토샵 합성

이 결과물의 문제는 인물의 그림 스타일과 배경의 그림 스타일이 안 맞아서 어색한 결과물이 됩니다.
이렇게 인물과 배경이 톤이 안 맞는 합성 결과물을 Retexture를 사용하면 톤일 일치하는 결과물을 얻을 수 있습니다.

Cute boy in front of Leaning Tower of Pisa, anime style

이때 주의해야 할 내용은 Retexture Prompt 작성시 anime style 만 넣어주면 이상한 결과물로 변형되는 경우가 종종 있습니다. 이럴 때는 예시와 같이 화면의 상황을 간단하게 Prompt로 작성해 주는 것이 보다 정확한 결과물을 얻을 수 있습니다.

여러 장의 이미지를 일정한 스타일로 만들고 싶다면 앞장에 다루어진 Sref Seed나 Profile code를 활용하시면 됩니다.

03. Cref를 활용하여 인물, 의상 반영하기

원본

Cref Base

위와 같이 동작이 완성된 이미지에 Cref Base로 얼굴을 변경할 때는 Retexture에 Cref를 사용해서 실행시키면 됩니다.

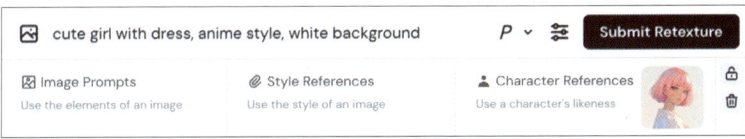

여기에서 한발 더 나가서 의상과 인물을 동시에 변경하려면 두개의 Cref Base를 사용해야 합니다.

Cref base - 인물

Cref base - 의상

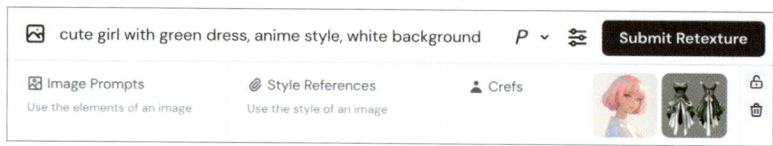

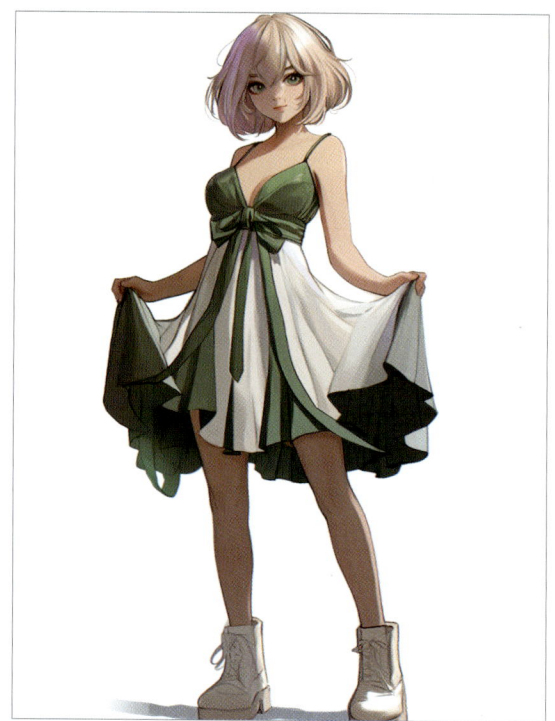

인물과 의상을 Cref로 사용해서 Retexture를 실행할 때 Prompt에도 의상에 관한 언급(green dress)을 해주는 것이 보다 효율적입니다.

04. Cref를 이용하여 포즈 만들기

Cref Base

포즈 원본

포즈 스케치에 Cref를 적용해서 Retexture를 실행 시키면 포즈가 반영된 결과물을 얻을 수 있습니다. 이때는 --cw 값을 낮게 사용하는 것이 보다 좋은 결과물을 얻을 수 있습니다.

--v 6.1

--niji 6

--v 6.1은 외곽선에 좀 더 충실한 결과물이 생성되고 --niji 6의 경우는 포즈를 유지하면서 보다 자유도가 높은 결과물이 생성됩니다.

07. 게임 아이템

01. 물약 만들기

게임 아이템의 이미지를 다양하게 베리에이션을 만들 수 있습니다.

원본

Retexture를 사용하면 하나의 원본 스케치를 가지고 다양한 색의 시리즈 아이템을 만들 수 있습니다.

02. 검 만들기

모양이 유사한 컬러 베리에이션 뿐만 아니라 업그레이드 컨셉을 만들 수 있습니다.

원본

유사도를 높이기 위해서 Random Seed를 사용하면 보다 높은 유사도의 결과물을 생성할 수 있습니다.

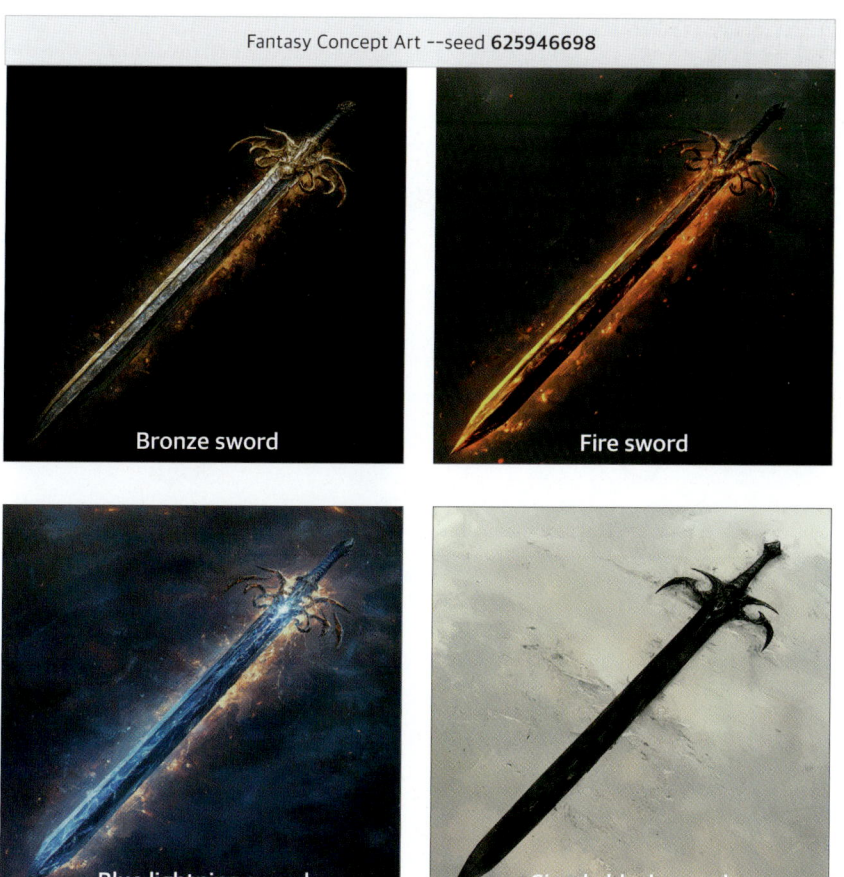

Fantasy Concept Art --seed **625946698**

Bronze sword

Fire sword

Blue lightning sword

Simple black sword

03. 캐릭터

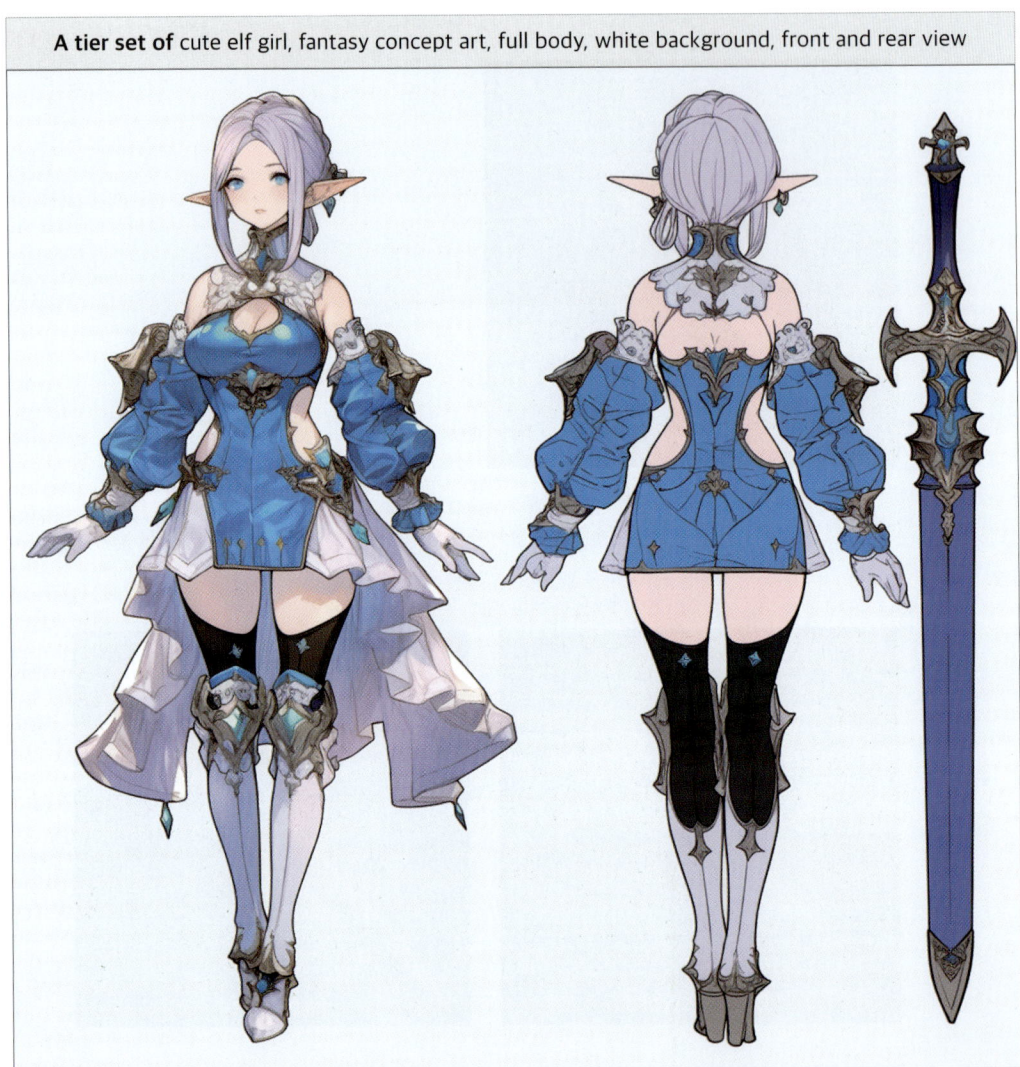

06. Retexture(리텍스처)

앞면 / 뒷면 / 무기를 한 장의 이미지로 생성하고 이것을 Retexture 원본으로 사용하여 비슷한 캐릭터의 다른 컬러 세트를 쉽게 만들 수 있습니다.

Green style --v 6.1

Red style --v 6.1

06. Retexture(리텍스처)

Blue style --niji 6

--v 6.1과 --niji 6의 Retexture 결과물의 차이를 비교해 보면 niji 6의 결과물이 의상 디테일의 변화도 가 약간 더 높습니다.

정확한 윤곽선 안에서 다양한 결과물이 필요한 경우와 전반적인 비슷한 느낌에 디테일은 약간씩 다른 결과물 경우에 따라서 선택해서 사용하시면 됩니다.

07
Patchwork(패치워크)

01. Basic

Patchwork는 미드저니의 월드(World) 구축 도구의 R&D 프리뷰 버전입니다.
여기서 말하는 월드(World)는 세계관을 의미합니다. 월드 구축이란 세계관을 구축하고 스토리를 창작해 나가는 것을 의미합니다.

이렇게 생성된 세계관의 스토리와 이미지를 만들고 그것은 작은 조각으로 이어 붙여서 콜라주 형태로 만들어 주는 시각적 스토리 구축 도구입니다.

미드저니는 향후에는 패치워크에서 만든 캐릭터, 월드, 기타 자료를 다른 스토리텔링 앱으로 가져올 수 있도록 계획 중이며 이를 통해 인터랙티브 스토리에서 캐릭터에 생명을 불어넣고, 스토리 장면을 제스처로 연기하여 스토리 텍스트 생성을 유도하고, 새로운 스토리 AI(LLM) 기반 인터페이스에서 스토리 텍스트를 수정하여 창의적인 글을 쓸 수 있게 될 것이라고 말하고 있습니다.

이 책에는 현재 공개된 기능을 기반으로 설명을 되어있습니다. 지금 현재 서비스 되고 있는 형태와는 약간 다를 수 있음을 참고해주세요. 현재 Patchwork는 미드저니 사이트(http://midjourney.com)와는 다른 별도의 사이트로 운영되고 있습니다. 향후 미드저니 사이트로 통합이 예정되어 있습니다.

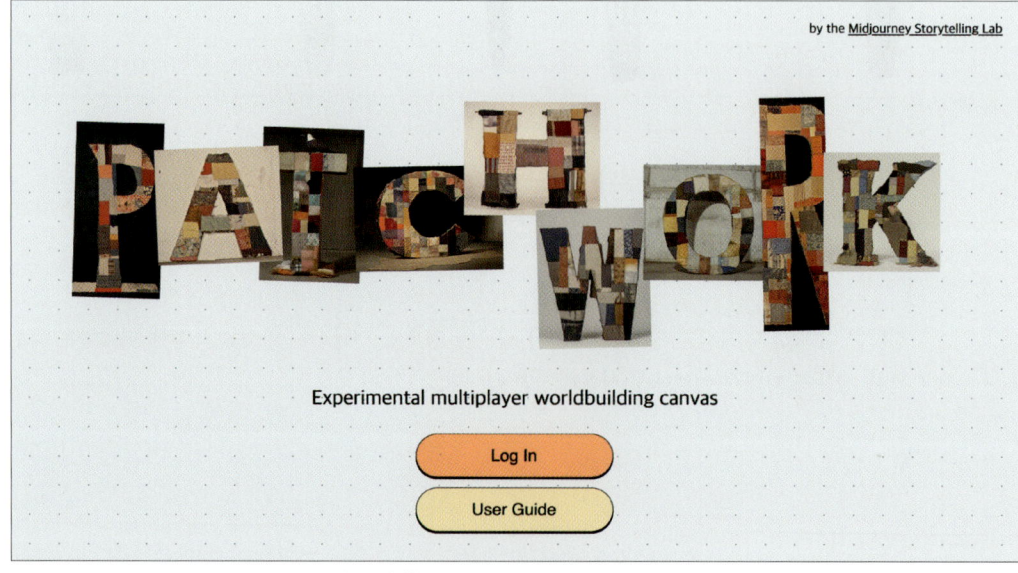

https://patchwork.midjourney.com/

https://patchwork.midjourney.com에 기존 미드저니 계정으로 로그인 후 처음 접속하면 다음과 같은 화면으로 접속합니다.

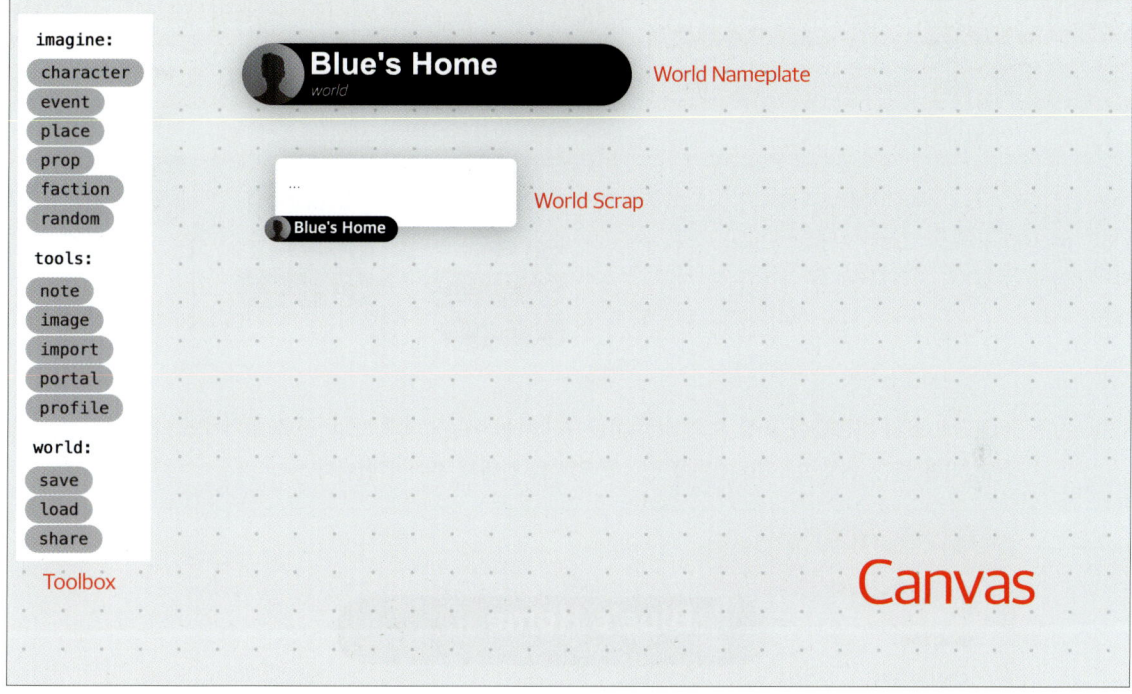

이곳은 처음 시작하는 사용자의 첫 세계(World)의 화면(Canvas)입니다.

이 화면(Canvas)에서 마우스 오른쪽 버튼을 클릭한 상태에서는 마우스를 움직이면 화면을 이동할 수 있고 마우스휠을 사용하면 확대 / 축소가 가능합니다. 이 화면(Canvas)는 상하좌우로 무한대로 확장이 가능합니다.

다시 한번 강조하지만 이 도구는 세계관을 구축해 이 세계관 아래서 연속된 스토리(Text, Image)를 생성하고 그 결과물들을 늘어놔서 시각적으로 보여주게 만들어졌습니다. 그러기에 이미지를 생성하고 생성한 이미지를 수정하고 변형하는데 최적화된 기존의 미드저니 사이트(https://midjourney.com)의 형태와는 굉장히 다른 형태로 구성되어 있습니다.

이 도구에서 사용하는 용어가 미드저니의 용어와 대응을 이루는 것들도 일부 있지만 미드저니에는 전혀 존재하지 않는 개념과 용어가 존재합니다.

Patchwork는 독립적인 시각적 스토리텔링 도구라고 생각하고 일부 미드저니의 이미지 생성 기능을 사용해서 이미지를 생성하는 것으로 이해 하는 것이 좀 더 이해가 쉬울 수 있습니다.

02. Toolbox

화면 왼쪽에 항상 고정되어 있는 Toolbox 메뉴에는 3가지 종류의 그룹으로 구성되어 있습니다.

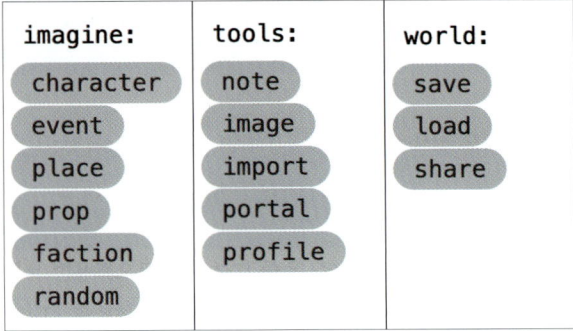

이 Toolbox의 버튼들은 구성 요소(Entity)를 추가하는 버튼입니다. 이 버튼을 클릭하면 아래 예시에서 보는 것처럼 해당 구성 요소(Entity)가 생성될 위치를 선택해 주어야 합니다.

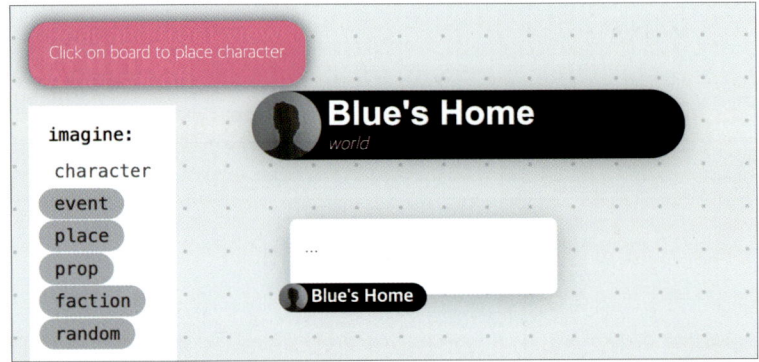

Character 버튼 클릭

01. Imagine

1. 구성요소(Entity)

Imagine 카테고리 Toolbox에 있는 버튼들은 다양한 종류의 이름표(Nameplate)와 이와 연결된(Linked) 설명 글(Scrape)로 구성된 1개 세트를 생성합니다.

다양한 구성 요소(Entity)

이 구성요소들은 스토리를 구성하는 요소들입니다.

character	등장 인물의 이름과 설명 (Jean, Song등)
event	사건의 이름과 설명 (Go to school)
place	장소의 이름과 설명 (School, Library)
prop	물건이나 다양한 아이템들의 이름과 설명 (Desk, Note, Book)
faction	등장 인물이나 사건들의 관계 (Jean and Song are best friends)

이와 같은 구성 요소들을 구분하는 작성하면 Patchwork에 장착된 스토리 AI(LLM)이 이 내용을 파악해서 이후에 스토리를 생성하거나 이미지를 생성할 때 반영됩니다.

이름표(Nameplate)와 설명 글(Scrape)은 클릭하여 수정이 가능합니다. 한글도 입력이 가능합니다. 일부 설명 글(Scrape)은 이미지 생성 Prompt로 직접 이용되는 경우가 있으나 이런 경우에는 스토리 AI(LLM)에 번역을 하게 실행 시키는 한번의 추가 작업으로 쉽게 영어 Prompt를 생성할 수 있습니다.

2. Action Bar

이름표(Nameplate)나 설명 글(Scrape)을 선택하면 상단에 해당 구성 요소에 해당되는 Action Bar가 나타납니다.

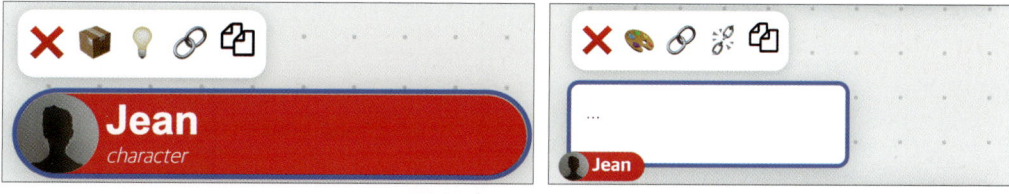

Action Bar

a. 💡 Tell me more

Patchwork의 가장 핵심 기능으로 스토리 AI(LLM)을 실행해 스토리를 생성합니다.

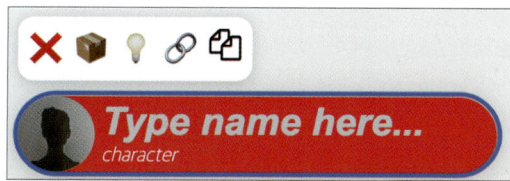

이름표(Nameplate)와 설명 글(Scrape)을 모두 생성

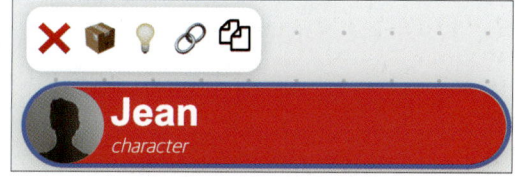

이름표(Nameplate)를 입력하고
그에 맞는 설명 글(Scrape)을 생성

첫 번째 경우는 이름표(Nameplate)와 설명 글(Scrape)를 비워둔 상태에서 tell me more를 실행하면 구성 요소가 character이기 때문에 **"등장 인물의 이름과 설명을 생성하라"** 라는 명령이 스토리AI(LLM)에 전달됩니다.

두 번째의 경우처럼 이름을 미리 입력하고 tell me more를 실행시키면 **"Jean 이라는 인물의 설명을 생성하라"** 명령이 스토리AI(LLM)에 전달됩니다.

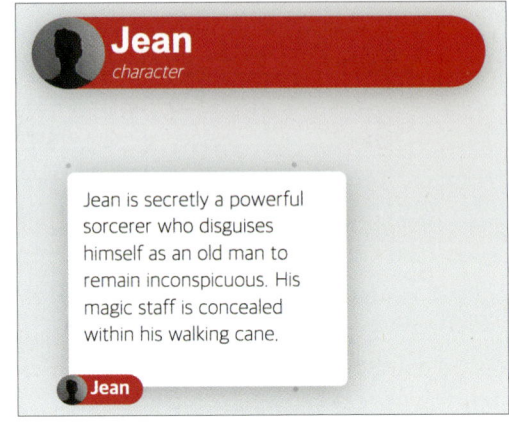

생성된 Jean에 대한 인물 설명

이렇게 생성된 설명 글(Scrape)에 추가적인 명령을 추가하고 설명 글(Scrape)에서 tell me more로 스토리AI(LLM)에 명령을 전달할 수 있습니다.

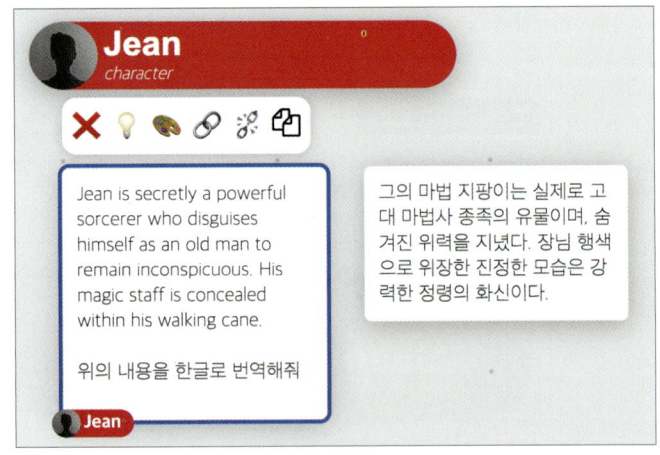

명령 추가 후 실행

예시처럼 생성된 내용에 추가로 "위의 내용을 한글로 번역해줘"를 추가하여 tell me more를 실행 시키면 추가한 명령을 포함한 해당 설명 글(Scrape) 전체가 스토리AI(LLM)에 전달되어 실행됩니다.
비어 있는 event 이름표(Nameplate)에서 tell me more를 실행 시킨다면 "세계관(World)의 내용을 반영해서 일어날만한 사건에 대한 제목과 내용을 생성하라" 라는 명령이 전달 됩니다. 이런 경우 이미 등장인물(character)이 설정 되어 있으면 인물의 이름이 들어간 내용으로 스토리가 생성될 확률이 높습니다.

구성 요소의 종류별로 place에서 실행될 때는 장소에 대한 내용이, prop 의 경우는 물건에 대한 내용이, faction의 경우는 관계에 대한 내용을 생성하게 만드는 명령이 기본적으로 설정 되어 있습니다.
tell me more를 실행시키는 구성 요소 종류에 따라서 스토리AI(LLM)에 전달되는 명령이 상황에 따라서 달라진다는 점을 유의해야 합니다.

b. 🎨 Paint

paint의 경우는 이름표(Nameplate)등에는 실행할 수 없고 내용이 들어간 설명 글(Scrape)에서만 실행이 가능합니다.

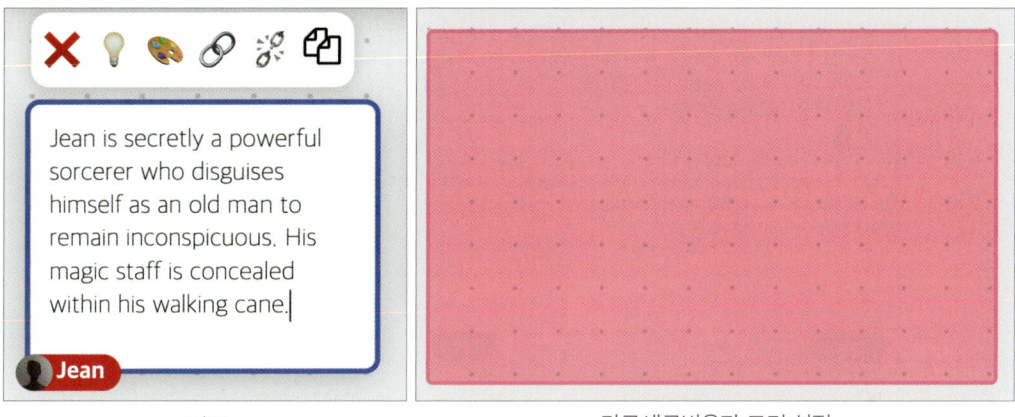

paint   가로세로비율과 크기 설정

설명 글(Scrape)에서 paint를 실행 시키고 화면(Canvas)를 클릭하면 기본 가로세로 비율 1:1로 기본 크기로 표시영역에 설정됩니다. 이때 클릭한 상태로 드래그를 하면 가로세로 비율과 이미지가 표시될 크기가 설정됩니다. 가로세로 비율의 경우 다음 단계에서 --ar 파라미터로 입력해서 변경이 가능하지만 현재는 화면(Canvas)에 표시되는 크기는 이 단계에서만 설정이 가능합니다.

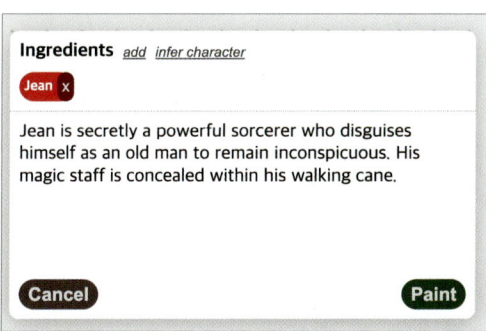

Ingredients 입력 창

드래그를 끝내면 영역을 표시하는 핑크박스 자리에 위와 같은 입력창이 나타납니다. 이 Ingredients 입력 창에 대한 자세한 내용은 다음장에 설명되어 있습니다.

tell me more가 스토리AI(LLM)에 명령(Text)을 전달해서 스토리(Text)를 생성하는 기능이라면, 이 paint 는 설명 글(Scrape)의 내용(Text)을 미드저니에 전달해서 이미지(Image)를 생성하는 기능입니다. Text to Text 모델인 스토리AI(LLM)와 Text to Image 모델인 미드저니가 모두 연결되어 유기적으로 연동시켜 스토리텔링을 시각화 해서 구현하는 기능이 Patchwork의 핵심 내용입니다.

이 두 개의 AI 모델을 실행 시키는 실행 버튼과 전달되는 명령을 구분해서 이해하면 좀 더 쉽게 이해할 수 있습니다. 이 경우 미드저니에게 전달되는 내용은 설명 글(Scrape)의 내용입니다.

그리고 이 Ingredients 입력 창은 미드저니 Prompt를 입력하는 Prompt 입력 창(Imagine Bar)와 같은 역할을 합니다. 즉 미드저니에서 사용하는 Prompt 형식과 모든 Parameters를 입력할 수 있습니다.

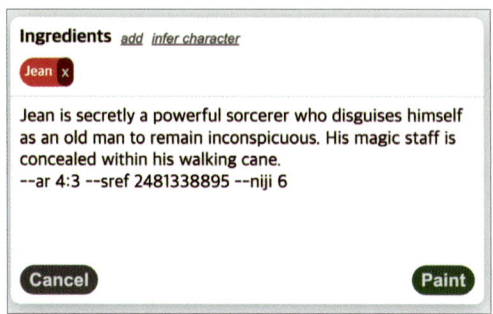

Paint 를 실행 시키면 해당 자리에 아래와 같이 4장의 이미지가 생성됩니다.

이미지 생성

이렇게 생성된 이미지는 Midjourney 사이트의 Create 메뉴(https://www.midjourney.com/imagine) 에서 확인하면 해당 내용이 Prompt로 생성되었고 추가한 Parameter도 모두 적용된 것을 확인할 수 있습니다. Parameter 옵션을 확인하면 --quality 0.5가 추가된 것을 확인할 수 있습니다.

Patchwork는 빠른 스토리 생성 작업을 위해 --quality 0.5 Parameter가 자동으로 추가되어 품질은 떨어지지만 빠른 이미지 생성을 합니다. 이는 Patchwork 작업 이후에 미드저니 사이트에서 추가 작업으로 품질과 다양한 편집, 수정을 통해 최종 이미지를 생성하는 Workflow를 염두해둔 기본값입니다.

이 기본값을 따로 설정하려면 뒷장에서 배울 World 이름표(Nameplate)와 이와 연결된 설명 글(Scrape)을 사용하면 됩니다. 자세한 설정 방법은 뒷장에 다루어져 있습니다.

c. repaint

Image에서만 실행이 가능한 repaint 경우에는 이미지를 생성한 Prompt를 똑같이 한번 더 실행 시키는 것입니다.

이 기능을 사용하실 때 주의해야 할 점은 예시처럼 해당 이미지가 연결된(Linked) 것이 없는 상태에서 실행 시켜야 Cref 참조로 이미지가 따라오지 않습니다. 해당 이미지가 연결된(Linked) 상태라면 연결을 끊고 생성을 한 이후에 다시 연결을 하는 방법을 권장합니다.

가로세로비율과 크기 설정

d. 🌈 use as sref

해당 이미지를 --sref image_URL 로 사용할 수 있는 구성 요소를 만듭니다.
Ingredients 입력 창에 수동으로 --sref Image_URL 로 작성해도 가능하지만 Ingredients 입력 창의 add를 사용해서 손쉽게 --sref Image_URL 입력을 수 있게 해주는 편의 기능입니다.

use as sref

사용 방법은 Ingredients 입력 창에서 add 를 클릭하고 use as sref 로 만들어둔 Style Reference 이미지를 클릭하면 해당 이미지가 Sref로 참조되었다는 표시와 함께 생성창에 표시됩니다.
Create 메뉴에서 확인하면 해당 이미지가 Sref 로 참조되어 생성된 것을 확인할 수 있습니다.

add 로 Sref 추가

생성 Prompt와 Parameters

Patchwork로 스토리와 함께 이미지를 생성할 때 이미지가 이상한 경우에는 Patchwork 내부에서 확인하는 것 보다 위와 같이 Create 메뉴에서 실제 실행된 Prompt와 Parameter들을 확인하면 보다 빨리 원인을 찾을 수 있습니다.

e. 📑 copy to inventory

Patchwork의 구성 요소들을 inventory라는 공간에 복사합니다.
복사를 하면 화면 우측 하단에 아래와 같은 inventory 목록이 나타납니다.

Inventory 목록

해당 목록에 마우스를 가져다 대면 미리보기로 내용을 확인할 수 있습니다. 또한 해당 구성 요소를 붙여 넣기 할 수 있는 아이콘(+)과 삭제하는 아이콘(X)도 확인할 수 있습니다. 추가의 경우 아이콘(+)을 클릭하면 해당 구성 요소가 선택 표시되고 붙여 넣을 위치를 화면(Canvas)에 클릭해 주면 해당 내용이 붙여넣기 됩니다.

Mouse over 미리보기

추가 / 삭제

f. 🔗 link

link 의 경우는 이름표(Nameplate)를 기준으로 연결을 할 수 있습니다.
이렇게 이름표(Nameplate)에 연결이 되면 해단 요소 아래쪽에 이름표의 색과 제목이 표시됩니다.

link가 표시된 구성 요소

이렇게 link로 연결된 구성 요소들 사이에는 tell me more를 실행 시켜 스토리AI(LLM)에 실행을 시킬 때 연결된 내용으로 전달됩니다.

character의 경우에는 Print를 실행할 경우 연결된 해당 이미지가 Cref로 적용되어서 이미지가 생성 됩니다. 중요한 점은 link 기능의 경우 스토리의 연결을 의미하지는 않습니다. 이 부분을 오해해서 스토리를 연결하는 경우가 있는데 그럴 경우에는 이미지 생성시 연결된 모든 이미지들의 Cref의 Base로 추가돼서 생성된 이미지가 엉망이 되는 경우가 있습니다.

이름표(Nameplate)를 중심으로 그룹핑해서 관리하는 기능 수준으로 이해를 하시는 것이 오해를 피할 수 있습니다.

g. 기타

❌	delete	구성 요소를 삭제합니다.
📦	gather detail scrapes	link로 연결된 구성 요소를 한 곳에 정렬합니다.
✂️	unlink	구성 요소의 연결을 해제합니다.

02. Tools

1. note

note

note를 추가합니다. note 를 추가하면 Text를 입력할 수 있습니다. 여기에 입력 후 tell me more를 실행시키면 스토리AI(LLM)에 전달되는 명령이 되고 paint를 실행하면 미드저니에 이미지 생성 Prompt를 전달하는 Ingredients 입력 창을 호출 할 수 있습니다.

그리고 note를 이름표(Nameplate)와 연결을 하면 연결된 스토리를 만들 수도 있습니다. Imagine에서 추가되는 구성 요소들은 이름표(Nameplate)와 note 한 쌍을 생성해서 link로 연결시킨 요소를 한번에 만들어 내는 작업입니다.

이름표(Nameplate)는 다른 곳에서 생성할 수 없지만 note의 경우는 tools에서 추가도 더 생성해서 추가로 스토리를 이어갈 수 있습니다.

2. image

image 클릭 후 이미지가 들어갈 크기와 비율을 선택하면 Ingredients 입력 창이 나타납니다.
이 입력 창에 입력하고 Paint를 실행 시키면 입력된 내용은 미드저니에 생성 Prompt로 전달이 되고 이미지가 생성됩니다.

Ingredients 입력 창

3. import

외부의 이미지를 업로드 합니다. Import로 이미지 위치를 지정할 수 있지만 표시되는 사이즈는 조절할 수 없습니다.

import를 사용하는 방법 말고도 화면(Canvas)에 이미지를 드래그 앤 드랍 하면 외부 이미지를 업로드 할 수 있습니다.

두 방법 모두 한번에 한 장의 이미지만을 업로드 할 수 있습니다.

4. portal

소유한 다른 세계(World)로 이동하거나 다른 사용자의 세계(World)로 가거나 새로운 세계를 만들 수 있는 portal을 생성합니다.

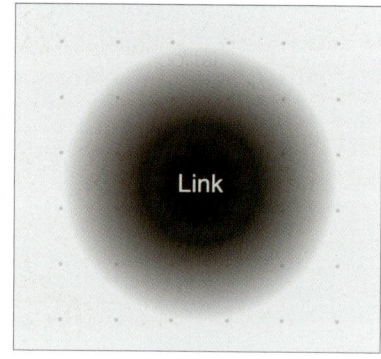

portal

portal을 생성하고 Link를 클릭하면 새로운 세상(World)를 만들거나 다른 세상(World)로 연결할 수 있는 메뉴로 연결됩니다.

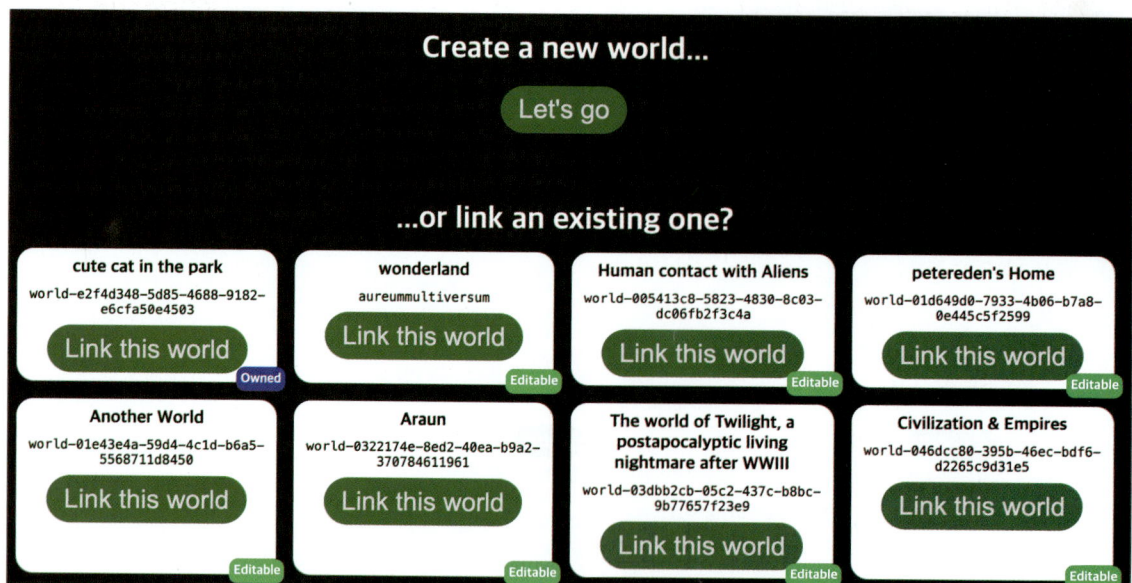

> Owned 소유하고 있는 세계(World)
> Editable 다른 사용자의 세계(World) 중 수정할 수 있는 세계
> Viewable 다른 사용자의 세계(World) 중 볼 수 있는 세계

원하는 소유하거나 수정 / 보기가 가능한 세계를 Link this world 를 누르면 portal은 해당 세계(World)로 연결되는 portal로 작동합니다.

Create a new world의 Let's go 를 클릭하면 새로운 세계(World)를 생성하는 메뉴로 이동합니다.

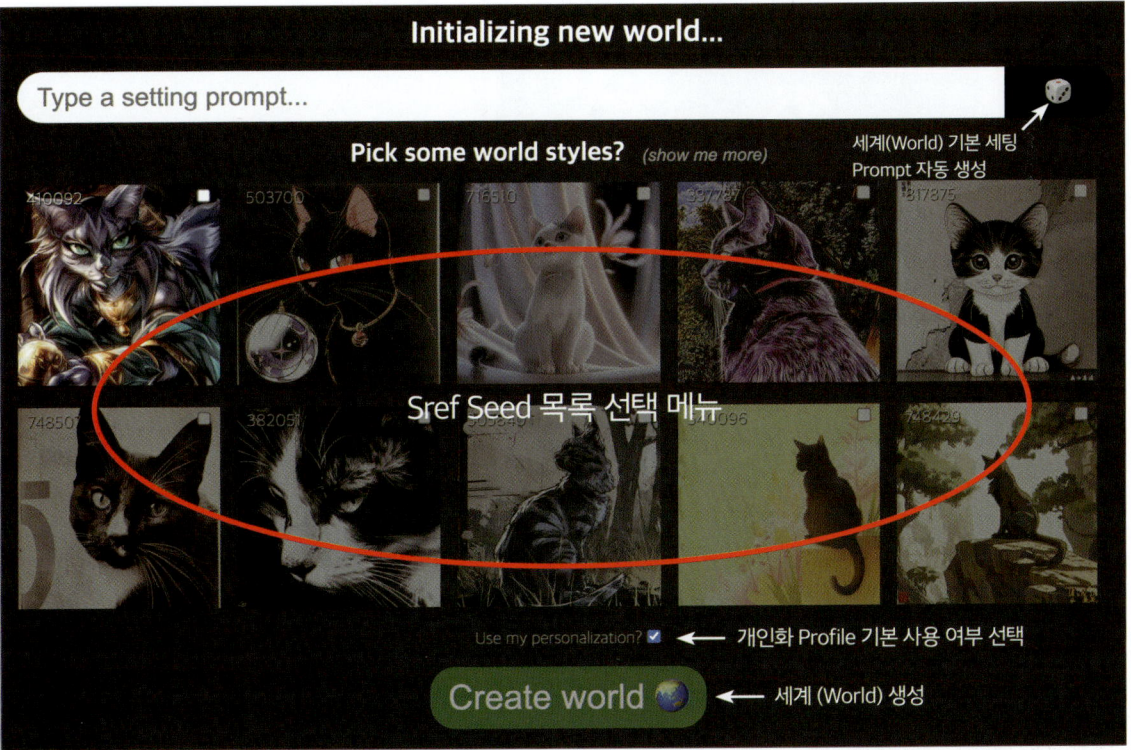

세계(World) 기본 세팅

원하는 Sref Seed와 개인화 Profile 사용을 체크하고 세계관의 기본 Prompt를 작성해서 Create world 에서 세계(World) 생성을 실행합니다.

세계관의 기본 Prompt도 🎲버튼을 클릭하면 스토리AI(LLM)에 무작위로 랜덤하게 생성 할 수 있습니다. show me more를 클릭하면 Sref Seed 목록이 새로 고침 됩니다.

최초 생성한 세계(World)

이 과정을 통해서만 생성 가능한 구성 요소는 Sref Seed가 설정된 Style Reference 입니다.

이렇게 생성을 하게 되면 Inventory에 이 세계(World)를 만들고 들어온 세계(World)로 돌아갈 수 있는 portal이 자동으로 생성됩니다.

5. profile

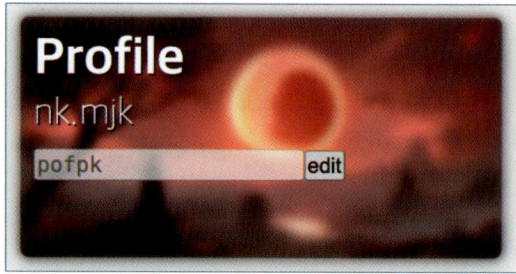

세계(World)를 생성했을 때 자동으로 추가되는 profile 구성 요소를 추가할 수 있습니다. 기본값은 Personalize Global Profile Code가 설정됩니다. 이 요소는 edit 버튼을 클릭해서 다른 Profile code를 입력해 수정할 수 있습니다.

03. World

1. save

현재 세계(World)의 내용을 json 파일로 저장합니다. 이 파일은 다른 사용자와 공유를 할 수 있습니다.

2. load

save로 저장된 json 파일로 저장된 세계(World)를 내용을 복구합니다. 이때 주의해야 할 점은 load되는 세계(World)의 기존의 내용은 삭제됩니다. 새로운 세계를 생성해서 load 를 사용하시는 것을 추천합니다.

3. share

Patchwork는 소유하고 있는 세계(World)의 다른 사용자와 공유해서 실시간 공동 작업이 가능합니다. 이런 공유에 권한을 설정합니다.

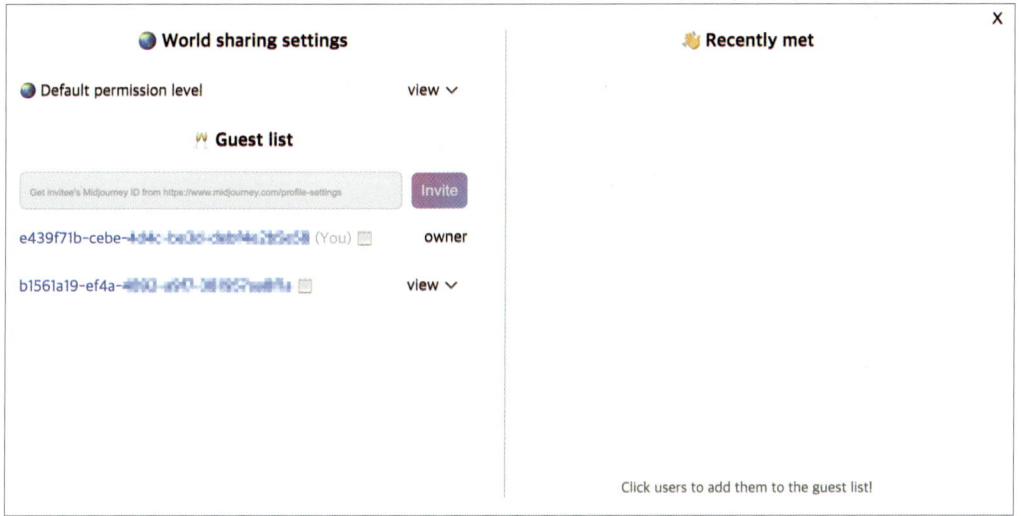

공유 권한 설정

Default permission level 은 view / edit / none으로 이 세계(World)에 웹 주소로 접속하는 다른 사용자에 기본적으로 주어지는 권한을 설정합니다.

view 로 설정하면 portal link 메뉴 리스트에 Viewable로 표시되고 edit로 설정되면 Editable로 표기가 됩니다.

Manage Profile (https://www.midjourney.com/profile-settings) 에서 확인할 수 있는 Midjourney ID를 직접 추가해서 초대할 수 있습니다.

이때 이렇게 초대한 회원의 권한을 view / edit 로 설정할 수 있고 remove로 제거할 수 있습니다.

04. World 이름표(Nameplate)

구성상 가장 앞에서 다루어야 할 내용이지만 기본적인 내용 이해가 없으면 이해가 힘든 내용이라 순서를 바꾸어 설명합니다.

세계(World)에 최초에 접속하면 보이는 이 World 이름표(Nameplate)와 World 설명(Scrap)는 기본적으로 이 세계에 관한 기본적인 내용을 작성하는 곳입니다.
이곳에 입력 되는 내용은 스토리 LLM에 전달 되어 스토리의 생성의 기초가 됩니다.
World 이름표(Nameplate)는 세계가 생성될 때 하나만 생성되고 사용자가 추가 생성 할 수 없지만 World 설명(Scrap)은 note를 생성해서 World 이름표와 연결(Link)하면 추가할 수 있습니다.

이것을 활용하면 스토리의 기본 내용 뿐 아니라 생성되는 스토리의 규칙이나 이미지 생성시 기본 파라미터 등을 설정할 수 있습니다.

1. 생성 규칙

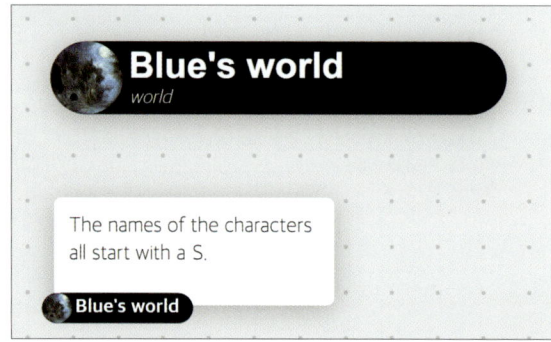

캐릭터 생성 규칙 예시

위와 같이 캐릭터를 생성할 때 모든 이름은 'S'로 시작하게 설정하고 character 요소를 생성해 Tell me more로 이름까지 자동 생성 시키면 아래와 같이 규칙이 적용되어 모두 'S'로 시작하는 이름들이 만들어 지는 것을 확인 할 수 있습니다.

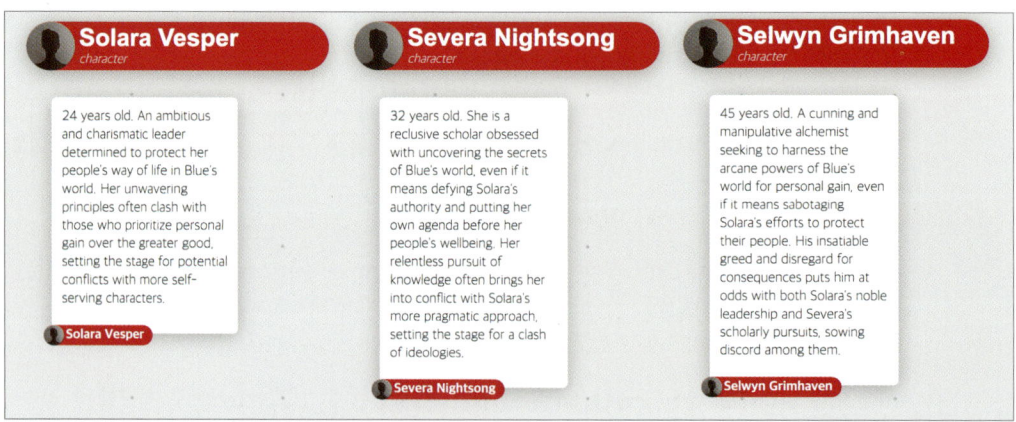

S로 시작하는 이름의 캐릭터가 생성된 예시

2. 파라미터 기본값 설정

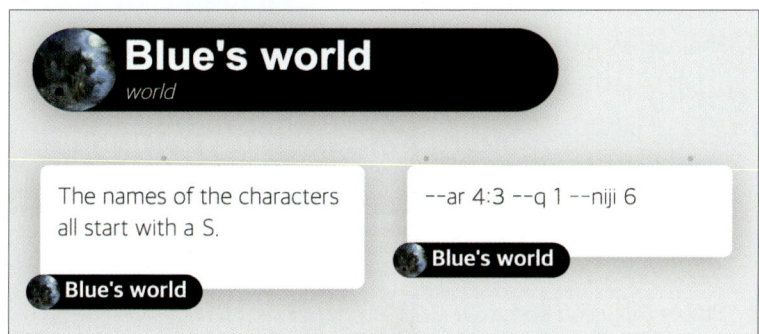

파라미터 기본값 설정

새로운 note를 추가해서 World 이름표(Nameplate)와 연결을 하고 그곳에 이미지 생성에 사용될 내용을 입력해 주면 image로 새로운 이미지를 생성시키면 아래와 같이 내용이 뒷부분에 자동으로 들어가는 것을 확인 할 수 있습니다.

Ingredients 창에 자동으로 입력되는 파라미터 기본값

위의 두가지 설정 예시처럼 World 이름표(Nameplate)와 연결된 설명(Scrap)을 여러 개 만들어서 전체 스토리의 설정 뿐 아니라 인물의 생성 규칙, 이미지 생성시 사용되는 파라미터들의 기본값 등을 설정해 두면 보다 효율적으로 스토리 생성과 이미지 생성을 할 수 있습니다.

이상의 내용을 마지막으로 정리하면,

Patchwork는 Midjourney 이미지 생성 성능 향상과는 연관이 없습니다.
Patchwork는 Midjourney 기능을 스토리를 만들어 가는 과정에서 필요한 이미지 생성에 이용할 뿐입니다. Patchwork에 연계해서 생성된 이미지가 Midjourney 사이트에서 생성된 이미지보다 품질이 좋거나 연속성이 높아지는 것이 아니니 이 부분은 오해가 없으시길 바랍니다.

유용한 사이트

Facebook 그룹 - Midjourney Korea
https://www.facebook.com/groups/mj.korea

저자가 운영자로 있는 국내 최대 Midjourney 사용자 그룹

Facebook 그룹 - Stable Diffusion Korea
https://www.facebook.com/groups/stablediffusionkorea

저자가 운영진으로 참가하고 있는 국내 최대 생성형 AI 커뮤니티

Youtube - Soy Lab
https://www.youtube.com/@soy_lab

미드저니를 포함한 다양한 생성 AI 관련된 라이브 Open Seminar 와 수 많은 한글 영상이 잘 정리되어 있습니다. 저자도 정규적으로 Open Seminar에 참가합니다.

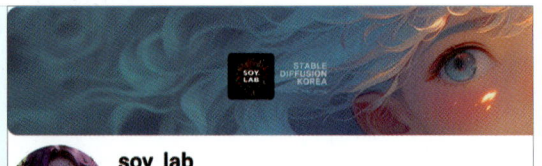

Fast Campus 온라인 강의
프로에게 배우는 Midjourney
2D / 아트웍 / 실사 이미지 제작
https://fastcampus.co.kr/data_online_midjourneyv

저자가 직접 강의 하는 온라인 강의

Kakaotalk Open Talk - Midjourney Korea
https://open.kakao.com/o/gKaTQprg

저자가 운영하는 미드저니 자료 공유 Open Talk.

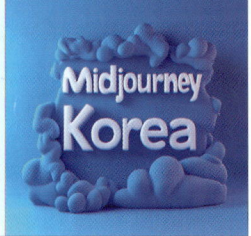